MINISTÈRE DE LA MARINE ET [

RÈGLEMENT GÉNÉRAL

sur

L'ADMINISTRATION DES QUARTIERS, SOUS-QUARTIERS

ET SYNDICATS MARITIMES;

L'INSCRIPTION MARITIME;

LE RECRUTEMENT DE LA FLOTTE;

LA POLICE DE LA NAVIGATION;

LES PÊCHES MARITIMES.

PARIS.

IMPRIMERIE IMPÉRIALE.

1867.

RÈGLEMENT GÉNÉRAL

SUR

L'ADMINISTRATION DES QUARTIERS, SOUS-QUARTIERS

ET SYNDICATS MARITIMES;

L'INSCRIPTION MARITIME;

LE RECRUTEMENT DE LA FLOTTE;

LA POLICE DE LA NAVIGATION;

LES PÊCHES MARITIMES.

a

MINISTÈRE DE LA MARINE ET DES COLONIES.

———

RÈGLEMENT GÉNÉRAL

SUR

L'ADMINISTRATION DES QUARTIERS, SOUS-QUARTIERS

ET SYNDICATS MARITIMES;

L'INSCRIPTION MARITIME;

LE RECRUTEMENT DE LA FLOTTE;

LA POLICE DE LA NAVIGATION;

LES PÊCHES MARITIMES.

PARIS.

IMPRIMERIE IMPÉRIALE.

———

1867.

RAPPORT A L'EMPEREUR,

SIRE,

Je viens soumettre à l'approbation de Votre Majesté un projet de règlement général sur :

1° L'administration des quartiers maritimes;
2° L'inscription maritime;
3° Le recrutement de la flotte;
4° La police de la navigation;
5° Les pêches maritimes.

Le but que je me suis proposé dans ce travail a été de réunir, en les coordonnant, toutes les dispositions éparses, mais toujours en vigueur, des lois, ordonnances, décrets et décisions qui ont réglementé ces différentes matières.

Aujourd'hui, c'est dans des actes nombreux, quelquefois dans d'anciens édits, d'anciens arrêts du Conseil peu connus, qu'il faut aller chercher des règles qu'il n'est pas toujours aisé de dégager de prescriptions tombées en désuétude ou formellement abolies par une nouvelle législation. De là des difficultés sérieuses pour les personnes qui ont à recourir à ces règles, et une complication à laquelle est due en grande partie cette pensée, plus d'une fois, formulée qu'une réglementation excessive pèse sur les choses de la marine.

Lorsque, conformément à vos intentions, j'ai dû chercher à simplifier cette réglementation pour enlever quelques-unes des entraves dont se plaignaient notre commerce maritime et nos différentes pêches, je n'ai pas tardé à reconnaître que si, d'une part, il y avait réellement à modifier des prescriptions gênantes pour notre navigation et nos industries maritimes, de l'autre il y avait aussi quelquefois une véritable confusion dans des critiques qui attribuaient à l'administration de la marine des mesures auxquelles elle est complétement étrangère, ou même qui n'existent point. Ce qu'il faut donc, c'est répandre la clarté sur toutes ces matières.

Aussi, après avoir proposé à Votre Majesté d'introduire des changements assez importants dans le mode de recrutement de la flotte, dans la police de la navigation, dans le régime des pêches (1), ai-je voulu réunir dans un seul acte toutes les prescriptions qui règlent les rapports de l'administration de la marine avec les populations maritimes, le commerce maritime et les principales industries de nos côtes; et pour laisser le moins de lacunes possible dans les prescriptions que le commerce maritime a intérêt à connaître, j'ai compris dans ce travail les dispositions législatives ou réglementaires qui s'y rapportent, mais dont l'application est confiée à d'autres services publics que celui de la marine. Ce règlement forme donc ainsi, en quelque

(1) Décrets des 15 mars, 10 mai et 25 octobre 1862, 22, 23 et 25 octobre 1863, et 27 février 1866.

sorte, le tableau de la législation et de la jurisprudence actuelles sur les divers sujets que j'ai indiqués.

J'avais un instant pensé qu'avant de le soumettre à l'Empereur, je devais attendre jusqu'au jour où l'on pourrait y comprendre les modifications qui s'étudient, notamment, pour le livre deuxième du Code de commerce ; mais il m'a semblé préférable de ne pas tarder plus longtemps à montrer, tel qu'il est, l'état présent de la réglementation. Cela ne peut qu'être utile, même pour l'examen des améliorations qu'on croira nécessaire d'y apporter ; car je ne doute pas que la connaissance de ce qui existe, ainsi que la comparaison de nos règles avec celles que d'autres nations maritimes ont adoptées, ne dissipent bien des erreurs (1).

Le règlement est divisé en cinq livres : le premier traite de l'administration des quartiers, sous-quartiers et syndicats maritimes ; le second, de l'inscription maritime ; le troisième, du recrutement de la flotte ; le quatrième, de la police de la navigation ; le cinquième, enfin, des pêches maritimes.

§ 1er.

DE L'ADMINISTRATION DES QUARTIERS, SOUS-QUARTIERS ET SYNDICATS MARITIMES.

En instituant, par la loi du 16-24 août 1790, les

(1) Pour faciliter cette comparaison, le département de la marine a fait traduire les prescriptions du règlement anglais qui, sous le titre de *Merchant shipping act,* trace les règles imposées au commerce maritime de la Grande-Bretagne. Des annotations font connaître les dispositions de notre législation qui se rapportent aux mêmes sujets.

tribunaux de commerce qui devaient connaître « de
« toutes les affaires de commerce, tant de terre que de
« mer sans distinction, » l'Assemblée constituante en-
leva aux siéges d'amirauté la connaissance de toutes les
contestations sur ces matières. Puis, par le décret du
9-13 août 1791, elle détermina la compétence des tribunaux de commerce et des juges de paix sur les questions
relatives aux salaires d'ouvriers et de gens de mer, à
la remise des marchandises, à l'exécution des contrats
d'affrétement, aux règlements d'avaries; fixa les règles
qui seraient suivies en cas de bris et naufrages; créa
des capitaines et lieutenants de port pour les villes maritimes de commerce; prescrivit la visite des navires par
d'anciens navigateurs; enfin, déclara supprimés les tribunaux d'amirauté, les receveurs, les maîtres de quais,
les experts visiteurs, etc. etc. c'est-à-dire tout ce qui
était la conséquence de ces juridictions spéciales dont
notre ancien droit était rempli.

Mais si l'Assemblée constituante confia aux tribunaux ordinaires, aux tribunaux de commerce qu'elle
venait d'organiser, la connaissance des affaires com-
merciales maritimes; si elle supprima les amirautés
et les priviléges qui y étaient attachés, elle maintint
le régime des classes et les commissaires établis dans
les quartiers, ainsi que les syndics (1); et comme elle
n'avait réservé aux tribunaux et aux pouvoirs qu'elle
avait établis qu'une partie des attributions des amirautés, l'administration de la marine resta chargée de

(1) Décret du 31 décembre 1790 — 7 janvier 1791.

toutes celles de ces attributions qui n'avaient point été dévolues à une autre autorité.

Des fonctionnaires dépendant du ministère de la marine demeurèrent donc placés à la tête des quartiers; d'abord connus sous le nom de *commissaires des classes*, ils prirent ensuite le titre de *commissaires de l'inscription maritime* (1), titre qui ne donne qu'une idée fort imparfaite de leurs fonctions. En effet, ils n'ont pas uniquement à tenir les matricules des gens de mer et à procéder aux opérations relatives à l'appel au service (ou levée) des *inscrits maritimes;* ils ont encore d'autres attributions importantes que leur confère la loi, soit dans un but de protection pour les marins et les personnes embarquées, soit dans l'intérêt de la police de la navigation et de la conservation du domaine public maritime.

C'est ainsi que la constatation des engagements des marins avec les capitaines et armateurs, comme le décompte et le payement des salaires, ont lieu devant eux et qu'ils délivrent les rôles d'armement. C'est ainsi que, soit en vertu d'un pouvoir disciplinaire, soit comme présidents des tribunaux maritimes commerciaux, ils sont chargés de la police des équipages, et qu'ils contrôlent l'autorité des capitaines des navires du commerce, afin d'assurer à tous, matelots ou passagers, les garanties que l'administration territoriale ne peut leur donner une fois qu'ils sont embarqués. C'est ainsi encore que l'état civil, les successions de toutes personnes

---

(1) Loi du 3 brumaire an IV. — Circulaire du 19 février 1836. — Ordonnance du 14 juin 1844.

décédées à bord sont placés sous leur garde; qu'ils ont à s'occuper des naufrages, des épaves et de l'administration de la caisse des invalides de la marine, et qu'ils sont chargés aussi de l'examen des demandes de concession sur le domaine public maritime et de la surveillance de la pêche côtière.

L'administration des quartiers a donc à satisfaire aux intérêts les plus divers des populations maritimes, et si les fonctionnaires qui en sont chargés ont sous leurs ordres, pour les aider, des préposés, des syndics des gens de mer, des gendarmes maritimes, etc. etc., ils sont placés à leur tour sous l'autorité des préfets maritimes et des chefs du service de la marine, qui les surveillent, les contrôlent; enfin, ils sont soumis aux inspections ordonnées par le ministre (1).

Ce sont les règles relatives aux devoirs imposés aux fonctionnaires et agents de la marine, auxquels est confiée l'administration des quartiers, que le livre premier du règlement a eu pour objet de coordonner.

§ 2.

DE L'INSCRIPTION MARITIME.

L'*inscription maritime*, que l'on confond bien souvent avec les divers modes employés à différentes époques

---

(1) En Angleterre, une partie des fonctions des commissaires de l'inscription maritime est remplie par le chef du bureau de la marine du commerce, le bureau d'enregistrement des matelots, les cours et tribunaux spéciaux, ou par les agents des douanes. (*Merchant shipping act.*)

pour appeler sur les bâtiments de la flotte les marins dont l'État avait besoin et avec les obligations de service qui leur ont été imposées, n'est, prise isolément, que l'enregistrement, sur des registres spéciaux, de tous les gens de mer.

Cet enregistrement est donc, en réalité, complétement indépendant du mode de levée ou du recrutement des matelots, et alors même que l'État n'aurait eu aucun service à réclamer des gens de mer, la loi aurait dû, dans leur intérêt même, prescrire ce qu'elle a ordonné, c'est-à-dire *une inscription particulière pour les Français qui se livrent à la navigation* (1).

En effet, cette *inscription particulière* est en quelque sorte l'état civil des marins : elle permet de les suivre dans tout le cours de leur vie, de leurs campagnes; de les entourer d'une protection toute spéciale que réclame partout leur industrie toute spéciale aussi (2).

L'inscription des marins est d'ailleurs subordonnée à des conditions parfaitement définies. Elle se fait d'abord à titre provisoire et ne devient définitive qu'après un certain temps. Elle n'a lieu qu'avec l'adhésion des personnes qu'elle concerne; enfin, les marins inscrits peuvent toujours se faire rayer des matricules après qu'ils ont renoncé à la navigation.

Mais comme, dans notre organisation maritime, des obligations ont été imposées aux inscrits, des disposi-

---

(1) Loi du 3 brumaire an iv.

(2) L'acte de 1854, en Angleterre, qui a prescrit aussi l'*inscription de tous les marins*, entre dans des détails que ne contient pas notre législation (voir, entre autres dispositions, l'article 176).

tions particulières ont été prescrites en leur faveur, tantôt pour les affranchir des charges imposées aux autres citoyens, tantôt pour accorder certains avantages soit à eux, soit à leurs enfants ou à leurs femmes (1), tantôt, enfin, pour leur concéder des pensions de retraite, alors même qu'ils n'auraient navigué que sur les navires du commerce (2), pensions que leur assure l'institution des invalides de la marine, qui, depuis deux siècles, remplit, à leur égard, le rôle de véritable caisse des invalides du travail.

Le second livre du règlement, sous ce titre d'*inscription maritime*, est consacré aux règles de l'immatriculation, de la renonciation des marins, aux dispositions législatives prises en leur faveur, enfin aux prescriptions relatives à la tenue des matricules (3).

§ 3.

RECRUTEMENT DES ÉQUIPAGES DE LA FLOTTE.

Si la création du système des *classes* des gens de mer, sous Louis XIV, fut un véritable adoucissement pour les populations maritimes soumises à la *presse*, lors

---

(1) Édit du 21 mars 1778, sur les priviléges des gens de mer. — Ordonnance du 1er novembre 1745, sur l'insaisissabilité des salaires. — Loi du 3 brumaire an IV, etc.

(2) Ces pensions, dites *demi-soldes*, payées en 1866, montent à une somme de 4,300,000 francs.

(3) L'*enregistrement* des marins anglais est presque entièrement calqué sur nos règles relatives à l'immatriculation des marins, qui est la base de l'inscription maritime. (*Merchant shipping act.*)

qu'on avait besoin de matelots pour le service de l'État; si l'ordonnance du 31 octobre 1784 vint apporter de sérieuses améliorations au régime précédent, en constituant une organisation complète des gens de mer dans les quartiers et les syndicats qu'elle établit, en prescrivant que les levées se feraient par rôle individuel au moyen d'états nominatifs, enfin, en déterminant que les contingents à fournir dans chaque quartier seraient proportionnels au nombre d'hommes propres au service portés sur les états; si la loi du 3 brumaire an IV, après avoir posé le principe du service obligatoire pour le marin qui en était requis, introduisit des conditions plus favorables pour l'inscrit maritime; c'est sous votre règne, Sire, il faut le dire, que, selon vos bienveillantes intentions, le recrutement de la flotte a été soumis à des règles précises qui, bien qu'elles conservent pour les gens de mer l'obligation du service à l'État, entourent du moins ce recrutement de toutes les garanties, et ne l'imposent plus aux marins qu'à une époque de leur existence où la charge est bien moins lourde; leur laissant ensuite une entière liberté, elles ne les détournent plus de leur industrie que si des circonstances extraordinaires forcent l'État à faire appel à bien des dévouements.

En effet, Sire, après avoir établi que les équipages de la flotte se recrutaient:

1° Par les engagements volontaires;

2° Par les appels des inscrits maritimes;

3° Par la portion des contingents annuels affectés à l'armée de mer.

Vos décrets (1) ont déclaré que le marin inscrit, appelé au service à l'âge de 21 ans, serait, si les besoins de l'État l'exigeaient, dirigé sur un port militaire et incorporé à la division; mais que, si les besoins du service ne le réclamaient pas, c'est-à-dire si l'*appel n'était pas ordonné,* le marin qui se serait présenté au commissaire du quartier recevrait un certificat constatant la date de sa déclaration, et qu'il lui serait délivré un congé renouvelable avec faculté de se livrer à toute espèce de navigation.

Le temps passé dans cette situation lui est alors compté comme service à l'État, s'il s'engage à ne naviguer qu'au cabotage ou à la petite pêche pendant la durée du congé.

Après six années révolues, à compter du jour de son incorporation ou du jour où il a fait sa déclaration (c'est-à-dire qu'il ait ou non servi sur les bâtiments de l'État), il ne peut plus être *requis* pour le service de la flotte qu'en cas d'armement extraordinaire et en vertu d'un décret impérial. En d'autres termes, il ne fait plus, pour ainsi dire, partie que d'une *réserve générale,* à laquelle des circonstances exceptionnelles seules pourraient contraindre l'État d'avoir recours.

Pendant qu'il est au service, l'inscrit peut recevoir des congés renouvelables, et, après trois ans, il touche une haute paye; à l'expiration de la sixième année, il est congédié et reçoit un certificat constatant qu'il a satisfait à l'appel et mentionnant la manière dont il

---

(1) Décrets des 22 octobre 1863 et 27 février 1866.

a servi. Il devient alors entièrement libre de faire ce qu'il veut.

Lorsque, après ces six années, il est admis, sur sa demande, à contracter un rengagement, il a droit à des primes de réadmission ou de rengagement, s'il est reconnu apte à faire un bon service. Il peut encore être admis, également sur sa demande, dans la disponibilité pour trois ans; il reçoit, dans cette situation, une solde et peut naviguer au cabotage et à la petite pêche.

L'avancement des marins en classe et en grade est aussi déterminé par des dispositions législatives et réglementaires. Pendant qu'il est au service, l'inscrit maritime a la faculté de déléguer à sa famille ou à des tiers une portion de sa solde, que la caisse des invalides de la marine se charge de faire parvenir, sans frais, aux délégataires. Enfin, le marin appelé au service peut se faire remplacer.

Quant aux causes d'exemption de service, celles qui sont admises par la loi pour l'armée de terre entraînent également des sursis de levée pour les inscrits.

Ainsi, les engagements volontaires, reçus à titre de novice pour quatre ans, à titre d'apprenti-marin pour sept ans, viennent, dans une certaine mesure, diminuer le chiffre des hommes à demander à l'inscription. Les réadmissions, les rengagements, encouragés, favorisés par de sérieux avantages, amènent un plus grand nombre d'hommes servant volontairement; et le temps de service, réduit en une seule période pendant laquelle des congés renouvelables sont accordés, n'a pas même pour l'inscrit une durée égale à celle exigée du soldat.

Telles sont les principales règles qui régissent aujourd'hui le recrutement de la flotte. Elles ont fait tomber ces *secondes levées* qui, autrefois, atteignaient souvent le marin lorsqu'il était marié et avait formé quelque établissement; et si, après avoir accompli le service qu'il doit à l'État, le marin fait partie de cette grande réserve de l'inscription maritime, il sait que l'État ne peut y avoir recours que dans des circonstances exceptionnelles où l'on ne ferait jamais appel en vain à son patriotisme.

C'est ainsi que, tout en conservant la puissance d'une institution que d'autres peuples cherchent à imiter, vos décrets, Sire, ont pu en alléger singulièrement le poids et la mettre en harmonie avec nos mœurs.

§ 4.

POLICE DE LA NAVIGATION.

Le quatrième livre est consacré à la police de la navigation. Ce livre est divisé en deux titres.

Le premier contient la réglementation établie pour les rapports des navires du commerce avec les services qui ne dépendent pas de la marine.

Le second titre renferme les règles des rapports du commerce maritime avec l'administration des quartiers, avec la marine militaire et les consulats.

Cette division montre tout d'abord qu'une partie des obligations imposées aux navires du commerce ne procède pas du département de la marine, mais a été établie en vue d'autres intérêts; et si j'ai compris dans le travail que je soumets à l'Empereur les prescriptions qui s'y rapportent, bien que l'administration de la marine n'ait aucune compétence à leur égard, c'est pour que le commerce pût les trouver réunies à celles dont l'application est confiée à cette administration.

Le titre Ier du livre IV comprend donc les règles relatives à la francisation, au jaugeage, aux congés délivrés par la douane et aux obligations du transport des lettres. Ces diverses matières sont du ressort du département des finances.

Le second titre, au contraire, si l'on en excepte ce qui concerne les visites des navires du commerce prescrites par le Code et faites par les commissions désignées par les tribunaux de commerce, renferme les prescriptions auxquelles l'administration des quartiers doit se conformer, et qu'elle est chargée de faire observer.

Telles sont les règles relatives aux matricules des navires de commerce, aux vivres et médicaments, aux rôles d'équipage et permis de navigation, au commandement des navires, aux engagements et loyers des matelots, à la police exercée en mer par les commandants de la marine impériale sur les navires de commerce, à l'autorité des consuls, à la discipline des équipages, aux actes de l'état civil et testaments faits en mer; enfin, les règles destinées à prévenir les abordages, ainsi que les prescriptions sur l'inscription des passagers aux rôles des navires et sur le rapatriement des matelots.

Les limites de ce rapport ne sauraient permettre d'analyser toutes ces dispositions; mais si on les parcourt, on reconnaîtra facilement qu'elles ont été, avant tout, dictées par une pensée de protection pour les personnes embarquées à quelque titre que ce soit. La police à exercer pour ce qui est relatif à l'armement des navires et aux actes qui peuvent se produire à bord, présente autrement de difficultés que celle qui a pour objet d'assurer la sécurité des citoyens sur le territoire et de faire respecter les contrats ordinaires. Aussi notre législation a-t-elle montré une sollicitude particulière pour tout ce qui pouvait intéresser l'existence des matelots et la complète exécution de leurs engagements. Elle a dû entrer, à cet égard, dans des détails et prendre des précautions dont elle n'avait pas à se préoccuper pour les autres engagements de labeur. Dans la marine marchande, il fallait tout à la fois donner à l'armateur l'assurance que son navire ne serait pas abandonné par l'équipage, et, à l'équipage, l'assurance que les stipulations du contrat seraient fidèlement remplies, — et cela, sur quelque point du globe que ce fût.

Cette sollicitude de nos lois et règlements est loin d'être d'ailleurs plus grande que celle qu'on voit dans d'autres pays où le commerce maritime a pris un si puissant essor et où il n'a pas cru que l'intervention d'une autorité supérieure, lorsqu'il s'agit de l'engagement des marins, et qu'une réglementation, même minutieuse, lorsqu'il s'agit de leur existence et de leurs salaires, fissent obstacle à son développement (1).

(1) En Angleterre, le contrat d'engagement des matelots est signé devant le chef du bureau de la marine du commerce, qui fait lire et

Quoi qu'il en soit, le département de la marine fait de constants efforts pour que sa surveillance, sur ce qui est de sa compétence, n'apporte aucun obstacle à la liberté des conventions, aucune entrave aux opérations du commerce. Il cherche incessamment à améliorer, à simplifier les règles que, dans un intérêt public, il est chargé de faire observer (1).

§ 5.

PÊCHES.

La réglementation des pêches maritimes était, il y a quelques années à peine, des plus compliquées. Les prescriptions, soit dans un but préventif contre les

expliquer le contrat au marin, et s'assure qu'il en comprend bien la portée. Le contrat indique :

1° La nature et, autant que possible, la durée du voyage projeté ou de l'engagement;

2° La force et la composition de l'équipage ainsi que le nombre d'hommes engagés comme matelots;

3° L'époque à laquelle le marin devra commencer son service;

4° La qualité dans laquelle chaque marin doit servir;

5° Le montant des gages qu'il doit recevoir;

6° Un tarif des vivres qui doivent être fournis à chaque homme.

Pour les vivres, les dispositions les plus minutieuses sont édictées. On doit avoir une série de poids et mesures pour la délivrance des rations; il en est de même pour les médicaments. Enfin, aucun droit aux gages n'est subordonné à la réalisation du fret.

(Voir les articles 149, 183, 225 du *Merchant shipping act,* 1854.)

(1) En ce qui concerne les prescriptions qui ne sont pas de la compé-tence du département de la marine, des modifications au livre II du Code de commerce sur la propriété des navires, les salaires des marins, la responsabilité des armateurs, etc. etc. sont étudiées aujourd'hui au ministère de l'agriculture et du commerce.

fraudes, soit dans un but de conservation des différentes espèces de poissons et de coquillages, avaient
entouré l'exercice des diverses pêches et des industries
qui s'y rapportent de nombreuses restrictions et formalités.

Ainsi, pour la pêche du hareng, qui offre à l'alimentation publique de si précieuses ressources, le règlement fixait au 1er août l'ouverture de la pêche dite
d'Écosse, dont il prononçait la clôture à partir du
30 septembre. Il disposait que nul bateau ne pourrait
être expédié plus d'une fois en Écosse. Les expéditions
pour cette destination nécessitaient un armement spécial, entraînant la prestation, au profit de la caisse des
invalides, d'une retenue de 3 p. o/o sur la part revenant aux équipages. Il limitait aussi entre le 1er octobre
et le 31 décembre la période de pêche soit à Yarmouth,
soit même sur les côtes de France.

La préparation en mer du poisson pêché ne pouvait
avoir lieu qu'avec des sels de France, délivrés en quantité illimitée pour la pêche dite d'Écosse, mais qui ne
pouvait excéder, par tonneau de jauge, 125 kilogrammes pour la pêche d'Yarmouth, et 100 kilogrammes pour la pêche sur les côtes de France.

Il était défendu aux bateaux expédiés pour la pêche
fraîche de rester absents pendant plus de trois jours,
sous peine de voir réputer de pêche étrangère les produits qu'ils rapportaient. Il était également interdit aux
bateaux de franchir le 53° 36′ de latitude nord. Les armateurs avaient l'obligation d'embarquer un minimum
d'équipage et de filets, et la nature comme les quantités

d'avitaillement que les bateaux pouvaient embarquer étaient sévèrement déterminés.

Les produits de la pêche ne pouvaient être rapportés que dans certains ports, dont le nombre était limité à onze; des commissions spéciales devaient s'assurer, avant le départ, que le bâtiment était convenablement installé pour faire la pêche, et constater, au retour, que le bateau s'était réellement livré à la pêche.

Enfin, il n'était pas permis aux armateurs de s'entendre pour expédier sur les *marchés*, sans quitter les lieux de pêche, les produits de plusieurs bateaux par un navire détaché de la flottille ou armé spécialement à cet effet et connu sous le nom de *chasseur*.

Toutes ces restrictions avaient été rendues applicables à la pêche du maquereau.

Aujourd'hui, Sire, ces prescriptions n'existent plus. Abrogées d'abord à titre provisoire (1), elles ont définitivement disparu de notre législation (2).

(1) Dépêches des 18 janvier, 17 avril (*Bulletin officiel*, page 556); 12 et 18 juillet 1861 (*Bulletin officiel*, page 78); 8 et 21 février 1862 (*Bulletin officiel*, page 85); 20 juin 1863 (*Bulletin officiel*, page 320); 20 juillet 1863 (*Bulletin officiel*, page 25).

— Décret du 11 mai 1861 (*Bulletin officiel*, page 387), permettant l'embarquement des sels en franchise en quantité illimitée. Même faculté pour le sel étranger ayant acquitté le droit de 50 centimes les 100 kilogrammes.

— Décret du 5 décembre 1861 (*Bulletin officiel*, page 545), portant que les quantités de sel ci-après indiquées seront désormais accordées pour la préparation des harengs provenant de pêche française, savoir : pour 100 kilogrammes de hareng blanc, 30 kilogrammes; pour 12,240 harengs saurs, 200 kilogrammes.

(2) Décret du 24 septembre 1864 (*Bulletin officiel*, page 203).

La pêche du hareng et celle du maquereau, avec ou sans salaison à bord, sont libres en tout temps et en tous lieux.

Plus de minimum d'équipage et de filets ; plus d'avitaillements ou d'objets d'armement obligatoires ; enfin, plus de commissions permanentes chargées de visiter les bateaux.

L'expédition des bateaux et l'importation des produits peuvent avoir lieu dans tous les ports où existent un agent de la marine et un bureau des douanes, c'est-à-dire sur tous les points de la côte où un bateau peut aborder.

Une seule prescription demeure et suffit pour sauvegarder l'intérêt des marins et assurer la sincérité des opérations : c'est celle qui veut que la constatation des engagements entre les armateurs et les marins, ainsi que le règlement des comptes après le voyage, aient lieu au bureau de l'inscription.

Indépendamment des facilités accordées pour la pratique de la pêche proprement dite, l'industrie des salaisons a aussi été débarrassée des entraves résultant des dispositions de l'ordonnance du 14 août 1816. La préparation du poisson peut désormais avoir lieu dans des conditions qui assurent à cette industrie une liberté complète (1).

Pour la pêche de la morue, une ordonnance (2) interdisait à tout capitaine de navire pêcheur de partir

(1) Décret du 23 juin 1866.
(2) 16 janvier 1840.

pour l'Islande avant le 1ᵉʳ avril de chaque année. Cette mesure qui, évidemment, avait été prise dans l'intérêt des équipages, à une époque où les armements étaient loin d'offrir les garanties qu'ils présentent aujourd'hui, mais enfin qui pouvait gêner les entreprises de nos armateurs, a été supprimée (1).

Quant à la pêche côtière, les règlements ne permettaient, dans beaucoup de localités, l'usage des filets traînants qu'à la distance de trois milles au large de la laisse de basse mer pendant les mois d'hiver. Pendant l'été, ces filets étaient relégués jusqu'à six milles au large. La nomenclature des rets, filets, engins et instruments permis était tellement compliquée que, le plus souvent, une véritable confusion régnait dans l'application des règles prescrites. Il en était de même pour le maillage des filets.

Cette réglementation, qui rencontrait tant de difficultés sur tout le littoral et imposait tant d'entraves à nos pêcheurs, après avoir été, en quelque sorte, suspendue dès le commencement de 1861, a fait place, enfin, à votre décret du 10 mai 1862 (2), qui offre à nos populations maritimes des conditions favorables pour le développement de leur industrie.

Les dispositions de ce décret ne sont pas nombreuses.

Au delà de trois milles, calculés à partir de la laisse de basse mer, liberté absolue dans les pratiques de pêche,

_____

(1) Décret du 9 octobre 1863.
(2) *Bulletin officiel*, page 446.

sauf les restrictions que les pêcheurs *demanderaient eux-mêmes à observer.*

En deçà de trois milles, faculté de pratiquer la pêche de jour et de nuit, sous la seule observation de quelques règles jugées indispensables pour assurer la reproduction du poisson.

Simplification de la classification des filets en trois catégories seulement.

Fixation d'une dimension uniforme au-dessus de laquelle la capture du poisson est permise.

Attribution aux préfets maritimes, sous réserve de l'approbation du Ministre, du droit de prescrire les mesures d'ordre et de précaution propres à empêcher tous accidents et à garantir aux marins le libre exercice de la pêche.

En ce qui concerne la pêche des huîtres, liberté de pêche, du 1er septembre au 30 avril, sur les bancs hors baies ou situés à trois milles des côtes; pour les bancs situés dans l'intérieur des baies ou à moins de trois milles, les époques d'ouverture et de fermeture de la pêche sont déterminées par les préfets.

Enfin, les réservoirs ou fossés à poissons, considérés jusqu'alors comme devant être prohibés, peuvent être établis sur les propriétés privées recevant l'eau de la mer (1).

Pour l'élevage des huîtres, des parcs, claires, etc.

(1) Ces sortes d'établissements sont autorisés après une enquête de quinze jours, conformément au décret du 10 novembre dont il est ci-après parlé.

peuvent être créés sur les parties émergentes du rivage. Seulement, comme les populations riveraines ont intérêt à ne pas se voir privées des avantages qu'elles peuvent trouver dans la jouissance de ces parties du domaine public, toute demande d'autorisation de créer des établissements huîtriers est soumise à une enquête dans les communes intéressées (1).

Telle est, en résumé, la réglementation actuelle, à laquelle il convient, toutefois, d'ajouter les prescriptions de la Convention passée avec la Grande-Bretagne pour l'exercice de la pêche dans la mer commune, entre les côtes de France et celles d'Angleterre (2).

Cette réglementation, on vient de le voir, se borne à un bien petit nombre de dispositions; peut-être même, si les études auxquelles se livre le département de la marine le conduisent à reconnaître qu'on peut satisfaire aux besoins de conservation des différentes espèces de poissons par la détermination des lieux de reproduction ainsi que des lieux où se dépose le frai et se porte le fretin, peut-être sera-t-il possible de réduire toute la réglementation à l'établissement de *cantonnements* dans lesquels la pêche serait interdite pendant quelques mois de l'année, laissant sur tous les autres points une entière liberté aux pêcheurs.

Mais, dès à présent, l'industrie des pêches maritimes

(1) Décret du 10 novembre 1862.

(2) Le Gouvernement de Sa Majesté Britannique et le Gouvernement de l'Empereur s'occupent, dans ce moment, de la révision de cette Convention.

est complétement affranchie des entraves qui pouvaient en arrêter le développement, et je puis donner à Votre Majesté l'assurance que les résultats obtenus ont répondu aux espérances qu'avaient fait concevoir les décrets que les populations maritimes vous doivent et ont reçus comme un témoignage de votre constante sollicitude (1).

Arrivé au terme de ce rapport, je dois rappeler, Sire, qu'en réunissant, dans le règlement soumis à votre approbation, les prescriptions qui régissent actuellement quelques-uns des services que Votre Majesté a daigné me confier, mon but principal a été de dégager cette réglementation d'une foule de dispositions qui, sans application aujourd'hui, l'obscurcissent et l'embarrassent, afin de la montrer telle qu'elle existe aux personnes intéressées à la connaître, et pour lesquelles, cependant, il est si malaisé d'en rassembler les éléments.

D'autres améliorations pourront sans doute s'ajouter aux améliorations déjà réalisées; mais ce travail en facilitera l'étude et pourra répandre quelque lumière sur

---

(1) En 1860, la valeur des produits de pêche était de 33,385,219ᶠ

En 1865, elle s'est élevée à................. 40,261,240

AUGMENTATION.,........... 6,876,021

la voie de progrès dans laquelle le département de la marine cherche à s'avancer.

Je suis avec un profond respect,

Sire,

De Votre Majesté,

Le très-humble, très-obéissant serviteur et fidèle sujet,

P. DE CHASSELOUP-LAUBAT.

DÉCRET.

NAPOLÉON, par la grâce de Dieu et la volonté nationale, EMPEREUR DES FRANÇAIS,

A tous présents et à venir, SALUT.

Sur le rapport de notre Ministre Secrétaire d'État au département de la marine et des colonies,

AVONS DÉCRÉTÉ et DÉCRÉTONS ce qui suit :

ARTICLE PREMIER.

Est approuvé le règlement général sur : 1° l'administration des quartiers, sous-quartiers et syndicats maritimes; 2° l'inscription maritime; 3° le recrutement de la flotte; 4° la police de la navigation; 5° les pêches maritimes.

ART. 2.

Notre Ministre Secrétaire d'État au département de la marine et des colonies est chargé de l'exécution du présent décret.

Fait au palais de Saint-Cloud, le 7 novembre mil huit cent soixante-six.

Signé NAPOLÉON.

Par l'Empereur :

Le Ministre de la marine et des colonies,
Signé P. DE CHASSELOUP-LAUBAT.

RÈGLEMENT GÉNÉRAL

SUR

1° L'ADMINISTRATION DES QUARTIERS, SOUS-QUARTIERS ET SYNDICATS MARITIMES ;

2° L'INSCRIPTION MARITIME ;

3° LE RECRUTEMENT DE LA FLOTTE ;

4° LA POLICE DE LA NAVIGATION ;

5° LES PÊCHES MARITIMES.

RÈGLEMENT GÉNÉRAL

TABLE ANALYTIQUE.

Articles.

TABLE DES MATIÈRES.

RÈGLEMENT GÉNÉRAL

SUR

1° L'ADMINISTRATION DES QUARTIERS, SOUS-QUARTIERS ET SYNDICATS MARITIMES;

2° L'INSCRIPTION MARITIME;

3° LE RECRUTEMENT DE LA FLOTTE;

4° LA POLICE DE LA NAVIGATION;

5° LES PÊCHES MARITIMES.

LIVRE PREMIER.

ADMINISTRATION DES QUARTIERS, SOUS-QUARTIERS ET SYNDICATS MARITIMES.

CHAPITRE PREMIER.

ORGANISATION ADMINISTRATIVE.

ART. 1er. Le littoral de l'Empire est divisé en arrondissements maritimes, sous-arrondissements, quartiers et syndicats (1).

Division du littoral.

Personnel des administrateurs et agents.

(1) Loi du 3 brumaire an IV, article 8, page 169. — Ordonnance du 14 juin 1844, titre Ier. — État publié par la marine.

.1

Les fonctionnaires placés à la tête des quartiers prennent le titre de *commissaire de l'inscription maritime* (1).

Dans les quartiers qui comprennent un ou plusieurs sous-quartiers, l'administration de ces sous-quartiers est confiée à des délégués du commissaire de l'inscription maritime qui prennent le titre d'*administrateur de l'inscription maritime*.

Des syndics des gens de mer sont placés à la tête des syndicats (2).

Le titre de *préposé à l'inscription maritime* peut être conféré aux syndics des gens de mer chargés des syndicats les plus importants.

Des gendarmes de la marine, des gardes maritimes et des inspecteurs des pêches sont en outre attachés au service des quartiers (3).

Remplacement des commissaires et des administrateurs de l'inscription maritime absents.

ART. 2. En cas d'absence momentanée, les commissaires de l'inscription maritime sont suppléés par le plus ancien des commis placés sous leurs ordres, ou, si le cas l'exige, par un membre du corps du commissariat spécialement désigné à cet effet.

Les administrateurs peuvent être suppléés par les syndics.

CHAPITRE II.

ATTRIBUTIONS GÉNÉRALES DES COMMISSAIRES ET DES ADMINISTRATEURS DE L'INSCRIPTION MARITIME.

Matricule des gens de mer.

ART. 3. Dans les quartiers qui ne comprennent pas de sous-

(1) Loi du 3 brumaire an IV, article 9, page 169. — Circulaire du 29 février 1836. — Ordonnance du 14 juin 1844, article 35. — Décret du 14 mai 1853, article 3.

(2) Loi du 3 brumaire an IV, article 9, page 169. — Arrêté du 21 ventôse an IV, page 176.

(3) Décret du 15 juillet 1858, articles 8, 39, 52 et 53. — Circulaire du 18 décembre 1844. — Loi du 9 janvier 1852. — Décrets du 4 juillet 1853.

quartiers, les commissaires de l'inscription maritime tiennent les matricules des gens de mer appartenant à toute la circonscription du quartier (1).

Dans les quartiers qui comprennent un ou plusieurs sous-quartiers, ils ne tiennent que la matricule des gens de mer appartenant aux syndicats relevant directement du chef-lieu du quartier, et les administrateurs des sous-quartiers tiennent les matricules des gens de mer de la circonscription de leur sous-quartier. Les matricules des sous-quartiers sont inspectées deux fois chaque année par le commissaire du quartier, dans la quinzaine qui suit l'envoi de l'état de situation des gens de mer.

Les commissaires et administrateurs s'assurent que les syndics tiennent exactement l'extrait des matricules mentionné au chapitre III (2).

Ils suivent avec soin les diverses positions des inscrits maritimes de leur quartier, pour constater leurs services et leurs droits, et délivrent, chaque fois qu'ils en sont requis, les états de services et extraits des registres et des matricules (3).

ART. 4. Les commissaires de l'inscription maritime exercent les pouvoirs disciplinaires déterminés par la loi, relativement aux infractions à la police de l'inscription maritime (4),

Pouvoir disciplinaire.

---

(1) Ordonnance du 31 octobre 1784, titre VII, articles 2, 3 et 5, pages 148 et 149. — Loi du 3 brumaire an IV, articles 1 et 9, pages 170 et 171.

(2) Ordonnance du 31 octobre 1784, titre VII, article 14, page 149.

(3) —————— *Ibid.* —————— titre VII, article 19, page 150. — Loi du 7 janvier 1791, article 13, page 159. — Circulaire du 9 décembre 1815.

(4) Ordonnance du 31 octobre 1784, titre V, article 9, page 148, titre XI, article 14 page 153. —Arrêté du 21 ventôse an IV, article 17, page 176.—Arrêt de cassation du 13 décembre 1828.

aux fautes de discipline commises à bord des navires du commerce (1) et aux contraventions à la police des pêches (2).

Les commandants des divisions navales du littoral, lorsqu'ils ont à signaler aux commissaires les infractions à la police de la pêche, ont soin de leur faire connaître quelles sont les poursuites dont elles doivent être l'objet ou les peines qui leur paraissent applicables (3).

Les décisions disciplinaires des commissaires de l'inscription maritime doivent toujours indiquer l'acte en vertu duquel elles sont prises. Elles sont inscrites sur un registre spécial.

Appel
au service.

Art. 5. Les commissaires de l'inscription maritime reçoivent les ordres pour les appels et les font exécuter par les syndics des gens de mer (4).

(1) Loi du 24 mars 1852, articles 3, 5 et 52.

(2) Loi du 24 mars 1852, article 58. — Les commissaires de l'inscription maritime doivent user avec beaucoup de réserve du pouvoir disciplinaire dont ils sont investis, et ne jamais punir un marin sans entendre sa justification, ce dont il est fait mention sur le livre de punitions. (Circulaire du 7 avril 1862.)

Ils doivent également ne pas perdre de vue que le droit de discipline ne peut s'exercer contre les capitaines des navires du commerce, attendu qu'aucune des infractions à la police du bord, prévues par l'article 58 du Code disciplinaire et pénal, n'est de nature à être commise par ces navigateurs, et que, d'après l'article 6, c'est sur leur plainte seulement que ces infractions peuvent être punies.

Les administrateurs des sous-quartiers ne peuvent, en principe, prononcer les peines de discipline prévues par la loi du 24 mars 1852. Mais ces administrateurs sont autorisés, en cas d'urgence, à infliger celles de ces peines qui comportent une application immédiate, sauf à rendre compte sur-le-champ de la mesure et de ses motifs au commissaire de l'inscription maritime, qui est ainsi appelé à déterminer la durée de la peine, et couvre par sa décision la mesure que l'administrateur du sous-quartier a provisoirement prise. (Circulaire du 21 octobre 1853.)

(3) Circulaire du 26 mars 1864.

(4) Loi du 7 janvier 1791, article 13, page 160. — Loi du 3 brumaire an IV, articles 19 et 20, page 173.

Ils sont autorisés, ainsi que les administrateurs de l'inscription maritime et les syndics, à requérir directement la force armée pour assurer le service des appels. (1).

ART. 6. Les commissaires et administrateurs de l'inscription maritime assurent le remboursement de la dette flottante des marins et se conforment, à cet égard, aux dispositions du titre VIII du décret du 11 août 1856, portant règlement sur la solde, les revues, l'administration et la comptabilité des équipages de la flotte (2).

Dette flottante.

ART. 7. Les commissaires et administrateurs de l'inscription maritime tiennent la matricule des bâtiments de commerce et des bateaux de pêche appartenant à leur quartier ou sous-quartier; ils y mentionnent les dates d'armement, de désarmement, de vente, de naufrage, de démolition, etc. (3).

Matricules des navires et des bateaux de pêche.
Rôles d'armement et de désarmement.

Ils délivrent les pièces nécessaires pour l'inscription de ces bâtiments et bateaux dans d'autres quartiers.

Dans les premiers jours des mois de janvier et de juillet de chaque année, les commissaires de l'inscription maritime adressent au commissaire général ou au chef du service de la marine, pour être transmis au Ministre, l'état des mutations desdits navires et bateaux survenues dans le quartier pendant le semestre écoulé (4).

(1) Loi du 7 janvier 1791, article 19, page 160. — Arrêté du 3 floréal an III, article 4. — Loi du 3 brumaire an IV, article 23, page 173. — Arrêté du 24 fructidor an IV, article 5. — Décrets du 1er mars 1854 et du 15 juillet 1858, articles 8, 39, 52 et 53.

(2) La dette flottante des marins se compose des sommes dont ils peuvent être redevables envers l'État au moment de leur congédiement.

(3) Ordonnance du 31 octobre 1784, titre VII, article 7, page 149.

(4) ——————— *Ibid.* ——————— titre VII, article 11, page 149. — Circulaire du 10 décembre 1839.

Les commissaires des quartiers et les administrateurs des sous-quartiers expédient les rôles d'armement et de désarmement, ainsi que les permis de navigation, et assurent le versement des droits dus à la caisse des invalides (1).

Ils font connaître aux ports d'inscription des bâtiments n'appartenant pas à leur quartier ou sous-quartier, les armements, désarmements, naufrages, etc. desdits bâtiments.

Équipages. **ART. 8.** Ils passent la revue des équipages des bâtiments de commerce et des bateaux de pêche, et veillent à l'observation des prescriptions de la loi relatives à la composition des équipages et au commandement des bâtiments (2).

Ils veilllent à ce que les rôles d'équipage soient déposés à leur bureau dans les vingt-quatre heures de l'arrivée des bâtiments (3).

Ils font opérer en leur présence le payement des salaires des équipages. (4).

Ils constatent les infractions commises en matière d'embar-

---

(1) Édit de 1720, titre VI, articles 7, 8, 11 et 22, pages 135 et 136. — Ordonnance du 31 octobre 1784, titre VII, articles 20 et 21 page 150; titre XIV, article 10, page 155. — Loi du 7 janvier 1791, articles 9 et 13, pages 159 et 160. — Loi du 13 mai 1791, titre V, article 11, page 163. — Code de commerce, article 192. — Règlement du 17 juillet 1816, articles 43 et 66, pages 192 et 193. — Circulaires des 12 octobre 1835, 12 août 1836 et 16 septembre 1841. — Décret du 4 novembre 1865, page 244.

(2) Ordonnance du 31 octobre 1784, titre XIV, article 7, page 154. — Acte de navigation du 21 septembre 1793, page 163. — Loi du 21 juin 1836, page 204. — Loi du 22 juillet 1851 et décret du 22 août suivant. — Décret du 15 janvier 1852. — Loi du 20 mars 1852, articles 1er et 7. — Loi du 24 mars 1852, article 82. — Loi du 14 juin 1854. — Décret du 26 janvier 1857.

(3) Loi du 24 mars 1852, article 83.

(4) Édit de 1720, titre VI, article 4, page 135. — Ordonnance du 18 décembre 1728, page 137. — Arrêt du conseil du 19 janvier 1734, page 140. — Ordonnance du 1er novembre 1745, page 143. — Loi du 4 mars 1852, page 208. — Décret du 24 septembre 1864.

quement et de débarquement, et signalent ces infractions à qui de droit (1).

Ils reçoivent toutes déclarations de fautes, délits ou crimes commis à bord des bâtiments du commerce et donnent à ces déclarations la suite voulue (2).

Ils font rechercher et punir les déserteurs des bâtiments du commerce (3).

ART. 9. Les commissaires de l'inscription maritime président les tribunaux maritimes commerciaux (4).

Tribunaux
maritimes
commerciaux.

ART. 10. Les commissaires et les administrateurs de l'inscription maritime reçoivent les expéditions authentiques des actes de l'état civil dressés à bord des navires du commerce, ainsi que les originaux clos et cachetés des testaments qui ont été faits en mer (5).

Actes
de
l'état civil.
Testaments faits
en mer.

Les expéditions des actes de l'état civil sont collationnées sur le rôle d'équipage (6).

Les commissaires et les administrateurs de l'inscription maritime en donnent récépissé en marge de l'acte original (7).

Ils donnent également récépissé, en marge du nom du testateur, des originaux des testaments (8).

Les originaux des testaments faits en mer sont transmis au

(1) Ordonnance du 31 octobre 1784, titre VII, article 24, page 150. — Loi du 19 mars 1852, articles 8, 9 et 10, page 211.

(2) Loi du 24 mars 1852, articles 26 et 50.

(3) Ordonnance du 31 octobre 1784, titre XVIII, article 25, page 159. — Loi du 24 mars 1852, articles 26, 65 et suivants.

(4) Loi du 24 mars 1852, article 10.

(5) Code Napoléon, articles 60, 61, 87, 992 et 995. — Instruction du 2 juillet 1828.

(6) et (7) Instruction du 2 juillet 1828.

(8) Code Napoléon, article 993.

ministre de la marine, qui en ordonne le dépôt au greffe de
la justice de paix du lieu du domicile du testateur (1).

Les commissaires et les administrateurs de l'inscription maritime ne peuvent donner copie des expéditions des actes de
l'état civil déposées à leur bureau (2).

Ils peuvent seulement délivrer aux intéressés qui en font la
demande, des extraits de rôles d'équipage ou de matricules,
pour les individus morts à bord, et des copies textuelles des
procès-verbaux dressés, dans la forme voulue par l'instruction
du 2 juillet 1828, pour les individus disparus et dont le
décès n'aurait pu être constaté; mais ils doivent mentionner sur ces documents qu'ils ne peuvent tenir lieu d'actes
de décès, ni servir à rédiger des actes de décès (3).

Si les individus décédés ou disparus appartenaient à l'inscription maritime ou à des corps organisés, les administrateurs de la marine qui ont reçu les expéditions des
actes de décès ou des procès-verbaux de disparition (et,
s'il y a lieu, l'acte constatant le genre ou les causes de la
mort), donnent avis de ces événements aux commissaires des
quartiers d'inscription des marins, ou aux conseils d'administration, s'il s'agit de militaires, pour qu'il en soit fait
mention sur les matricules de l'inscription maritime ou des
corps (4).

Service
invalides.

Art. 11. Les commissaires de l'inscription maritime ont
dans leurs attributions l'administration de la caisse des invalides de la marine, comprenant celles des prises et des gens

(1) Code Napoléon, articles 991 et 992. — Instruction du 2 juillet 1828.
(2) Code Napoléon, article 45. — Instruction du 2 juillet 1828.
(3) et (4) Instruction du 2 juillet 1828.

de mer, et dont la comptabilité est confiée aux trésoriers des invalides de la marine (1).

Les commissaires et les administrateurs de l'inscription maritime reçoivent les déclarations par lesquelles les marins donnent l'autorisation de toucher pour eux les sommes qu'ils ont à réclamer à la caisse des invalides de la marine (2).

Ils donnent avis aux ayants droit des sommes déposées en leur nom à la caisse des gens de mer, et signalent par voie d'affiches celles qui sont restées dans la caisse des invalides de la marine (3).

Les commissaires de l'inscription maritime établissent les mémoires de proposition :

1° Pour les pensions dites *demi-soldes*, les pensions aux veuves et orphelins et les secours et gratifications accordés sur la caisse des invalides en vertu de la loi du 13 mai 1791 ;

2° Pour les pensions acquises aux veuves en vertu des lois des 11 et 18 avril 1831, 21 juin 1856, 26 juin 1861 et 18 juin 1862.

Dans ce dernier cas, les pièces nécessaires leur sont adressées par les services compétents, et les mémoires de proposition sont transmis au chef-lieu de l'arrondissement.

Les syndics des gens de mer sont spécialement chargés de préparer les éléments des propositions de demi-soldes, secours et gratifications, et reçoivent à cet effet des instructions des commissaires et administrateurs de l'inscription maritime (4).

(1) Loi du 13 mai 1791, titre V, articles 5 et 7, pages 162 et 163. — Règlement du 17 juillet 1816, articles 2 et 95, pages 189 et 194.

(2) Règlement du 17 juillet 1816, article 37, page 192. — Dépêches des 21 mars et 25 juillet 1837. — Circulaire du 21 juillet 1838.

(3) Circulaire du 18 juin 1862, page 230.

(4) Loi du 13 mai 1791, titre II, articles 1, 2 et 9, pages 161 et 162.—Règlement du 17 juillet 1816, articles 128 et 129, page 195. — Loi du 28 juin 1862 et instruction du 7 octobre suivant. — Circulaire du 15 octobre 1855.

Les commissaires des quartiers tiennent la matricule, et les administrateurs des sous-quartiers, l'extrait de la matricule des pensionnaires et demi-soldiers de la marine, ainsi que celle des veuves et des orphelins pensionnés; ils suivent leurs mouvements et reçoivent les déclarations de changement de domicile.

Les commissaires de l'inscription maritime établissent trimestriellement les états des extinctions survenues parmi les pensionnaires (1).

Naufrages.
Épaves.

ART. 12. Au premier avis d'un naufrage, les commissaires ou administrateurs de l'inscription maritime se transportent sur les lieux pour procéder au sauvetage des personnes et des objets naufragés.

A défaut des armateurs, propriétaires, subrécargues ou correspondants, ils restent chargés desdits objets pour les remettre, à toute réquisition, aux ayants droit, dans les formes voulues par les règlements.

Ils apportent la plus grande économie dans les frais de sauvetage du matériel et de la cargaison.

Jusqu'à leur arrivée sur les lieux, les syndics des gens de mer donnent les premiers ordres, et s'il s'agit seulement du relèvement de quelques effets ou débris jetés à la côte, le soin d'y procéder peut en être laissé à ces agents (2).

Quand un officier ou un maître de port a déclaré par écrit qu'un navire échoué forme écueil ou obstacle au port ou à l'entrée du port, le commissaire ou l'administrateur de l'ins-

---

(1) Loi du 13 mai 1791, titre II, article 3, page 161. — Règlement du 17 juillet 1816, article 94, page 194. — Circulaires des 6 avril 1832, et 13 novembre 1838.

(2) Arrêté du 17 floréal, an IX, articles 1 et 2, page 177. — Règlement du 17 juillet 1816, article 24, page 191. — Circulaire du 19 avril 1822.

cription maritime laisse à l'officier ou au maître de port le soin de prendre les dispositions nécessaires pour faire disparaître l'écueil ou l'obstacle (1).

Tous les objets provenant de jet, bris et naufrage, trouvés sur les flots ou sur les grèves, doivent être déclarés et remis, s'il y a lieu, aux commissaires ou aux administrateurs de l'inscription maritime. Quand la découverte de ces objets comporte de la publicité, ils en rendent compte à l'autorité supérieure et en donnent avis par les moyens dont ils disposent. Les papiers contenus dans des bouteilles venues épaves à la côte sont transmis au Ministre de la marine et des colonies (2).

Lorsque des cadavres sont trouvés sur les côtes, la déclaration doit en être faite au commissaire ou à l'administrateur de l'inscription maritime (3).

Si le cadavre est trouvé au siége du chef-lieu du quartier ou du sous-quartier, le commissaire du quartier ou l'administrateur du sous-quartier s'entend avec l'autorité judiciaire, pour la levée et la reconnaissance, et avec l'autorité municipale, pour l'inhumation.

S'il est recueilli sur une autre partie du littoral, le syndic des gens de mer supplée le commissaire ou l'administrateur de l'inscription maritime.

Il est pourvu aux frais d'inhumation des cadavres recueillis sur la côte :

1° Au moyen des produits du sauvetage, s'il est reconnu que les corps proviennent d'un bâtiment naufragé;

_____

(1) Décret du 15 juillet 1854, article 14.
(2) Ordonnance de 1681, livre IV, titre IX, articles 19 et 20, page 134. — Règlement du 17 juillet 1816, article 26, page 191. — Dépêche du 2 octobre 1830.
(3) Ordonnance de 1681, livre IV, titre IX, article 32, page 134.

2° Au moyen des valeurs trouvées sur les cadavres, s'ils sont inconnus;

3° A défaut, sur les fonds de la caisse des invalides de la marine (1).

Faits
de sauvetage.

ART. 13. Les commissaires de l'inscription maritime sont chargés de recueillir et de soumettre à l'autorité supérieure les propositions de récompenses pour faits de sauvetage, en se conformant aux prescriptions rappelées au chapitre IX, livre IV, titre II : *Faits de sauvetage.*

Déplacements.

ART. 14. Les commissaires et les administrateurs de l'inscription maritime ont droit, lorsqu'ils voyagent dans les cas prévus par les règlements ou par ordre, aux frais de route et de séjour déterminés par les tarifs.

Interdictions
diverses.

ART. 15. Les commissaires et les administrateurs de l'inscription maritime ne peuvent prendre, directement ni indirectement, aucun intérêt dans la propriété des navires et dans les armements pour le commerce ou la pêche, non plus que dans les entreprises de commerce de quelque espèce qu'elles soient (2).

CHAPITRE III.

SYNDICS DES GENS DE MER.

Nomination.

ART. 16. Les syndics des gens de mer sont choisis de préférence parmi les anciens marins; ils doivent être aptes à tenir les matricules (3).

(1) Circulaires des 18 août 1851 et 16 novembre 1852.
(2) Ordonnance du 31 octobre 1784, titre XIV, article 19, page 157.
(3) Loi du 3 brumaire an IV, article 9, page 171. — Arrêté du 21 ventôse an IV, article 5, page 176. — Circulaire du 17 mai 1864.

A défaut d'anciens marins offrant les garanties requises, **ils peuvent être pris parmi les agents retraités ou parmi les militaires libérés** des différents corps de la marine.

Ils sont nommés par le Ministre, sur la proposition des préfets maritimes ou des chefs du service de la marine, et **sur la présentation du commissaire de l'inscription maritime, qui doit s'assurer préalablement de leur capacité.**

Toute proposition à l'emploi de syndic doit être accompagnée de l'acte de naissance et de l'état des services du **candidat** (1).

Les syndics des gens de mer sont soumis à la prestation de serment avant leur entrée en fonctions (2).

Leur commission n'est passible que des droits de timbre et d'enregistrement à l'exclusion de tout droit de greffe (3).

ART. 17. Les syndics sont des agents civils.

Ils cumulent leur traitement avec la pension de retraite ou la pension dite *demi-solde* dont ils pourraient être titulaires, excepté le cas où des services civils auraient été admis comme complément du droit à ces pensions (4).

Caractère de leur emploi.

Ils ne peuvent être poursuivis, pour faits relatifs à leurs fonctions, qu'en vertu de l'autorisation du Conseil d'État (5).

Immunités.

(1) Circulaire du 5 août 1853.

(2) Circulaire du 14 mai 1852.

(3) Circulaire du 29 novembre 1864. Ces droits, fixés, suivant le cas, à 4 fr. 65 cent. ou 5 fr. 65 cent., sont supportés par le trésor.

(4) Arrêté du 21 ventôse an IV, article 4, page 176. — Loi du 25 mars 1817, article 27. — Circulaires des 12 septembre 1817, 6 septembre 1836, 18 août 1849, 17 juillet 1852, 9 août 1853, 6 octobre 1856 et 16 septembre 1857. — Décret du 31 mai 1862, sur la comptabilité publique, article 271.

(5) Article 75 de la Constitution du 22 frimaire an VIII. — Arrêts du Conseil d'État des 17 janvier 1843 et 26 janvier 1853.

Ils sont exempts du service de la garde nationale (1).

ART. 18. Les syndics des gens de mer sont sous les ordres des commissaires et des administrateurs de l'inscription maritime (2).

Ils doivent résider au chef-lieu de leur syndicat, et ne peuvent en quitter la circonscription sans l'autorisation du commissaire ou de l'administrateur de l'inscription maritime (3).

ART. 19. Les syndics tiennent, sauf en ce qui concerne les capitaines au long cours, les maîtres au cabotage, les pilotes et aspirants pilotes, un extrait des registres et des matricules du quartier ou du sous-quartier, pour tous les inscrits de leur syndicat.

Ils enregistrent toutes les mutations qui surviennent parmi les gens de mer (4).

Le premier de chaque mois, ils adressent au commissaire ou à l'administrateur de l'inscription maritime le relevé des mouvements survenus, pendant le mois précédent, parmi les marins de leur syndicat, tels que décès, absence, changement de domicile, arrivée ou retour, etc. (5).

Ils doivent se tenir en état de fournir tous les renseignements nécessaires sur la situation du personnel inscrit dans leur syndicat (6).

---

(1) Arrêté du 21 ventôse an IV, article 4, page 176. — Loi du 22 mars 1831.

(2) Ordonnance du 31 octobre 1784, titre II, article 7, page 148. — Loi du 3 brumaire an IV, article 9, page 171. — Arrêté du 21 ventôse an IV, article 5, page 176.

(3) Ordonnance du 31 octobre 1784, titre VIII, article 1er, page 150.

(4)——————— Ibid. ——————— titre VIII, articles 3 et 5, page 151. — Loi du 7 janvier 1791, article 16, page 160. — Loi du 3 brumaire an IV, article 9, page 171. — Circulaires des 8 décembre 1849 et 2 février 1850.

(5) Ordonnance du 31 octobre 1784, titre VIII, article 6, page 151.

(6) ——————— Ibid. ——————— titre VIII, article 2, page 151.

Art. 20. Ils ont le droit de mander devant eux les gens de mer pour tout fait relatif aux appels (1).

Ils font connaître au commissaire ou à l'administrateur de l'inscription maritime les individus qui se livreraient à la navigation sans être portés sur les matricules à titre provisoire ou à titre définitif (2).

Art. 21. Les syndics des gens de mer doivent se tenir au courant de tous les événements de mer arrivés dans l'étendue de leur syndicat et en rendre compte sur-le-champ au commissaire ou à l'administrateur de l'inscription maritime (3).

Police de la navigation et de la pêche.

Dans les localités autres que les chefs-lieux de quartiers ou de sous-quartiers, les syndics des gens de mer sont autorisés à viser les rôles d'équipage et à y faire les mutations d'embarquement et de débarquement (4).

Ils constatent les infractions ou contraventions aux lois et règlements sur la police de la navigation et de la pêche.

Ils dressent les procès-verbaux desdites infractions ou contraventions (5).

Ces procès-verbaux sont remis, après affirmation, au commissaire de l'inscription maritime, qui en saisit, s'il y a lieu, le ministère public (6).

Art. 22. Les syndics des gens de mer exécutent les ordres qui leur sont donnés par le commissaire ou par l'administra-

Ordres pour les appels, etc.

---

(1) Ordonnance du 31 octobre 1784, titre XI, article 14, page 153.
(2) ———— *Ibid.* ———— titre VIII, article 8, page 151.
(3) Circulaire du 12 février 1836.
(4) Ordonnance du 31 octobre 1784, titre XIV, article 8, page 155.
(5) Loi du 19 mars 1852, article 7, page 210.
(6) Loi du 19 mars 1852, articles 8 et 10, page 211.

teur de l'inscription maritime, soit pour les appels, soit pour tout autre objet relatif au service (1).

Naufrages. ART. 23. En cas de naufrage, ils se transportent sans délai sur les lieux, et prennent, jusqu'à l'arrivée du commissaire ou de l'administrateur, les dispositions qu'exigent le salut des hommes, la conservation de la cargaison et le sauvetage du bâtiment (2).

Si le peu d'importance de l'opération ne nécessite pas la présence du commissaire ou de l'administrateur, les syndics des gens de mer peuvent en être chargés (3).

Faits de sauvetage. ART. 24. Lorsqu'il vient à leur connaissance que des marins ou autres ont sauvé dans l'étendue de leur syndicat des personnes en danger de se noyer, ils s'assurent du fait et fournissent au commissaire ou à l'administrateur de l'inscription maritime tous les renseignements propres à éclairer l'administration supérieure sur les récompenses à accorder.

Service invalides. ART. 25. Ils reçoivent les demandes des marins ou de leurs familles, pour l'obtention de demi-soldes, de secours et de gratifications.

Ils doivent, lorsqu'il y a lieu, faire toutes les démarches nécessaires pour compléter les justifications produites par les intéressés.

---

(1) Ordonnance du 31 octobre 1784, titre VIII, article 10, titre XII, article 18, pages 151 et 153. — Loi du 7 janvier 1791, articles 13 et 19, page 160. — Loi du 3 brumaire an IV, article 20, page 173.

(2) Arrêté du 17 floréal an IX, article 2, page 177. — Règlement du 17 juillet 1816, article 24, page 191.

(3) Circulaire du 19 avril 1822.

Ils transmettent, conformément aux règlements, aux commissaires de l'inscription maritime, avec les pièces justificatives, les demandes de demi-soldes, secours et gratifications (1).

Ils délivrent, pour les payements à faire aux héritiers des pensionnaires et demi-soldiers, les certificats de notoriété constatant les noms et qualités des héritiers, lorsque les payements n'excèdent pas 150 francs.

Ils reçoivent, dans la même limite de 150 francs, les déclarations tenant lieu de procuration pour les payements à faire par l'établissement des invalides (2).

Ils délivrent les autorisations nécessaires pour toucher les délégations faites au profit de personnes ne pouvant, pour cause d'infirmité ou autre, se présenter elles-mêmes.

Ils établissent les réclamations de décomptes de solde versés à la caisse des gens de mer.

Enfin, ils doivent faire des recherches au sujet des pensionnaires qui ne se présentent pas, et, en cas de décès, prévenir les héritiers de ce qu'ils ont à faire pour toucher les arrérages.

Ils donnent avis aux marins ou ayants droit des sommes déposées à leur nom dans la caisse des gens de mer (3).

Art. 26. Lorsqu'ils se déplacent dans les cas prévus par les règlements ou par ordre, les syndics des gens de mer ont droit aux indemnités de route et de séjour fixées par les tarifs.

Déplacements.

(1) Loi du 13 mai 1791, titre II, articles 1ᵉʳ et 9, pages 161 et 162. — Règlement du 17 juillet 1816, articles 128, 129 et 132, page 195.

(2) Circulaire du 12 septembre 1837 et Instruction du mois de décembre 1859.

(3) Circulaire du 18 juin 1862, page 230.

ART. 27. Les syndics ne peuvent exercer aucune profession, faire aucun trafic sujet au droit de patente, pratiquer l'industrie de la pêche ou dépendre d'une administration ne relevant pas du département de la marine.

Il leur est expressément défendu de recevoir, directement ou indirectement, aucun présent de quelque nature que ce soit, sous peine de destitution et sans préjudice des poursuites prévues par la loi (1).

CHAPITRE IV.

GARDES MARITIMES.

ART. 28. Les gardes maritimes sont choisis de préférence parmi les officiers-mariniers ou marins qui ont accompli six ans de services à l'État; parmi ceux qui ont satisfait à l'appel conformément aux dispositions du décret du 22 octobre 1863-27 février 1866, ou parmi les marins congédiés antérieurement à l'application de ce décret.

A défaut de marins, les gardes maritimes peuvent être choisis parmi les militaires libérés de l'un des corps de la marine.

Ils doivent être âgés de vingt-cinq ans au moins, et présenter toutes les conditions de validité nécessaires pour garantir une complète aptitude à faire le service purement actif auquel les gardes maritimes sont destinés.

Ils doivent être en état de rédiger un procès-verbal (2).

Les gardes maritimes sont nommés par le Ministre, sur la proposition des préfets maritimes ou des chefs du service de

(1) Ordonnance du 31 octobre 1784, titre VIII, article 12, page 151. — Loi du 28 septembre 1791, article 25. — Code pénal, article 177. — Circulaire du 28 juin 1854.

(2) Circulaire du 18 décembre 1844.

la marine, et sur la présentation du commissaire de l'inscription maritime, qui doit s'assurer préalablement de leur capacité.

Toute proposition de nomination à un emploi de garde maritime doit être accompagnée de l'acte de naissance du candidat et de l'état de ses services.

Les gardes maritimes sont soumis à la prestation de serment avant leur entrée en fonctions (1).

Leur commission est passible des mêmes droits que celle des syndics des gens de mer (2).

ART. 29. L'emploi de garde maritime est réputé civil comme celui de syndic des gens de mer.

Caractère de leur emploi.
Avantages.

Les gardes maritimes jouissent de tous les avantages et immunités assurés aux syndics des gens de mer.

Ils ne peuvent être poursuivis pour faits relatifs à leurs fonctions qu'en vertu de l'autorisation du Conseil d'État (3).

ART. 30. Les gardes maritimes doivent résider dans l'étendue de la station à laquelle ils appartiennent; ils ne peuvent s'en absenter sans l'autorisation du commissaire ou de l'administrateur de l'inscription maritime.

Résidence.

ART. 31. Ils sont placés sous les ordres des syndics des gens de mer.

Subordination.

Toutefois, les commissaires de l'inscription maritime règlent, quand il y a lieu, dans l'intérêt du service, sous l'approbation de l'autorité supérieure, le mode des relations des gardes ma-

---

(1) Circulaires des 14 mai 1852 et 26 avril 1853.

(2) Circulaire du 29 novembre 1864, rappelée à l'article 16.

(3) Article 75 de la Constitution du 22 frimaire an VIII — Arrêts du Conseil d'État des 19 juillet 1843 et 26 janvier 1853.

ritimes soit avec les syndics, soit avec les administrateurs des sous-quartiers, soit avec eux-mêmes (1).

Attributions. Art. 32. Les gardes maritimes surveillent, sur le littoral de la mer et dans la partie des fleuves et rivières comprise dans les limites de l'inscription maritime, les bateaux employés à la navigation ou à la pêche, ainsi que les parcs et pêcheries, en vue d'assurer l'exécution des lois et règlements sur l'inscription maritime, la police de la navigation et les pêches.

Les procès-verbaux de contravention sont remis, après la formalité de l'affirmation, au commissaire ou à l'administrateur de l'inscription maritime, qui y donne telle suite que de droit (2).

Naufrages. Épaves. Art. 33. Les gardes maritimes signalent sans délai à l'autorité dont ils relèvent tout naufrage ou toute épave dont ils ont connaissance, et ils agissent, au besoin, dans l'intérêt du salut des personnes et de la conservation des choses, jusqu'à l'arrivée de l'autorité compétente sur le lieu du sinistre (3).

Déplacements. Art. 34. Lorsqu'ils se déplacent pour le service et par ordre, et qu'ils sortent de leur circonscription, ils ont droit aux indemnités de route et de séjour fixées par les règlements.

Interdictions diverses. Art. 35. Les gardes maritimes ne peuvent exercer aucune profession, faire aucun trafic sujet au droit de patente, prati-

---

(1) Circulaire du 18 décembre 1844.

(2) Circulaire du 18 décembre 1844. — Lois des 9 janvier 1852 et 19 mars 1852, articles 7, 8 et 10, pages 210 et 211.—Décret du 27 novembre 1859.

(3) Circulaire du 18 décembre 1844.

quer l'industrie de la pêche ou dépendre d'une administration ne relevant pas du département de la marine.

Il leur est expressément défendu de recevoir, directement ou indirectement, aucun présent de quelque nature que ce soit, sous peine de destitution et sans préjudice des poursuites prévues par la loi (1).

CHAPITRE V.

INSPECTEURS DES PÊCHES.

ART. 36. Les inspecteurs des pêches attachés aux quartiers sont spécialement chargés d'assurer l'exécution des lois et règlements sur la pêche côtière. *Fonctions et nomination.*

Ils sont choisis de préférence parmi les anciens officiers et administrateurs de la marine, les officiers-mariniers retraités, les capitaines au long cours et maîtres au cabotage, et sont nommés par le Ministre de la marine et des colonies.

Ils sont placés sous les ordres directs des commissaires de l'inscription maritime (2).

CHAPITRE VI.

GENDARMERIE MARITIME.

ART. 37. La gendarmerie maritime est affectée à la garde et à la police judiciaire des ports et arsenaux, au service de l'inscription maritime, de la police de la navigation et de la police des pêches, ainsi qu'à toutes les opérations qui s'y rattachent, soit à l'intérieur, soit à l'extérieur des ports (3). *Attributions.*

(1) Code pénal, article 177.
(2) Loi du 9 janvier 1852. — Décrets du 4 juillet 1853.
(3) Décrets des 15 juillet 1858 et 26 octobre 1866.

LIVRE II.

INSCRIPTION MARITIME.

———

CHAPITRE PREMIER.

CONDITIONS ET FORMALITÉS DE L'INSCRIPTION.

Individus compris dans l'inscription. Exceptions.

ART. 38. Il y a une inscription particulière pour les français qui se destinent à la navigation (1).

Cette inscription comprend :

Les marins de tous grades et de toutes professions, ainsi que les mécaniciens et chauffeurs naviguant sur les bâtiments de l'État et sur les navires du commerce, c'est-à-dire tous ceux qui font la navigation maritime, telle que cette navigation est définie par la loi du 3 brumaire an IV et la loi du 19 mars 1852 (2).

Toutefois, ne sont pas compris dans l'inscription maritime :

1° Les hommes du recrutement affectés aux équipages de la flotte et les hommes qui, n'étant pas déjà inscrits, ont contracté un engagement volontaire pour servir dans l'armée de mer ;

2° Les propriétaires de yachts et bateaux de plaisance ;

3° les propriétaires de bateaux et chalands servant uniquement à l'exploitation de propriétés rurales, fabriques, usines ou biens de toute nature situés dans les îles et sur les rives des fleuves et rivières, dans leur partie maritime, et même

___

(1) Loi du 3 brumaire an IV, article 1er, page 170.

(2) *Ibid.* article 2, § 1er, page 170. — Loi du 19 mars 1852, page 209, et décret du 28 janvier 1857.

en dehors des embouchures, lorsque des arrêtés spéciaux des préfets maritimes ont étendu l'exception à ce dernier cas; .

4° Les hommes employés sur les yachts, bateaux et chalands ci-dessus désignés (1).

INSCRIPTION PROVISOIRE.

ART. 39. Les individus qui veulent se livrer à la navigation doivent se présenter au commissaire ou à l'administrateur de l'inscription maritime du quartier ou du sous-quartier de leur résidence, munis de leur acte de naissance ou de toute autre pièce en tenant lieu.

Conditions de l'inscription provisoire.

S'ils sont mineurs, le commissaire ou l'administrateur de l'inscription maritime doit exiger la présence ou le consentement de leur père, mère ou tuteur, et, à défaut, la présence ou le consentement du juge de paix.

Il leur est donné connaissance des dispositions de la loi du 3 brumaire an IV.

Il est ensuite procédé à leur enregistrement sur la matricule des inscrits provisoires.

Sont inscrits avec la dénomination de *mousses* les individus âgés de dix à seize ans.

Sont inscrits avec la dénomination de *novices* les individus âgés de seize ans et plus qui ne réunissent pas les conditions d'âge et de navigation exigées pour être inscrits définitivement (2).

(1) Circulaire du 23 mai 1862. — Décret du 25 octobre 1863. — Circulaire du 18 juillet 1864.

(2) Loi du 3 brumaire an IV, articles 1, 3 et 4, page 170. — Code Napoléon, articles 374 et 450. — Décret du 23 mars 1852.

§ 2.

INSCRIPTION DÉFINITIVE.

Conditions
de
l'inscription
définitive.

ART. 40. Les inscrits provisoires ne peuvent être inscrits définitivement que lorsqu'ils sont âgés de dix-huit ans révolus et qu'ils ont fait : soit deux campagnes au long cours à bord des bâtiments de l'État ou à bord des navires du commerce, soit dix-huit mois de navigation tant à l'État qu'au commerce, soit deux années de petite pêche. Ils doivent déclarer qu'ils consentent à être inscrits et qu'ils veulent continuer la navigation (1).

Toutefois, ceux qui ont fait la petite pêche pendant deux saisons peuvent obtenir, sur leur demande, leur inscription définitive, pourvu qu'ils soient âgés de dix-huit ans révolus (2).

Déclarations
exigées.

ART. 41. Les individus qui se présentent pour être inscrits doivent être accompagnés de leur père ou de deux de leurs plus proches parents ou voisins, au bureau de l'inscription maritime du quartier ou du sous-quartier, où il leur est donné connaissance des lois et règlements qui déterminent les droits et les obligations des marins inscrits (3).

Les inscrits provisoires qui sont au service en qualité de novices doivent, dès qu'ils réunissent les conditions exigées pour leur inscription définitive, faire, devant le conseil d'administration du bâtiment sur lequel ils sont embarqués, la déclaration formelle de leur intention de continuer la navigation.

(1) Loi du 3 brumaire an iv, article 5, page 170. — Circulaire du 9 septembre 1851. — Décret du 23 mars 1852, article 1ᵉʳ. — Décret du 5 juin 1856, article 193.

(2) Circulaire du 3 octobre 1864.

(3) Loi du 3 brumaire an iv, article 5, page 170.

Il est dressé de cette déclaration un acte qui est signé par l'intéressé ou par deux témoins.

Une expédition dudit acte est transmise au commissaire du quartier où le novice avait été enregistré, pour servir à son inscription sur la matricule des inscrits définitifs, à la date de sa déclaration (1).

ART. 42. Les novices qui refusent de se faire inscrire défi-nitivement sont immédiatement signalés à leur quartier d'ins-cription et congédiés aussitôt après, si le bâtiment sur lequel ils sont embarqués n'est pas en cours de navigation (2).

Marins refusant de se faire inscrire.

ART. 43. Les marins provenant du recrutement ou de l'en-gagement volontaire qui, après leur libération, veulent se livrer à la navigation ou à la pêche maritime, en font la dé-claration au commissaire ou à l'administrateur de l'inscription maritime et sont ensuite immatriculés dans le quartier ou le sous-quartier où ils ont fixé leur domicile.

Marins du recrutement ou de l'engagement volontaire.

Avant leur immatriculation, le commissaire ou l'adminis-trateur de l'inscription maritime leur donne connaissance des lois et règlements qui déterminent les droits et les obli-gations des marins inscrits.

La déclaration de chaque homme est signée par lui, ou, s'il ne sait pas signer, mention en est faite et signée en sa pré-sence par le commissaire ou par l'administrateur du quartier ou du sous-quartier (3).

ART. 44. Le commissaire ou l'administrateur de l'inscrip-

Inscriptions d'office.

(1) Décret du 5 juin 1856, article 193.
(2) Circulaire du 20 juin 1856 accompagnant le décret du 5 du même mois.
(3) Décret du 5 juin 1856, article 150.

tion maritime doit réclamer des marins qui réunissent les conditions d'inscription définitive leur adhésion ou leur renonciation ; ceux qui, réunissant ces conditions, continuent la navigation ou la pêche, bien qu'ils n'aient pas donné leur adhésion, sont inscrits d'office sur les matricules (1).

L'inscription d'office ne peut toutefois avoir lieu qu'autant qu'il est reconnu qu'aucune cause indépendante de la volonté du marin n'a pu empêcher sa déclaration.

Si le marin est empêché, pour une cause légale, de se prononcer, on doit attendre qu'il ait pu le faire.

§ 3.

RENONCIATIONS.

ART. 45. Les inscrits maritimes peuvent, quel que soit leur âge, renoncer à la navigation et à la pêche.

Toutefois, s'ils font partie du contingent d'une classe non libérée, leur renonciation les place dans la situation des jeunes soldats de leur classe affectés à l'armée de mer (2).

Les inscrits qui ne sont pas en activité de service sont tenus de déclarer leur intention au commissaire de l'inscription maritime de leur quartier. Cette déclaration est consignée sur la matricule, par le commissaire *lui-même,* en présence du renonciataire.

Les marins en activité de service doivent se présenter devant le conseil d'administration du bâtiment sur lequel ils sont embarqués, ou devant le conseil d'administration de la division où ils se trouvent. La renonciation est aussitôt consignée sur

(1) Ordonnance du 31 octobre 1784, titre X, articles 10 et 11, page 152.— Loi du 3 brumaire an IV, article 6, page 171.—Décret du 22 octobre 1863-27 février 1866.

(2) Circulaire du 27 septembre 1841.

le livret du marin et sur le rôle d'équipage du bâtiment ou de la division.

ART. 46. Les déclarations sont transmises aux commissaires des quartiers respectifs, afin que les hommes qui les ont faites soient compris dans les états généraux à adresser au Ministre.

Suite à donner aux déclarations.

Par le seul fait de cette déclaration, et un an après qu'elle a eu lieu devant l'autorité compétente, les inscrits maritimes sont rayés des matricules.

ART. 47. Les déclarations de renonciation ne sont pas admises en temps de guerre; elles demeurent même sans effet, si la guerre est déclarée avant l'expiration d'une année, à compter du jour où elles ont été faites (1).

Cas dans lesquels elles ne sont pas admises.

ART. 48. Dans tous les cas, la renonciation est considérée de droit comme nulle et non avenue, si, après l'avoir faite, le renonciataire a continué de se livrer à la navigation (2).

Cas où le marin reprend la navigation.

ART. 49. Les dispositions concernant la renonciation ne sont pas applicables aux mousses et aux novices, qui n'ont qu'à demander leur radiation pour l'obtenir.

Renonciation des mousses et novices.

Ils sont rayés au moment où leur déclaration parvient au quartier (3).

ART. 50. Dans les premiers jours de chaque trimestre, les commissaires de l'inscription maritime établissent et adressent au Ministre de la marine, par la voie hiérarchique, l'état nomi-

État transmis au Ministre.

(1) Loi du 3 brumaire an IV, article 25, page 173.
(2) Ordonnance du 31 octobre 1784, titre X, article 16, page 152. — Loi du 3 brumaire an IV, article 26, page 174. — Circulaire du 18 mars 1864.
(3) Ordonnance du 31 octobre 1784, titre X, article 15, page 152.

natif des marins qui ont renoncé à la navigation pendant les trois mois écoulés.

ART. 51. Les déclarations de renonciation souscrites par les inscrits maritimes en activité de service, et dont l'avis arrive aux quartiers postérieurement à l'envoi de l'état des renonciations reçues pendant le trimestre où les déclarations ont été faites; donnent lieu à la formation d'un état supplémentaire (1).

ART. 52. La radiation des renonciataires qui n'ont pas repris l'exercice de la navigation ou de la pêche est opérée sur les matricules, et il leur est donné acte de cette radiation par un certificat du commissaire du quartier.

ART. 53. Les renonciataires embarqués sur un bâtiment de l'État présent dans un port ou sur une rade de France sont congédiés à l'expiration du délai fixé par la loi; leur renonciation est mentionnée sur leur feuille de route; ils sont rayés de la matricule de leur quartier et reçoivent un certificat de radiation.

Quant aux renonciataires embarqués sur des bâtiments en cours de voyage, ils ne sont congédiés qu'autant que les circonstances de la navigation le permettent (2).

ART. 54. Les inscrits maritimes rayés ne jouissent plus d'aucun des avantages attachés à l'inscription; mais ils ont la faculté de se faire réinscrire. Dans ce cas, ils sont rétablis sur les matricules dans la même situation qu'ils avaient lors de

(1) Circulaire du 6 juin 1842.
(2) Circulaire du 18 mars 1864.

leur radiation et conservent le bénéfice de leurs services antérieurs (1).

Tout inscrit qui, après avoir été congédié du service de l'État par suite de renonciation, sans avoir satisfait à toutes les conditions de l'appel, reprend l'exercice des professions maritimes, peut être appelé à compléter son temps de service en cette qualité (2).

CHAPITRE II.

DISPOSITIONS SPÉCIALES EN FAVEUR DES INSCRITS MARITIMES ET DE LEURS FAMILLES.

ART. 55. Les inscrits maritimes sont dispensés de tout service public autre que celui de l'armée navale et de la garde nationale (3). *Dispense de divers services publics.*

Ils ne peuvent être mobilisés avec les gardes nationales quand elles sortent de la circonscription de leur quartier (4).

Lorsqu'ils sont embarqués sur les bâtiments du commerce ou sur les bateaux de pêche, ils ne sont pas assujettis au service de la garde nationale sédentaire (5).

Ils jouissent, pendant la durée de leur service et pendant les quatre mois qui suivent la rentrée dans leurs foyers, de l'exemption du logement des troupes (6).

Ils sont admis à suivre gratuitement les cours d'hydrographie (7). *Cours d'hydrographie.*

(1) Loi du 3 brumaire an IV, articles 25 et 26, pages 173 et 174.
(2) Circulaires du 6 décembre 1861 et du 18 mars 1864.
(3) Loi du 3 brumaire an IV, article 7, page 171.
(4) Circulaire du 5 octobre 1848.
(5) Circulaire du 14 décembre 1816 notifiant une décision du ministre de l'intérieur.
(6) Déclaration du 21 mars 1778, article 1er, page 145.
(7) Ordonnance du 7 août 1825.

Exemption
conférée
à leurs frères.

Art. 56. Les inscrits maritimes confèrent à leurs frères non marins le bénéfice de l'exemption prévue par le paragraphe 6 de l'article 13 de la loi du 21 mars 1832, dans les conditions suivantes :

1° Lorsqu'ils ont été déduits, à titre d'inscrits maritimes, du contingent de leur classe, mais seulement pendant le temps qui s'écoule depuis le jour où ils ont été déduits du contingent jusqu'à celui de la libération de la classe à laquelle ils appartiennent ;

2° Lorsque, sans même avoir été déduits du contingent de leur classe, ils sont embarqués sur un bâtiment de l'État en temps de guerre ;

3° Lorsque, déduits ou non déduits du contingent de leur classe, inscrits à titre provisoire ou à titre définitif, ils sont décédés en activité de service ;

4° Enfin, lorsqu'ils ont été réformés ou admis à la retraite, soit pour blessures reçues dans un service commandé, soit pour infirmités contractées dans l'armée de mer (1).

Les certificats établissant les droits à l'exemption sont délivrés par les commissaires de l'inscription maritime.

Prises.

Art. 57. Le produit net des prises faites par les bâtiments de l'État appartient aux équipages capteurs et est réparti suivant les règlements (2).

Insaisissabilité
des salaires
et des parts
de prises.

Art. 58. Les salaires et les parts de prises des marins sont incessibles et insaisissables, excepté dans le cas de débet envers l'État, ou pour aliments, dans les circonstances prévues par les

---

(1) Instructions des départements de la guerre et de la marine pour l'application de la loi du 21 mars 1832.

(2) Loi du 3 brumaire an IV, article 36, page 175. — Arrêté du 9 ventôse an IX.

articles 203, 205 et 214 du Code Napoléon ; ou, enfin, pour dettes contractées par eux ou par leur famille, à titre de loyer, habillement ou nourriture, mais sous le contrôle du commissaire de l'inscription maritime, qui doit en avoir préalablement fait apostille sur les matricules et sur les rôles d'équipage (1).

Toutefois, les apostilles mentionnées au paragraphe précédent sont toujours subordonnées, quant à leur effet, à la non-condamnation pour désertion du marin débiteur. En cas de désertion, les sommes acquises doivent, après précompte de celles qui sont dues au Trésor, à quelque titre que ce soit, être attribuées à la caisse des invalides de la marine, pour les officiers-mariniers et marins au service de l'État, et être partagées par moitié entre l'armateur et l'établissement des invalides, pour les marins employés au commerce (2).

ART. 59. Sont admis à l'établissement des pupilles de la marine :

Enfants admis comme pupilles. École des mousses.

1° Les orphelins de père et de mère, fils d'officiers-mariniers et de marins morts au service, ou morts en jouissance soit d'une pension de retraite, soit d'une pension dite *demi-solde*;

2° Les enfants des officiers-mariniers et des marins mentionnés au paragraphe ci-dessus, dont les mères existent encore;

3° Les enfants qui ont perdu leurs mères et dont les pères, officiers-mariniers ou marins, sont en activité de service;

4° Les orphelins ou enfants de marins victimes d'événements de mer à bord de navires de commerce ou de bateaux de pêche.

(1) Ordonnance du 1er novembre 1745, page 143. — Règlement du 17 juillet 1816, article 37, page 192. — Circulaire du 13 septembre 1836. — Loi du 4 mars 1852, page 208. — Décret du 11 août 1856, articles 250 et 252.

(2) Circulaire du 12 octobre 1835. — Loi du 24 mars 1852, article 69. — Décret du 11 août 1856, article 249.

Ils sont reçus dans l'ordre de préférence ci-après :

Les orphelins des officiers-mariniers et matelots morts au service de l'État, ou morts en jouissance d'une pension de retraite ;

Les orphelins des officiers-mariniers et matelots comptant au moins six années de service à l'État et morts en jouissance d'une demi-solde ;

Les orphelins des marins morts par suite d'accidents de mer en naviguant au commerce ou à la pêche ;

Les enfants ayant perdu leurs mères, et dont les pères, officiers-mariniers ou marins, sont au service de l'État ;

Enfin, les enfants des marins morts, dont les mères existent encore, et éventuellement les orphelins d'ouvriers.

Les orphelins de père et de mère peuvent être admis à l'établissement des pupilles dès l'âge de sept ans ; les enfants compris dans les autres catégories ci-dessus indiquées ne sont reçus qu'à partir de neuf ans révolus.

Les pupilles de la marine, dès qu'ils ont atteint l'âge de treize ans, sont admis à l'école des mousses avec les autres enfants de marins.

Sont rayés des contrôles des pupilles de la marine et rendus à leurs familles :

Les enfants qui ne sont pas jugés aptes au service de la marine, ou qui, âgés de treize ans révolus, refusent d'entrer à l'école des mousses.

Le mode d'admission à l'établissement des pupilles de la marine est déterminé par un arrêté du Ministre de la marine et des colonies (1).

Il est formé à l'école des mousses de Brest une section spé-

---

(1) Décret du 15 novembre 1862 (voir aux annexes, page 236, le rapport qui précède le décret). — Décision ministérielle du 3 avril 1865.

ciale destinée à recevoir les pupilles qui, parvenus à l'âge de treize ans révolus, n'ont pas atteint la taille réglementaire (1).

L'établissement des pupilles est considéré comme établissement d'utilité publique et, comme tel, autorisé à recevoir des dons et legs (2).

Art. 60. Un secours de 10 centimes par jour est alloué à chacun des enfants âgés de moins de dix ans de tout marin d'un grade au-dessous de celui de second maître, qui se trouve en activité de service, et qui est porteur d'un certificat constatant qu'il a accompli la période de service obligatoire (3).

Secours aux enfants des marins au service.

Art. 61. Les jeunes marins âgés de dix-huit ans au moins et de vingt-deux ans au plus, qui comptent douze mois de navigation, soit sur les bâtiments de l'État, soit sur les navires du commerce naviguant au long cours ou au cabotage, peuvent, après examen, être admis à embarquer en qualité de volontaires, sur les bâtiments de l'État (4).

Volontaires.

Art. 62. Les marins ont droit à la *pension* de retraite, lorsqu'ils réunissent vingt-cinq ans de service sur la flotte, ou lorsqu'ils justifient de blessures reçues ou d'infirmités contractées au service de l'État.

Pensions. Demi-soldes.

Ils ont droit à la pension dite *demi-solde*, après trois cents mois de services *mixtes* à l'État, sur les bâtiments du commerce et sur les bateaux de pêche, à l'âge de cinquante ans, à moins qu'ils ne justifient d'infirmités contractées au service

(1) Décision impériale du 11 juin 1866.
(2) Décret du 8 avril 1863.
(3) Loi du 3 brumaire an IV, article 31, page 174. — Décision impériale du 26 décembre 1862. — Décret du 22 octobre 1863 — 27 février 1866, article 8.
(4) Décret du 31 décembre 1856. — Circulaire du 19 août 1862.

de l'État qui les mettent dans l'impossibilité de continuer la navigation, auquel cas la condition d'âge n'est pas exigée.

Lorsqu'ils justifient de six ans de service dans les équipages de la flotte, leur *demi-solde* est augmentée d'un supplément qui s'élève avec le grade qu'ils ont obtenu.

La *demi-solde* est encore accrue, suivant le grade des marins, d'un supplément pour chaque enfant au-dessous de dix ans, et d'un supplément accordé à l'âge de soixante ans ou pour infirmités provenant du service militaire.

Des pensions sont également accordées aux veuves et orphelins des marins, selon la nature et la durée des services de ceux-ci (1).

Secours.   **Art. 63.** Indépendamment des pensions et demi-soldes indiquées à l'article précédent, des secours sont annuellement distribués :

1° Aux familles des marins qui périssent sur les bâtiments de l'État ou en naviguant pour le commerce ou la pêche;

2° Aux marins qui sont obligés, par maladie ou toute autre cause digne d'intérêt, d'abandonner l'exercice de leur profession avant l'époque à laquelle ils auraient eu droit à la pension ou à la demi-solde;

3° Aux veuves et orphelins des officiers et marins qui sont morts sans avoir rempli les conditions voulues par la loi pour avoir droit à la pension ou à la demi-solde;

4° Aux anciens pensionnaires aveugles, mutilés ou tombés dans l'indigence.

(1) Lois des 13 mai 1791, titre III, article 1er, page 162, 3 brumaire an iv, articles 28 et 30, page 174, — et 18 avril 1831. — Ordonnances des 9 octobre 1837, 10 mai 1841 et 5 octobre 1844. — Loi du 26 avril et décret du 4 août 1855. — Lois du 21 juin 1856 et décret du 11 juillet 1856. — Circulaire du 11 août 1856. — Lois des 26 juin 1861 et 28 juin 1862 et circulaire du 7 octobre 1862. — Circulaire du 22 janvier 1864.

CHAPITRE III.

MATRICULES. — LEUR TENUE.

Art. 64. Les matricules à établir pour l'inscription mari- *Énumération des matricules.* time sont au nombre de six, savoir :

Matricule des inscrits provisoires,
Matricule des inscrits définitifs,
Matricule des maîtres au cabotage,
Matricule des capitaines au long cours,
Matricule des pilotes et aspirants pilotes,
Matricule des *hors de service.*

Il n'y a qu'une seule série de folios et de **numéros par** *Indications générales* quartier, pour chacune des matricules, quel que soit le nombre *sur la tenue des matricules.* des volumes.

Les individus qui y sont compris conservent toujours le numéro qui leur est affecté, tant qu'ils y restent inscrits.

Il est réservé, à la suite des inscriptions de chaque syndicat, le nombre de feuilles nécessaires pour les inscriptions nouvelles présumées devoir être effectuées pendant dix ans.

Lorsqu'un inscrit maritime passe d'un quartier dans un autre, il y prend le numéro qui suit le dernier nom inscrit.

Ses services antérieurs doivent être reportés sur la matricule où il est appelé à figurer, d'après les indications contenues dans la feuille de changement de quartier (1).

Art. 65. Il est expressément défendu de rien gratter sur *Recommandations spéciales.* les matricules. En cas d'apostille inexacte, l'apostille est rayée à l'encre rouge, de manière à rester lisible sous la rature, qui est approuvée.

(1) Instructions générales sur la tenue des matricules.

Il ne doit être laissé de blanc sur les matricules que pour le cas où l'on se trouve dans l'obligation d'apostiller un mouvement nouveau, sans avoir la possibilité de combler la lacune existant entre le mouvement précédemment annoté et le nouveau.

Les noms propres doivent être écrits en gros caractères et les apostilles restreintes aux indications indispensables pour suivre et constater les services de l'inscrit (1).

Matricule
des
inscrits
provisoires.

ART. 66. Sont portés sur la matricule des inscrits provisoires les individus qui se trouvent dans les conditions indiquées à l'article 39 pour être inscrits avec la dénomination de mousses et de novices (2).

Matricule
des inscrits
définitifs.

Sont inscrits comme matelots, les individus qui remplissent les conditions indiquées à l'article 40.

Les marins du recrutement ou les engagés volontaires renvoyés dans leurs foyers par anticipation, qui veulent se livrer soit à la navigation sur les bâtiments du commerce, soit à la pêche, doivent être portés dans leurs grades sur la matricule, *pour mémoire,* jusqu'à l'époque de leur congédiement (3).

Marins
impropres
au service.

ART. 67. Les commissaires de l'inscription maritime établissent chaque année l'état des hommes atteints d'*infirmités évidentes,* ou qui, par suite d'appel, ont été déclarés *impropres au service d'une manière absolue,* pendant le courant de ladite année, d'après des certificats du conseil de santé ou du chirurgien chargé du service de santé.

(1) **Instructions générales** sur la tenue des matricules.
(2) **Loi du 3 brumaire an IV,** article 3, page 170. — Décret du 23 mars 1852, article 1er. — Décret du 5 juin 1856, articles 109, 112 et 113.
(3) **Circulaire du 26 avril 1849.**

Ces certificats sont analysés sur la matricule (1).

La nature des affections des hommes atteints d'infirmités évidentes, et qui, par suite, n'ont pas été préalablement soumis à la visite du conseil de santé, doit être mentionnée dans la colonne *observations* dudit état (2).

Art. 68. L'état mentionné en l'article précédent est adressé aux commissaires généraux ou aux chefs du service de la marine pour être transmis au ministre.

Une apostille, placée à l'article de chacun des individus qu'il comprend, relate la décision en vertu de laquelle les marins déclarés hors de service ont cessé de figurer sur la matricule des inscrits définitifs (3).

La transcription sur la matricule des *hors de service* des marins atteints de blessures ou infirmités qui les ont fait congédier du service d'une manière absolue, s'opère d'après les certificats de congédiement qui constatent leur position (4).

Art. 69. La matricule des capitaines au long cours et la matricule des maîtres au cabotage comprennent les marins qui, après avoir rempli les conditions déterminées par les règlements, ont obtenu leurs brevets.

Matricules des capitaines au long cours et des maîtres au cabotage.

Les capitaines au long cours et les maîtres au cabotage sont maintenus sur la matricule, et leurs mutations y sont suivies, alors même qu'à raison de leur âge ou de leurs infirmités ils ne sont plus susceptibles d'être appelés au service, ou qu'ils jouissent de pensions ou de demi-soldes (5).

(1) Décret du 5 juin 1856, article 101. — Circulaires des 18 mai, 11 août 1855 et 17 mars 1857.

(2) Circulaires des 18 mai, 11 août 1855 et 17 mars 1857.

(3) Circulaire du 18 mai 1855.

(4) Décret du 5 juin 1856, article 143. — Circulaire du 17 mars 1857.

(5) Circulaires des 17 juin, article 5, et 13 décembre 1851.

Les mutations qui surviennent parmi les capitaines au long cours et les maîtres au cabotage sont portées à la connaissance du ministre au moyen d'un état qui lui est adressé annuellement par le commissaire de chaque quartier (1).

Indépendamment des changements de quartier, morts, disparitions en mer, absences ou mutations de ces navigateurs, cet état doit relater la date de la concession du brevet et le chiffre des pensions ou demi-soldes ainsi que les décorations et autres récompenses honorifiques, françaises et étrangères (2).

Matricule
des
hors de service.

ART. 70. La matricule des *hors de service* comprend les officiers-mariniers, matelots et novices ayant cinquante ans révolus, ou qui sont dans un état d'invalidité constaté.

Les commissaires de l'inscription maritime, en procédant tous les six mois, au dépouillement des matricules pour l'établissement de la situation des gens de mer, font en même temps les transcriptions nécessaires (3).

Les individus pensionnés doivent être maintenus sur la matricule des *hors de service,* avec l'indication de la pension qui leur est accordée, et leurs mutations sont suivies comme celles des autres inscrits (4).

Marins
qui ont subi
des
condamnations.

ART. 71. Ne sont pas rayés des matricules et continuent d'y figurer *pour mémoire* les inscrits qui ont été condamnés :

1° A une peine afflictive ou infamante;

2° A une peine correctionnelle de deux années d'emprisonnement et au-dessus, accompagnée de la surveillance de la

(1) Circulaire du 6 mai 1817.
(2) Circulaires des 6 mai 1817 et 4 janvier 1850.
(3) Circulaires des 13 décembre 1851 et 21 décembre 1858.
(4) Circulaire du 13 décembre 1851.

haute police et de l'interdiction des droits civiques, civils et de famille.

Art. 72. Les individus ayant subi de semblables peines qui, sans être inscrits, se livrent à l'exercice de la navigation, sont également portés *pour mémoire* sur les matricules.

Art. 73. Une apostille particulière à l'article des marins qui font l'objet des dispositions qui précèdent doit faire connaître, en indiquant la nature de leur condamnation, qu'ils ne peuvent être employés au service de l'État (1).

Apostilles des condamnations sur les matricules.

Art. 74. Les capitaines au long cours et les maîtres au cabotage condamnés à une peine afflictive ou infamante (articles 7 et 8 du Code pénal) ne peuvent plus être admis à exercer le commandement des navires de commerce (2).

Capitaines condamnés à des peines afflictives ou infamantes.

Dès que la condamnation est devenue définitive, ils doivent être signalés au ministre, qui prononce le retrait de leur brevet, en vertu de l'article 87 de la loi du 24 mars 1852.

Il est fait mention sur la matricule, à leur article, de la déchéance dont ils sont atteints (3).

Art. 75. Les mutations opérées dans le quartier ou dans le sous-quartier même sont consignées successivement, et par ordre de date, sur les matricules, soit d'après les rôles d'armement ou de désarmement, procès-verbaux, etc., soit d'après les états fournis par les maires pour les mouvements survenus dans l'état civil des inscrits domiciliés dans leur commune.

Apostilles sur les matricules.

(1) Circulaires des 9 septembre 1841 et 15 février 1853.
(2) Décision ministérielle du 13 janvier 1855.
(3) Dépêche du 12 décembre 1863.

Art. 76. Les mutations opérées en dehors du quartier sont portées à la connaissance des commissaires et des administrateurs de l'inscription maritime :

1° Pour les hommes au service, par le renvoi qui doit leur être fait d'une expédition des rôles de levée indiquant la date de l'arrivée des marins et leur destination ; — par les états de mouvements que fournissent les divisions, pour les hommes à terre, et les commissaires des armements, pour les hommes embarqués ; — par les extraits des procès-verbaux et états d'avancement, etc.; — par les jugements ou états des condamnations prononcées par les conseils de justice, conseils de guerre et tribunaux maritimes ; enfin, pour les hommes congédiés, par les congés ou autres titres dont ils sont porteurs ;

2° Pour les hommes embarqués au commerce, s'ils sont munis d'un titre de congé (1), par un avis du commissaire de l'inscription maritime qui procède à l'embarquement ; pour ceux qui ne sont pas pourvus de ce titre, par le renvoi après apostille des papiers dont ils sont porteurs, ou par les extraits des jugements de condamnation prononcés par les tribunaux maritimes commerciaux, et notifiés par les présidents de ces tribunaux.

En cas de décès ou de disparition, l'avis doit en être transmis le plus promptement possible dans les quartiers par qui de droit.

Art. 77. Les commissaires et les administrateurs de l'inscription maritime s'assurent personnellement, par de fréquentes vérifications des matricules, des lacunes qui peuvent exister à l'article de chaque inscrit. Ils doivent, par des com-

_____

(1) Décret du 22 octobre 1863 — 27 février 1866, article 8. — Circulaire du 2 décembre suivant.

munications de port à port, recueillir tous les renseignements propres à faire disparaître ces lacunes.

ART. 78. Les commissaires de l'inscription maritime dressent annuellement un état nominatif des marins dont la disparition, par suite de sinistres de mer, a été constatée, ou sur lesquels on n'a pu se procurer aucun renseignement depuis plus de deux ans.

Cet état, arrêté au 1ᵉʳ janvier de chaque année, est transmis au ministre, qui le revêt de son approbation.

Absents sans nouvelles.

ART. 79. Aussitôt après la réception dudit état dans les quartiers, les marins qu'il comprend sont rayés des matricules, mais au crayon seulement, avec la mention : *absents sans nouvelles,* afin de pouvoir les rétablir à leurs anciens folios et numéros s'ils viennent à reparaître. Une apostille spéciale, placée à l'article de chaque individu, relate la décision en vertu de laquelle la radiation provisoire a été opérée.

Radiation provisoire.

ART. 80. Les commissaires de l'inscription maritime doivent faire toutes les démarches nécessaires pour connaître le sort des marins avant de les comprendre sur ledit état. Ces administrateurs conservent avec soin, et dans le meilleur ordre, les pièces relatives à ces démarches, afin de pouvoir les produire à toute réquisition (1).

Démarches relatives aux absents sans nouvelles.

ART. 81. Indépendamment des indications qui précèdent, les commissaires et les administrateurs de l'inscription maritime relatent sur les matricules succinctement, mais avec autant de précision que possible, les circonstances qu'il leur paraît utile de constater dans l'intérêt des inscrits maritimes.

(1) Circulaire du 29 décembre 1854.

LIVRE III.

RECRUTEMENT DES ÉQUIPAGES DE LA FLOTTE.

Sources
de recrutement
des équipages.

ART. 82. Les équipages de la flotte se recrutent :

1° Par les engagements volontaires;

2° Par les appels des inscrits maritimes;

3° Par la portion des contingents annuels affectée à l'armée de mer.

CHAPITRE PREMIER.

DE L'ENGAGEMENT VOLONTAIRE.

Novices.

ART. 83. Tout individu âgé de seize ans et de moins de vingt et un ans accomplis peut, s'il est reconnu propre au service, être admis à contracter un engagement de novice. Cet engagement est de quatre années.

Sont admis de préférence :

1° Les jeunes gens provenant des mousses de la flotte;

2° Les jeunes gens ayant navigué pendant six mois au moins, soit comme mousse, soit comme novice, à bord des bâtiments de commerce ou de pêche (1).

Cas
où les novices
reçoivent
la solde
de matelot.

Radiation.

ART. 84. Tout novice ayant un an d'embarquement en cette qualité et dix-huit ans accomplis reçoit la solde de matelot de 3ᵉ classe, sans que cet avantage entraîne son inscription à titre définitif.

A l'expiration des quatre années de service, tout novice qui déclare vouloir renoncer à la navigation reçoit un certificat de radiation immédiate (2).

(1) (2) Décret du 22 octobre 1863 — 27 février 1866.

Art. 85. Tout novice qui, par la voie du sort, se trouve faire partie d'un contingent appelé en vertu de la loi du recrutement, est incorporé comme les autres soldats de sa classe et peut être affecté aux équipages de la flotte.

Toutefois il peut, avant le tirage, se faire porter à titre définitif sur les matricules de l'inscription maritime, auquel cas, conformément à l'article 14 de la loi du 21 mars 1832, il est considéré comme ayant satisfait à l'appel (1).

Art. 86. Tout individu âgé de plus de seize ans et de moins de vingt-trois ans accomplis peut, s'il est reconnu propre au service, contracter un engagement de sept ans pour servir dans la marine. Il y est admis avec le titre d'apprenti-marin.

Après une année d'embarquement, et s'il a dix-huit ans accomplis, il est porté à la 3ᵉ classe des matelots (2).

Art. 87. Les engagements à titre de novice sont reçus par les commissaires de l'inscription dans les quartiers maritimes et par les intendants militaires dans les villes de l'intérieur.

Les engagements à titre d'apprenti-marin sont contractés devant les maires des chefs-lieux de canton, avec le concours des commandants de dépôt de recrutement dans les villes de l'intérieur, avec le concours des commissaires de l'inscription dans les quartiers maritimes.

Des décisions du ministre de la marine et des colonies fixent la taille à exiger des jeunes gens qui se présentent pour contracter un engagement, soit comme novice, soit comme apprenti-marin.

Tout individu qui a contracté un engagement en qualité

---

(1) (2) Décret du 22 octobre 1863 — 27 février 1866.

de novice ou d'apprenti-marin est dirigé sur un des ports chefs-lieux d'arrondissement maritime et incorporé à la division dès son arrivée (1).

ART. 88. Un arrêté du ministre de la marine détermine l'instruction donnée aux apprentis-marins et aux novices, ainsi que les conditions dans lesquelles ils sont placés, soit à terre, soit à bord, avant d'être embarqués sur les bâtiments armés.

Ceux d'entre eux qui ont été jugés impropres au métier de la mer sont renvoyés dans leurs foyers avec un acte constatant qu'ils sont libérés de leur engagement, à moins qu'ils ne fassent partie d'un contingent du recrutement, auquel cas ils sont mis à la disposition du département de la guerre (2).

ART. 89. Les inscrits maritimes peuvent contracter des engagements et des rengagements dans les conditions des lois des 21 mars 1832, 26 avril 1855 et 24 juillet 1860 (3).

CHAPITRE II.

DES APPELS DES INSCRITS MARITIMES.

ART. 90. Tout marin inscrit est appelé au service lorsqu'il a atteint l'âge de vingt et un ans révolus.

A moins d'empêchement dont il doit justifier, il est tenu de se présenter devant un commissaire de l'inscription maritime dans le mois pendant lequel il a accompli sa vingt et unième année, ou dans le mois qui suit son retour en France, s'il a atteint cet âge en pays étranger.

(1 et 2) Décret du 22 octobre 1863 — 27 février 1866.
(3) Circulaire du 31 mai 1865.

Il est levé, si les besoins du service l'exigent, dirigé sur un port chef-lieu d'arrondissement et incorporé à la division.

Si les besoins du service n'exigent pas qu'il soit levé immédiatement, il reçoit du commissaire de l'inscription maritime un certificat constatant la date de sa déclaration, à compter de laquelle il lui est délivré un congé renouvelable sans solde, avec faculté de se livrer à toute espèce de navigation.

Le temps passé dans cette situation est compté comme service à l'État au marin qui, au moment de la délivrance du congé, s'engage à ne naviguer qu'au cabotage, au bornage ou à la petite pêche pendant la durée dudit congé.

La période obligatoire date des 1er janvier, 1er avril, 1er juillet et 1er octobre qui suivent l'arrivée au port.

Tout matelot âgé de plus de dix-huit ans, ayant au moins la taille de 1m,56, reconnu apte à faire un bon service, peut être admis à devancer l'époque à laquelle il aurait été appelé (1).

Devancements d'appel.

ART. 91. Après six années révolues à compter des époques déterminées par le 6e paragraphe de l'article précédent, ou à compter du premier jour du trimestre qui suit la déclaration mentionnée au même article, tout marin inscrit ne peut plus être requis pour le service de la flotte qu'en cas d'armement extraordinaire et en vertu d'un décret impérial.

Temps de service obligatoire.

Pendant cette période de six années, les inscrits maritimes au service peuvent recevoir des congés renouvelables sans solde. Il leur est fait application des dispositions de l'article 90, concernant les marins qu'il n'y a pas lieu de

---

(1) Loi du 3 brumaire an IV, article 10, page 171. — Décret du 22 octobre 1863 — 27 février 1866, articles 7 et 17.

lever au moment où ils se présentent à cet effet devant le commissaire de l'inscription maritime.

Haute paye. Après les trois premières années de service, les marins qui n'ont pas été envoyés en congé touchent une haute paye de vingt centimes par jour.

Congédiement. A l'expiration de la sixième année, ils sont congédiés et reçoivent un certificat constatant qu'ils ont satisfait à l'appel et mentionnant la manière dont ils ont servi (1).

Ils peuvent alors naviguer sur des bâtiments du commerce étrangers, ou se fixer à l'étranger, sauf à avertir préalablement le commissaire de l'inscription maritime de leur quartier (2).

Taille. Art. 92. Aucune condition de taille n'est exigée pour les marins inscrits compris dans les appels (3).

Marins du recrutement ou de l'engagement volontaire. Art. 93. Les marins provenant du recrutement ou de l'engagement volontaire, qui continuent la navigation, ne peuvent être requis pour le service des bâtiments de la flotte que lorsque la levée atteint les inscrits maritimes qui comptent autant de services qu'eux.

Cette disposition s'applique aux remplaçants, et les exonérés ou remplacés ne peuvent de même être requis que dans le cas où les appels comprennent des inscrits maritimes ayant accompli le temps de service dont ils ont été dispensés par le fait de l'exonération ou du remplacement (4).

(1) Décret du 22 octobre 1863 — 27 février 1866, article 8.
(2) Circulaire du 2 décembre 1863.
(3) Circulaire du 12 février 1849.
(4) Décret du 5 juin 1856, article 150. — Circulaire du 3 février 1865

ART. 94. Ont droit à des sursis de levée les marins qui Sursis de levée. se trouvent dans les positions suivantes, savoir :

L'aîné d'orphelins de père et de mère;

Le marin ayant un frère au service par suite d'appel : le sursis, dans ce dernier cas, est accordé dans la même famille autant de fois que les mêmes droits s'y reproduisent;

Le fils unique ou l'aîné des fils, ou, à défaut de fils ou de gendre, le petit-fils unique ou l'aîné des petits-fils d'une femme actuellement veuve, ou d'un père aveugle ou entré dans sa soixante-dixième année.

Dans le cas ci-dessus, le frère puîné obtient le sursis, si le frère aîné est aveugle ou atteint de toute autre infirmité qui le rende impotent (1).

ART. 95. Aucun autre sursis de levée ne peut être accordé Cas exceptionnels. que par le ministre de la marine et des colonies, sur la proposition motivée des préfets maritimes ou des chefs du service de la marine.

Sauf les cas d'urgence, dont il est rendu compte immédiatement au ministre, les hommes pour lesquels ces propositions de sursis sont faites doivent être mis en route et attendre la décision ministérielle aux chefs-lieux des divisions.

Le marin inscrit en activité de service ne peut être exceptionnellement renvoyé dans ses foyers que lorsqu'il se trouve dans un des cas prévus pour l'obtention d'un sursis de levée (2).

ART. 96. Les marins qui ont obtenu des sursis de levée, Conséquences des sursis. conformément aux dispositions de l'article précédent, sont

(1) Décret du 22 octobre 1863 — 27 février 1866, article 9.
(2) *Ibid.*, article 10.

réputés avoir satisfait à l'appel, si les causes qui ont motivé ces sursis subsistent pendant tout le temps pour lequel ils auraient été appelés.

Cessation des causes qui les ont motivés. Lorsque ces causes viennent à cesser, ils doivent en faire la déclaration au commissaire de l'inscription maritime; et, si la cause du sursis a cessé deux ans avant le congédiement de la classe à laquelle ils appartiennent, ils peuvent être incorporés pour un temps égal à celui qui restait alors à faire à ladite classe (1).

Marins levés d'office. Art. 97. Tout marin inscrit qui n'a pas satisfait à l'appel conformément à l'article 90 est levé d'office, et ne reçoit ni congé ni haute paye pendant la durée de son service obligatoire (2).

Remplacement. Art. 98. Les marins appelés au service peuvent se faire remplacer.

Le remplaçant doit :

1° Être libre de tout service public, ou, s'il est inscrit maritime, avoir atteint le terme de six années mentionné en l'article 91;

2° Avoir la taille d'au moins 1^m,56 ;

3° Avoir déjà servi dans les équipages de la flotte pendant quatre ans comme engagé-novice, ou en avoir été congédié à tout autre titre;

4° Avoir moins de trente-cinq ans;

5° Être agréé par l'autorité maritime (3).

Les officiers-mariniers, quartiers-maîtres et autres qui

(1) Décret du 22 octobre 1863 — 27 février 1866, article 11.
(2) *Ibid.*, article 12.
(3) *Ibid.*, article 13.

se présentent pour remplacer sont admis aux conditions déterminées par la circulaire du 29 mai 1866.

Le remplacé est, pour le cas de désertion, responsable de son remplaçant pendant un an, à compter de la date de l'acte de remplacement. La responsabilité cesse si le remplaçant meurt au service ou si, en cas de désertion, il est arrêté pendant l'année.

Les actes de remplacement sont reçus par les commissaires de l'inscription maritime; mais ces actes ne sont définitifs qu'après l'admission du remplaçant à la division (1).

ART. 99. Les pilotes-côtiers nécessaires au service des bâtiments de la flotte sont recrutés parmi les maîtres au cabotage qui ont commandé pendant trois ans au moins, et qui n'ont pas cessé de naviguer depuis le même espace de temps (2). *Pilotes-côtiers.*

ART. 100. Les mousses auxiliaires admis pour le service de la flotte doivent être âgés de douze ans au moins, n'avoir pas atteint l'âge de seize ans, être d'une bonne constitution, avoir été vaccinés et avoir la taille règlementaire. *Admission des mousses.*

Les mousses ayant déjà été embarqués sur les bâtiments de la flotte sont réadmis de préférence à tous autres candidats (3).

ART. 101. Les marins de tous grades levés pour le service ou envoyés en congé reçoivent une feuille de route (4). *Feuilles de route.*

(1) Décret du 22 octobre 1863 — 27 février 1866.

(2) Décret du 5 juin 1856, article 135.

(3) Décret du 5 juin 1856, articles 103, 109 et 182. — Décret du 11 août 1856, article 15.

(4) Décret du 1ᵉʳ octobre 1851, article 14. — Décret du 5 juin 1856, article 111.

La feuille de route doit mentionner les nom, prénoms, surnoms, et le signalement, le quartier, le folio et le numéro d'inscription sur la matricule, et indiquer les délégations souscrites par les officiers-mariniers, quartiers-maîtres et matelots, avec la mention exacte des nom, prénoms, qualités et domicile de chaque délégataire, ainsi que son degré de parenté avec le déléguant.

Elle fait connaître les services que les hommes ont acquis à l'État depuis l'âge de seize ans. Ces services doivent être établis en *mois* et *jours*.

Enfin elle indique, s'il y a lieu, la nature du congé, la date du départ, l'itinéraire et le délai accordé pour l'arrivée à destination.

Indemnités
de route.

ART. 102. Les marins de tous grades voyageant isolément ont droit à l'indemnité de route, d'après les fixations de la décision impériale du 24 mai 1859.

L'indemnité de route peut être ordonnancée par anticipation pour la distance à parcourir (1).

Lorsque le payement est effectué au départ, le commissaire ou l'administrateur de l'inscription maritime le porte sur un état collectif et délivre une quittance provisoire sur le trésorier de la localité. Apostille du payement est faite sur la feuille de route.

A la fin de chaque mois, le commissaire ou l'administrateur de l'inscription maritime adresse au commissaire général ou au chef du service de la marine, pour l'ordonnancement, les états collectifs qui ont été signés par chaque partie prenante en lui remettant sa quittance; pour les hommes illet-

(1) Décret du 1er octobre 1851, article 25.

trés, l'émargement est donné par deux témoins qui certifient le *vu payer* de la somme portée sur la quittance.

ART. 103. Les inscrits maritimes en activité de service ne peuvent se marier qu'après avoir obtenu la permission du conseil d'administration du bâtiment sur lequel ils sont embarqués ou de la division à laquelle ils appartiennent (1).

Mariage des inscrits maritimes.

CHAPITRE III.

DES CONTINGENTS ANNUELS.

ART. 104. Le nombre des jeunes soldats à affecter à l'armée de mer est annuellement déterminé par le ministre de la marine et des colonies et mis à sa disposition par le ministre de la guerre.

Chiffres des contingents. Dispositions spéciales.

Les hommes de cette provenance sont fournis par les cantons littoraux, proportionnellement à la force de leur contingent, ou, à défaut, par les cantons limitrophes. Ils doivent n'être pas âgés de plus de vingt-trois ans et avoir au moins la taille d'un mètre 620 millimètres.

Un sixième d'entre eux doit avoir au moins la taille d'un mètre 700 millimètres pour le canonnage (2).

(1) Décrets des 16 juin et 3 août 1808. — Circulaire du 6 décembre 1864.
(2) Instructions du ministre de la guerre des 4 juillet 1832, 7 juillet 1833, 5 septembre 1834, 1er septembre 1837, 17 juin 1838, 14 septembre 1839 et 29 juin 1840, insérées aux Annales maritimes.

CHAPITRE IV.

DE L'AVANCEMENT.

Apprentis-marins portés au grade de matelot.

ART. 105. Après une année, soit d'embarquement, soit de service aux bataillons d'instruction en qualité d'apprentis-fusiliers, soit de services mixtes accomplis, partie auxdits bataillons, partie sur les bâtiments armés, les apprentis-marins du recrutement et ceux qui, provenant de l'engagement volontaire, ont atteint l'âge de dix-huit ans révolus sont portés à la 3e classe du grade de matelot.

Dans tous les cas, les apprentis-marins ne sont admis à compter, pour l'avancement, le temps passé aux bataillons d'instruction des fusiliers qu'autant qu'ils en sont sortis avec un brevet de capacité (1).

Matelots de 3e classe portés à la deuxième.

ART. 106. Les matelots de troisième classe de toute provenance qui comptent quarante-huit mois de navigation, tant au long cours qu'au cabotage ou à l'État, sont portés à la deuxième classe de leur grade du jour où ils ont accompli cette période de navigation, et si d'ailleurs les conseils d'avancement des bâtiments sur lesquels ils sont embarqués depuis trois mois les en jugent dignes (2).

Pour l'exécution de cette mesure, les commissaires ou les administrateurs de l'inscription maritime doivent remettre aux marins, au moment de la levée, des certificats constatant leurs titres et en faire sur le rôle de levée une mention spéciale.

Avancements en grade.

ART. 107. Nul ne peut être quartier-maître s'il n'a servi

(1) (2) Décret du 22 octobre 1863 — 27 février 1866.

six mois au moins à bord des bâtiments de l'État comme
matelot (1).

Quartiers-
maîtres.

Art. 108. Nul ne peut être second maître s'il n'a servi
six mois au moins à bord des bâtiments de l'État armés dans
chacune des classes du grade inférieur (2).

Seconds maîtres.

Art. 109. Nul ne peut être maître ou premier maître s'il n'a
servi six mois au moins dans la première classe du grade inférieur, à bord d'un vaisseau ou d'une frégate à voiles ou à vapeur
armé, ou à bord d'une corvette ayant au moins 250 hommes
d'équipage, ou s'il n'a rempli pendant le même temps, comme
deuxième maître de première classe, les fonctions de maître
chargé sur tout autre bâtiment armé, à voiles ou à vapeur,
ayant au moins 150 hommes d'équipage (3).

Maîtres
ou
premiers maîtres.

Art. 110. Peuvent être pourvus de l'emploi de maître
entretenu dans les ports, les premiers maîtres de manœuvre,
de canonnage, mécaniciens, et les maîtres de charpentage, de
calfatage et de voilerie, qui, ayant navigué pendant trois ans
au moins comme maîtres chargés sur tout bâtiment à voiles
ou à vapeur dont la maistrance comporte réglementairement un
officier-marinier de leur grade et de leur profession, sont
l'objet d'une proposition régulière présentée par le conseil
d'avancement du bord (4).

Maîtres
entretenus.

Art. 111. L'avancement aux grades de quartier-maître,

Quartiers-maîtres,
seconds maîtres
et
premiers maître
méoar c'ens.

(1) Loi du 20 avril 1832, article 1er, modifié par la loi du 21 mai 1860.
(2) Loi du 20 avril 1832, article 2. — Décret du 5 juin 1856, article 201.
(3) Loi du 20 avril 1832, article 3. — Décrets des 5 juin 1856, article 203,
et 2 juin 1866.
(4) Décret du 5 juin 1856, article 244, modifié par le décret du 13 mai
1863.

de deuxième maître et de premier maître mécanicien est subordonné, indépendamment des conditions générales de services dans les grades inférieurs, aux épreuves d'un concours spécial à chacun de ces grades (1).

Élèves mécaniciens.   ART. 112. Les élèves mécaniciens sont admis à subir l'examen pour le grade de second maître mécanicien lorsque, après avoir servi une année au moins à bord des bâtiments armés, ils ont fait preuve de capacité dans la conduite des machines, et ont été en outre proposés par les conseils d'avancement (2).

Avancement au grade e second maître mécanicien pratique.   ART. 113. Les quartiers-maîtres mécaniciens de 1re classe, réunissant au moins six années de services et proposés pour le grade supérieur par les conseils d'avancement de bord, peuvent, après avoir satisfait aux épreuves d'un concours spécial, être promus au grade de second maître mécanicien de 2e classe, mais à titre de *second maître pratique* seulement.

Un cinquième des nominations, dans le grade de second maître, est réservé aux candidats de cette catégorie (3).

Avancement au grade d'enseigne de vaisseau.   ART. 114. Les premiers maîtres, après avoir servi pendant deux années au moins dans ce grade à bord d'un bâtiment de l'État, peuvent être promus au grade d'enseigne de vaisseau lorsqu'ils ont satisfait à un examen tant sur la théorie de

---

(1) Décret du 5 juin 1856, articles 214 à 223.

(2) Décret du 21 juillet 1862.

(3) Décret du 11 août 1862. — Il est établi à Brest et à Toulon des écoles théoriques et pratiques pour les mécaniciens et les chauffeurs (règlement ministériel du 18 août 1862).

la navigation que sur les connaissances pratiques de la marine (1).

Art. 115. Les premiers maîtres mécaniciens peuvent aussi être pourvus du grade de mécanicien principal de deuxième classe, lorsqu'ils ont accompli trois années de service à la mer en ladite qualité de premier maître mécanicien et comme chargés de la conduite d'une machine (2).

Avancement au grade de mécanicien principal.

CHAPITRE V.

PRIMES ET CONGÉS; RENGAGEMENTS, RÉADMISSIONS ET DISPONIBILITÉ (3).

Art. 116. Tout homme engagé comme novice qui, parvenu à l'époque où il aurait droit à son congédiement, est admis à contracter l'engagement de compléter six années de service à compter du jour où il touche la solde de matelot, ou à souscrire un engagement de sept ans, a droit à une prime journalière de 20 centimes, dont la première annuité lui est immédiatement payée.

Congés et primes aux novices.

Cet engagement avec prime n'est définitivement admis que lorsque le marin a été jugé apte à faire un bon service par une commission spéciale dont la composition est déterminée par un arrêté ministériel, et formée dans chacune des divisions des cinq ports militaires, ou, s'il en est besoin, dans les chef-lieux des sous-arrondissements maritimes (4).

(1) Loi du 20 avril 1832, article 7. — Décret du 5 juin 1856, article 245. — Loi du 7 mai 1864.
(2) Décret du 25 septembre 1860, article 6.
(3) Décret du 22 octobre 1863-27 février 1866.
(4) Circulaire du 9 mai 1866.

Il peut, en outre, lui être accordé un congé temporaire de deux mois avec solde.

ART. 117. Tout inscrit maritime qui, au moment où un congé renouvelable lui est délivré y renonce et est admis, sur sa demande, a rester au service jusqu'à l'expiration de la période obligatoire, a droit, à partir du jour où il compte trois ans de service, à une prime journalière de 20 centimes, dont la première annuité lui est payée à ladite époque.

Il peut, en outre, obtenir un congé temporaire de deux mois avec solde.

Les mêmes dispositions sont applicables au marin qui, ayant accepté un congé, y renonce ensuite dans le délai de deux mois et à la même condition que ci-dessus.

ART. 118. Les remplaçants d'inscrits ne reçoivent pas de congés renouvelables; mais, après trois ans de service, ils peuvent obtenir des congés temporaires de deux mois sans solde.

ART. 119. Tout rengagé dans l'armée de mer aux conditions déterminées par la loi du 26 avril 1855, indépendamment de la prime allouée en vertu de cette loi, peut obtenir un congé temporaire de deux mois avec solde ou de quatre mois avec demi-solde à l'époque où il aurait été libéré.

Des congés temporaires de deux mois, sans solde, peuvent être accordés aux rengagés après trois ans de service, à partir de leur rengagement.

ART. 120. Tout marin inscrit qui, parvenu au terme de sa

sixième année de service, est, sur sa demande, réadmis pour trois ans au moins autrement qu'à titre de remplaçant, a droit à une prime journalière dont la première annuité lui est immédiatement payée.

Il peut, en outre, obtenir un congé temporaire de deux mois avec solde ou de quatre mois avec demi-solde.

Le taux de la prime est fixé à 50 centimes pour les quartiers-maîtres et les marins brevetés et à 40 centimes pour les hommes non brevetés.

La même prime est allouée aux inscrits éventuellement maintenus au service au delà de la période obligatoire; elle peut être, outre la délégation ordinaire, abandonnée en totalité ou en partie aux familles des marins.

La prime n'est allouée qu'aux hommes ayant moins de trente-cinq ans.

Art. 121. Des frais de route pour se rendre dans leurs foyers et en revenir sont alloués aux marins provenant des novices et de l'inscription maritime, qui ont obtenu des congés temporaires avec solde ou demi-solde. *Frais de route.*
Solde.

Les marins de cette provenance qui sont admis, sur leur demande, dans un délai de deux mois, depuis leur retour dans leurs foyers, à continuer leurs services ou à se faire réadmettre, reçoivent également la solde de leur grade pendant la durée de ce délai.

Art. 122. Aucun rengagement et aucune réadmission ne peuvent avoir lieu en cours de campagne ou dans les quartiers d'inscription maritime qu'à titre provisoire. *Rengagements et réadmissions en cours de campagne.*

Les rengagements ou réadmissions ont lieu à titre définitif, après que le marin a été reçu par la commission indiquée en l'article 116. Dans ce cas, le rengagement ou la réadmission date du jour ôù le marin a été rengagé ou réadmis à titre provisoire.

ART. 123. Les marins qui, ayant accompli la période de six années de service, s'engagent à ne naviguer qu'au cabotage, au bornage et à la petite pêche, peuvent être admis, après constatation de leur aptitude par les soins du commissaire de l'inscription maritime, à la disponibilité pendant trois ans. Dans cette situation, ils reçoivent une solde de 3o centimes par jour, qui est portée à 4o centimes pour les quartiers-maîtres et pour les matelots brevetés.

Ils peuvent être maintenus, sur leur demande, dans la même situation et aux mêmes conditions, par période de même durée, jusqu'à l'âge de trente-neuf ans.

Leur aptitude doit être constatée à chaque renouvellement de leur maintien dans la disponibilité.

Les marins de la disponibilité peuvent être rappelés au service par exception aux dispositions de l'article 91.

Chiffre
des engagements
volontaires,
des réadmissions
et
des admissions
à la disponibilité.

ART. 124. Le ministre de la marine détermine le nombre d'engagements volontaires, soit de novices, soit d'apprentis marins, qui peuvent être reçus; il fixe également, par catégories, le nombre des marins qui peuvent être réadmis ou rengagés, ainsi que celui des admissions à la disponibilité.

CHAPITRE VI.

OPÉRATIONS RELATIVES AUX APPELS.

ART. 125. Le commissaire ou l'administrateur de l'inscription maritime établit, en double expédition, le rôle des appels et l'adresse au commissaire des armements.

Ce rôle indique les nom, prénoms, surnoms, le signalement, les numéros et folios de la matricule du quartier, le dernier grade au service de l'État, les délégations que les marins ont souscrites avant leur départ, avec la mention exacte des nom, prénoms, surnoms, qualité et domicile de chaque délégataire, ainsi que de son degré de parenté avec le déléguant, les sommes dont ils sont débiteurs envers l'État, la date de leur départ et celle du jour fixé pour l'arrivée à destination.

Le rôle de levée fait connaître d'une manière exacte les services tant à l'État qu'au commerce, savoir : les services à l'État, depuis l'âge de seize ans, ceux au commerce depuis l'inscription définitive. Ils sont établis en *mois* et *jours*, et distingués, pour les services à l'État, par services à la *mer* et par services à *terre* dans les ports et dans les divisions.

Lorsqu'il y a lieu, le rôle de levée mentionne la remise du certificat constatant les titres des matelots de 3e classe à être portés à la 2e classe (1).

En ce qui concerne les marins appartenant à d'autres quartiers, le commissaire ou l'administrateur de l'inscription maritime adresse en double expédition l'état de leur levée au commissaire des armements du port chef-lieu d'arrondissement et en donne immédiatement avis au commissaire du quartier d'inscription, qui expédie le rôle de levée (2).

ART. 126. A leur arrivée au chef-lieu, les marins levés remettent leur feuille de route au commissaire des armements, qui indique sur le rôle ou l'état de levée transmis par le commissaire ou l'administrateur de l'inscription maritime

Arrivée
des marins
au chef-lieu

(1) Décrets des 5 juin 1856, article 196, et 22 octobre 1863 — 27 février 1866, article 15.

(2) Circulaire du 29 juin 1835.

l'époque de l'arrivée des hommes et la destination qui leur a été donnée.

Une des deux expéditions de ce rôle ou de cet état reste déposée au bureau; le double est renvoyé au commissaire du quartier après le délai fixé pour l'arrivée des hommes qui y sont portés, afin qu'il apostille la destination de ceux qui se sont présentés et qu'il fasse rechercher ceux qui n'auraient pas rejoint dans les délais fixés.

États à adresser au ministre.

ART. 127. Les commissaires de l'inscription maritime établissent et adressent au ministre, dans les cinq premiers jours de chaque trimestre, un état résumant les opérations relatives aux appels (1).

Cet état indique en outre le nombre des marins réadmis dans les équipages de la flotte après une période de six années de service, le nombre des hommes envoyés en congé avec solde ou sans solde, le nombre des marins réunissant plus de six années de services à l'État, le nombre de ceux ayant moins de six ans de services à l'État qui ne sont ni en activité de service ni en position de congé renouvelable, enfin le nombre des marins en jouissance de sursis provisoires, etc.

CHAPITRE VII.

DÉLÉGATIONS.

Quotité des délégations.

ART. 128. Les officiers-mariniers, quartiers-maîtres et matelots en activité de service ont la faculté de déléguer à leur famille ou à des tiers une portion de leur solde dont la quotité est déterminée par les règlements.

(1) Circulaire du 2 décembre 1863.

Ces délégations peuvent être faites devant le commissaire de l'inscription maritime au moment de la levée (1).

ART. 129. Des délégations ou retenues pour aliments ne sont inscrites d'office que dans les cas déterminés par les articles 203, 205 et 214 du Code Napoléon et ne peuvent dépasser le tiers de la solde pour les marins au service. Cette inscription a lieu en vertu d'une décision prise par le préfet maritime, d'après le résultat d'une enquête faite par le commissaire de l'inscription maritime, s'il s'agit de marins inscrits, et par le commissaire aux armements, s'il s'agit d'hommes du recrutement, d'engagés volontaires ou de surnuméraires (2).

Délégations d'office.

ART. 130. Les délégations souscrites par les marins continuent d'avoir leur effet pendant toute la durée du service, si elles ne sont pas formellement révoquées.

Durée et révocation des délégations.

La révocation des délégations consenties au profit des femmes, descendants ou ascendants n'est admise qu'autant qu'elle a été légitimement demandée par le déléguant, après enquête faite dans la forme déterminée par l'article précédent.

Le maintien ou la radiation de la délégation est ordonné par le préfet maritime.

ART. 131. En cas de disparition d'un bâtiment de l'État en mer, les délégations non révoquées, consenties par les marins embarqués au profit de leurs femmes, ascendants ou descendants, ne cessent d'avoir leur effet qu'au terme des délais

Payement des délégations en cas de disparition d'un bâtiment.

(1) Décret du 11 août 1856, article 75. — Tarif n° 4 dudit décret. Voir aux annexes, page 213.

(2) Décret du 11 août 1856, article 78.

ci-après déterminés, à compter de la date de la dernière nouvelle, savoir :

Six mois pour les bâtiments destinés à naviguer dans les
mers d'Europe ou dans la Méditerranée;

Un an pour les bâtiments destinés à naviguer dans l'Océan
Atlantique;

Et deux ans pour les bâtiments destinés à naviguer au delà
du cap Horn et du cap de Bonne-Espérance et dans les mers
polaires du Nord ou du Sud.

Lorsque les marins n'ont pas souscrit de délégation, il est
accordé dans le même cas un secours équivalent aux femmes
et enfants et une indemnité de deux mois de solde aux ascendants (1).

CHAPITRE VIII.

DÉSERTION.

Devoirs des commissaires de l'inscription maritime.

ART. 132. Les commissaires et les administrateurs de
l'inscription maritime sont chargés de faire procéder à la
recherche et à l'arrestation des marins déserteurs du service
de l'État et des navires de commerce (2).

Déserteurs à l'intérieur.

ART. 133. Est réputé déserteur du service de l'État :

1° Tout marin qui s'absente de son quartier lorsqu'il est
commandé pour le service ;

2° Six jours après celui de l'absence constatée, tout officier-
marinier, quartier-maître, matelot, ouvrier chauffeur, novice

---

(1) Décret du 11 août 1856, article 25. — Ordonnance du 11 octobre
1836, articles 135 et 136.

(2) Ordonnance du 31 octobre 1784, titre XVIII, articles 11 et 25, pages 158
et 159. — Circulaires des 29 mai 1823 et 9 avril 1850.

ou apprenti-marin, tout individu non officier faisant partie de l'équipage d'un bâtiment de l'État;

3° Tout individu désigné au précédent paragraphe voyageant isolément d'un point à un autre, ou dont le congé ou la permission est expiré, tout inscrit maritime levé pour le service de l'État, qui, dans les quinze jours qui suivent l'époque fixée pour son retour ou son arrivée au port, ne s'y est pas présenté.

En temps de guerre, les délais fixés ci-dessus sont réduits de moitié (1).

Art. 134. Est déclaré déserteur à l'étranger :

1° Trois jours après celui de l'absence constatée, tout marin, tout individu faisant partie de l'équipage d'un bâtiment de l'État, tout marin levé pour le service de l'État, qui franchit sans autorisation les limites du territoire français, ou qui, hors de France, abandonne le bâtiment ou le corps auquel il appartient;

Déserteurs à l'étranger.

2° Tout individu désigné au précédent paragraphe qui prend du service sur un navire étranger ou dans une troupe étrangère, ou qui est trouvé à bord d'un bâtiment étranger sans une permission ou un motif légitime (2).

Lorsque la désertion du marin a lieu pendant qu'il est embarqué sur un bâtiment de l'État, le commissaire du quartier en est informé par la transmission d'une expédition de la feuille de signalement.

---

(1) Ordonnance du 31 octobre 1784, titre XVIII, article 1er, page 158. — Code de justice militaire pour l'armée de mer, articles 309 et 312.

(2) Code de justice militaire pour l'armée de mer, du 4 juin 1858, article 313.

ART. 135. Est réputé déserteur à l'intérieur ou à l'étranger, suivant le cas, tout individu non officier faisant partie de l'équipage d'un bâtiment de l'État qui, en France ou à l'étranger, au moment du départ du bâtiment auquel il appartient, se trouve absent sans permission (1).

Recherche
des
déserteurs.

ART. 136. Dès que le commissaire ou l'administrateur de l'inscription maritime est informé de l'absence ou de la désertion d'un marin, il le signale au syndic et à la gendarmerie.

Les déserteurs peuvent être recherchés à bord des navires étrangers du commerce qui se trouvent sur les rades ou dans les ports de France ou des colonies françaises, en observant les règles prescrites (2).

Primes
d'arrestation
des
déserteurs.

ART. 137. L'arrestation des marins déserteurs du service donne lieu au payement d'une prime dont le montant est repris sur la solde du marin arrêté (3).

Prime payée
aux
capteurs.

ART 138. La prime d'arrestation ou de capture est payée indistinctement à tout individu qui a arrêté et reconduit un marin, sur certificat du commissaire ou de l'administrateur de l'inscription maritime constatant la remise dudit marin (4).

Conduite
des déserteurs.

ART. 139. Dès qu'un marin absent ou déserteur du service

---

(1) Code de justice militaire pour l'armée de mer, article 320.

(2) Circulaires des 26 juillet 1832, 24 juin et 28 octobre 1856, page 196.

(3) Décision du 8 juin 1853. — Décret du 11 août 1856, article 242. — Voir aux annexes, page 214.

(4) Circulaire du 3 frimaire an XIII.

a été arrêté, il est reconduit soit à bord de son bâtiment, **soit** devant le commissaire des armements.

La conduite à destination des marins est faite gratuitement par la gendarmerie (1).

ART. 140. Lorsqu'un absent ou déserteur est ramené ou rentre volontairement, l'autorité qui le reçoit adresse un nouvel état signalétique au commissaire du quartier auquel l'absent ou le déserteur appartient.

Il en est de même si l'on reconnaît qu'un homme signalé comme déserteur est mort, a été condamné à une peine qu'il subit, ou est embarqué sur un bâtiment de l'État.

Les commissaires de l'inscription maritime reçoivent, en outre, par semestre, l'état des mouvements survenus parmi les inscrits maritimes détenus dans les maisons d'arrêt des ports (2).

Pièces à transmettre aux quartiers.

(1) Décret du 1er mars 1854, titre IV, chapitre II.
(2) Règlement du 5 août 1851, article 42. — Circulaires des 3 septembre 1852 et 3 janvier 1854.

LIVRE IV.

POLICE DE LA NAVIGATION.

TITRE PREMIER.

DES NAVIRES DE COMMERCE, DANS LEURS RAPPORTS AVEC LES SERVICES ÉTRANGERS À LA MARINE.

CHAPITRE PREMIER.

FRANCISATION.

---

§ 1er.—CONDITIONS DE LA FRANCISATION.

Comment
les navires
sont réputés
français.

ART. 141. Sont réputés français les navires appartenant au moins pour moitié à des Français (1), dont les officiers et les trois quarts de l'équipage sont Français (2) et qui sont compris dans l'une des catégories suivantes :

1° Les navires construits en France ou dans les colonies et autres possessions françaises ;

2° Les navires déclarés de bonne prise ou confisqués pour contravention aux lois de l'Empire (3);

3° Les navires échoués sur les côtes de France ou d'une possession française, qui ont reçu en France ou dans une pos-

---

(1) Loi du 9 juin 1845, article 11, page 205.

(2 et 3) Loi du 21 septembre 1793, article 2, page 163.—Décision du ministre des finances du 11 février 1835, d'après laquelle cette dernière disposition s'applique nécessairement aux navires confisqués pour contravention aux lois de douanes.

session française des réparations s'élevant au quadruple du prix de la vente (1);

4° Les navires trouvés épaves en pleine mer, dont le sauvetage donne aux inventeurs droit à la délivrance du tiers en nature ou en argent, conformément à l'article 27, livre IV, titre IX, de l'ordonnance d'août 1681, et qui sont vendus publiquement par l'administration de la marine à défaut de réclamation présentée en temps utile par les propriétaires (2).

Les bâtiments de mer étrangers à voiles ou à vapeur gréés et armés sont également admis à la francisation moyennant le payement d'un droit de deux francs par tonneau de jauge.

Le même droit est appliqué aux coques des navires en bois ou en fer (3).

§ 2. — JAUGEAGE.

Art. 142. Avant de procéder aux actes relatifs à la francisation du navire, le propriétaire doit le faire jauger.

Règles relatives au jaugeage.

Art. 143. Le jaugeage des bâtiments, soit à voiles soit à vapeur, est opéré par les agents de la douane, d'après le mode déterminé par les règlements (4).

Art. 144. Le nombre de tonneaux obtenu est gravé au ciseau sur les faces avant et arrière du maître bau. Cette opération est faite soit lors de la mise à l'eau du bâti-

(1) Décret du 27 vendémiaire an II, article 7, page 165.
(2) Décision du 1er juin 1832.
(3) Loi du 19 mai 1866.
(4) Voir aux annexes, page 168.

ment, soit lorsque, par suite de réparations importantes ou
pour toute autre cause, le jaugeage doit en être effectué de
nouveau.

Afin de faciliter les vérifications de la douane, des marques
fixes sont appliquées ou gravées par les soins de cette administration aux points du bâtiment où ont été prises les
dimensions principales sur lesquelles le tonnage a été cal-
culé (1).

§ 3. — Acte de francisation.

Caractère de l'acte
de
francisation.

Art. 145. L'acte de francisation est la pièce qui constate le
droit du navire à porter le pavillon français et lui assure les
avantages réservés à la navigation nationale. Il est délivré au
nom de l'Empereur et signé par le ministre des finances.

Serment.

Art. 146. Préalablement à la délivrance de l'acte de francisation, le propriétaire du bâtiment doit affirmer par serment sa propriété. Ce serment est reçu dans la forme suivante,
soit par le juge de paix, soit par les tribunaux de première
instance ou de commerce :

« (*Nom, état et domicile*), jure et affirme que (*le nom du bâ-
« timent ou embarcation et le port auquel il appartient*) est un (*es-
« pèce, tonnage et description, suivant le certificat du vérificateur
« des douanes*), a été construit à (*lieu de construction*) en (*année
« de la construction*) (*s'il a été pris ou confisqué, ou perdu sur la
« côte ou sauvé en mer, exprimer le lieu et le temps des jugements et*

_____

(1) Loi du 12 nivôse an 11, page 168.—Ordonnance du 18 novembre 1837,
article 1er, page 168. — Ordonnance du 18 août 1839, article 1er, page 168.
— Une lettre de l'Administration des douanes, en date du 2 octobre 1861,
visant l'ordonnance du 8 août 1821, contient, au sujet du mode de jaugeage
des bâtiments à vapeur, des explications utiles à consulter.

« *ventes*); que je suis seul propriétaire dudit bâtiment ou em-
« barcation, ou conjointement avec (*noms, état, domicile des*
« *intéressés*), et qu'aucune autre personne n'y a droit, titre,
« intérêt portion ou propriété (1). »

Art. 147. L'acte constatant la prestation de serment est
remis à la douane par le propriétaire, qui donne, en outre,
une soumission et caution :

De vingt francs par tonneau, si le bâtiment est au-dessous
de 200 tonneaux;

De trente francs par tonneau, pour les bâtiments de 200 à
400 tonneaux;

Et de quarante francs par tonneau pour les bâtiments de
400 tonneaux et au-dessus (2).

Soumission et caution.

Art. 148. Le propriétaire se soumet par son cautionnement, et sous peine de confiscation des sommes énoncées audit
cautionnement(3), indépendamment des autres condamnations
rappelées par l'article suivant, à ne point vendre, prêter ou
donner l'acte de francisation ou en disposer autrement; à
n'en faire usage que pour le service du bâtiment pour lequel
il est accordé; à le rapporter au bureau des douanes, si le
bâtiment est pris par l'ennemi, brûlé ou perdu de quelque
autre manière, ou vendu pour plus de moitié ou en totalité
à un étranger; et ce, dans un mois, si la perte ou la vente
de la totalité ou partie du bâtiment a eu lieu en France ou

Usage de l'acte de francisation.

Obligations qu'il impose.

---

(1) Décret du 27 vendémiaire an II, article 13, page 166. — Décision du
31 décembre 1819. — Loi du 9 juin 1845, article 11, page 205.

(2) Décret du 27 vendémiaire an II, article 11, page 165.

(3) Le cautionnement dont il est question dans cet article et dans les articles suivants n'est pas versé à la douane; il est seulement stipulé dans l'acte
de soumission.

sur les côtes de France, et dans trois, six ou neuf mois, suivant la distance des autres lieux de perte ou de vente (1).

Fraudes.   ART. 149. Toute personne qui prête son nom à la francisation d'un bâtiment étranger, qui concourt à cette fraude d'une manière quelconque, ou qui commande en connaissance de cause un bâtiment induement francisé, est passible d'une amende de 6,000 francs; le capitaine est, en outre, déclaré incapable de commander aucun bâtiment français (2).

Délivrance de l'acte de francisation.   ART. 150. La délivrance de l'acte de francisation a lieu au bureau des douanes du port auquel appartient le bâtiment (3).

Obligation de l'acte de francisation.   ART. 151. Les bâtiments et embarcations de toute espèce qui vont en mer doivent, quel que soit leur tonnage, être pourvus d'un acte de francisation (4).

Exceptions.   Sont toutefois exemptés de prendre un acte de francisation :

1° Les canots et chaloupes dépendant de navires français dans l'inventaire desquels ces canots et chaloupes sont mentionnés;

2° Les embarcations qui naviguent dans l'intérieur d'une même rade;

3° Les embarcations de deux tonneaux et au-dessous employées à la pêche du poisson frais ou à la récolte des amendements marins;

4° Les embarcations de deux tonneaux et au-dessous, appar-

---

(1) Décret du 27 vendémiaire an 11, article 16, page 166. — Loi du 9 juin 1845, article 11, page 205.

(2) *Ibid.*, article 15, page 166.

(3) Décret du 27 vendémiaire an 11, article 10, page 166.

(4) *Ibid.*, article 22, page 167.

tenant à des habitants voisins de la côte, qui ne s'en servent que pour leur usage personnel, à l'exclusion de tout transport de marchandises ;

5° Les embarcations de tout tonnage qui naviguent en rivière en deçà du dernier port situé à l'embouchure dans la mer;

6° Les bateaux dragueurs et les bateaux vasiers qui en sont les accessoires (1);

7° Les bateaux de plaisance de dix tonneaux et au-dessous (2).

ART. 152. L'acte de francisation est extrait du registre où sont inscrites les déclarations de construction, mesurage, description et propriété (3).

Registre spécial.

ART. 153. Toute vente de bâtiment ou de partie de bâtiment, même par acte sous seing privé, doit contenir la copie de l'acte de francisation (4).

Vente des navires.

ART. 154. La vente de tout ou partie du bâtiment est inscrite au dos de l'acte de francisation par le chef du bureau des douanes, qui en tient registre (5).

Inscription des ventes.

ART. 155. Si l'acte de francisation d'un bâtiment est perdu, le propriétaire, en affirmant la sincérité de cette perte, en obtient un nouveau après avoir rempli les mêmes formalités, et

Renouvellemen de l'acte de francisation par suite de perte ou de vétusté.

(1) Circulaires de l'Administration des douanes.
(2) Décision du ministre des finances, rappelée dans une circulaire du ministre de la marine, du 13 mars 1863.
(3) Décret du 27 vendémiaire an II, article 39, page 167.
(4) *Ibid.,* article 18, page 167.
(5) Décret du 27 vendémiaire an II, article 17, page 167. — Loi du 6 mai 1841, article 20. — Arrêts de cassation des 3 juin 1863 et 16 mars 1864.

à la charge des mêmes cautionnement, soumission et déclaration que pour l'obtention du premier (1).

Si le renouvellement de l'acte a lieu pour cause de vétusté, ou parce que l'acte n'offre plus de place suffisante pour y inscrire les mutations de propriété, on ne perçoit que le prix du parchemin et du timbre (2).

Renouvellement de l'acte de francisation par suite de changements dans le navire.

ART. 156. Si, après la délivrance de l'acte de francisation, le bâtiment est changé dans sa forme, dans son tonnage ou de toute autre manière, le propriétaire est tenu d'en obtenir un nouveau; autrement, le bâtiment est réputé étranger (3).

Le renouvellement de l'acte de francisation ne donne également lieu, dans ce cas, qu'au remboursement du prix du nouveau parchemin et du timbre (4).

Acte de francisation spécial aux bateaux de plaisance.

ART. 157. Les yachts et embarcations de plaisance reçoivent un acte de francisation spécial, dont la production les exempte du payement des droits de navigation dans la plupart des ports étrangers (5).

Radiations.

ART. 158. L'impossibilité de ramener le navire dans un port de France par suite de force majeure, telle que capture, confiscation, naufrage, échouement avec perte du bâtiment et condamnation à la suite d'avaries, doit être légalement justifiée pour obtenir la radiation des soumissions souscrites lors de la francisation (6).

(1) Décret du 27 vendémiaire an II, article 20, page 167.
(2) Décision du 31 décembre 1819 et circulaires des 25 octobre 1826 et 24 novembre 1854.
(3) Décret du 27 vendémiaire an II, article 21, page 167.
(4) Circulaires des 30 juin 1828 et 23 septembre 1832.
(5) Circulaire du 13 mars 1863.
(6) Arrêté du 13 prairial an XI, article 7.

ART. 159. Les pièces(1) produites à cet effet par les armateurs sont communiquées au chef du service des douanes et
au commissaire de l'inscription maritime, pour avoir leur avis
par écrit (2).

Toutefois, l'intervention de la marine n'est pas nécessaire
lorsque la douane croit pouvoir admettre comme suffisantes
les preuves fournies du naufrage, de la prise ou du dépèce-
ment à l'étranger, et surtout quand la perte a lieu en vue des
côtes (3).

ART. 160. Lorsqu'un bâtiment français, par suite de son
état de vétusté, doit être dépecé, le propriétaire en fait la
déclaration au service des douanes, qui procède au jaugeage
et constate que les dimensions du bâtiment sont celles énoncées dans l'acte de francisation ainsi que dans le congé dont il
est parlé ci-après.

L'identité reconnue, le même service s'assure de la démo-

---

(1) Ces pièces sont :

Si le navire a fait naufrage, le rapport circonstancié que le capitaine ou, à
son défaut, les gens de l'équipage échappés au naufrage ont dû faire (ce rapport doit être fait, en France, au bureau des douanes et au bureau de l'inscription maritime; en pays étranger, devant le consul français et, à défaut de
consul, devant le magistrat du lieu);

S'il s'agit d'un navire perdu corps et biens, l'acte de notoriété publique at-
testant la perte; et si le bâtiment est assuré, la police d'assurance biffée et les
autres pièces qui sont de nature à attester l'événement (la notoriété publique
s'établit après l'an et jour par un acte authentique du tribunal de commerce);

Si le navire a été pris par l'ennemi et condamné, une expédition authentique du jugement de condamnation.

Dans le cas où un navire capturé reviendrait en France au même propriétaire, sans que la possession eût été autrement interrompue, il continuerait à
jouir des priviléges attachés à sa qualité de français. — Décision du 24 vendémiaire an XIII.

(2) Arrêté du 13 prairial an XI, article 8.
(3) Décision du ministre des finances du 9 juin 1828.

lition effective et dresse un procès-verbal dont il est remis copie au propriétaire, afin qu'il puisse poursuivre la radiation sur la matricule du bureau de l'inscription maritime et faire annuler les soumissions relatives au bâtiment dépecé (1).

CHAPITRE II.

CONGÉ.

Caractère du congé. Art. 161. Le congé est l'acte délivré par la douane pour établir que le navire est toujours en droit de se prévaloir de la francisation qu'il a obtenue. Il affirme l'identité du navire auquel il est délivré avec celui qui a fait l'objet de la francisation.

Obligation du congé. Art. 162. Aucun bâtiment français, quelle que soit sa contenance, ne peut prendre la mer sans un congé (2).

Il est également délivré un congé, mais seulement comme moyen de police pour la douane, aux bâtiments affranchis de l'acte de francisation. Dans ce cas, le congé ne donne lieu qu'au payement du timbre.

Délivrance du congé. Art. 163. Le congé est délivré au nom de l'Empereur et porte le timbre du ministère des finances; il est signé par le receveur des douanes du port de délivrance et contre-signé par le commis principal à la navigation et par l'employé qui a vérifié le tonnage du navire (3).

Indications qu'il contient. Art. 164. Le congé indique le port auquel appartient le bâtiment, le nom ou les noms du ou des propriétaires, le

(1) Circulaire des douanes du 24 février 1809.
(2) Décret du 27 vendémiaire an 11, art. 5, 9 et 22, pages 164, 165 et 167.
(3) Arrêté du ministre des finances du 30 juin 1829.

lieu et l'année de la construction, les dimensions du navire, etc.

Il est valable pour un an ou pour la durée du voyage si le
voyage se prolonge au delà de ce terme (1).

Celui qui obtient un congé ne peut en faire usage que pour
le service du navire (2).

Durée.
Usage.

CHAPITRE III.

DU TRANSPORT DES LETTRES (3).

ART. 165. Les capitaines des bâtiments du commerce doivent recevoir, jusqu'au moment de prendre la mer, les dépêches et envois du Gouvernement; la remise en est mentionnée sur le rôle d'équipage.

Obligation
pour le capitaine
de
transporter
les lettres.

Ils ne doivent pas recevoir de lettres directement, ni avoir
une boîte à bord, à moins que le bâtiment ne soit affecté à
un service postal; la remise de la correspondance leur est
faite, dans un sac cacheté, par le directeur de la poste.

Le capitaine de tout bâtiment qui, étant parti d'un port, est
forcé de relâcher, soit dans ce même port, soit dans un autre,
avant d'avoir accompli son voyage, est tenu de déposer immédiatement au bureau de la poste le sac aux lettres qu'il a
reçu au départ, et au bureau de l'inscription maritime, les
dépêches et envois du Gouvernement.

ART. 166. Dès leur arrivée dans le port de destination,
les capitaines des bâtiments du commerce doivent remettre à

Remise
des lettres.

(1) Décret du 27 vend. an II, art. 5, p. 164, et loi du 6 mai 1841, art. 20.
(2) *Ibid.*, article 16, page 166.
(3) Arrêtés du 27 prairial an IX, art. 5, et du 19 germinal an X, art. 7.

l'autorité maritime ou consulaire les lettres et paquets pour le compte du Gouvernement.

Le commissaire de l'inscription maritime ou le consul donne décharge au rôle d'équipage des lettres et paquets qui lui ont été remis.

Infractions. Amendes. ART. 167. Toute infraction aux dispositions des deux articles précédents est punie d'une amende de cent cinquante à trois cents francs.

TITRE II.

DES NAVIRES DE COMMERCE, DANS LEURS RAPPORTS AVEC LES QUARTIERS MARITIMES, LA MARINE MILITAIRE ET LES CONSULATS.

———

CHAPITRE PREMIER.

QUARTIERS MARITIMES.

———

§ 1ᵉʳ. — MATRICULES DES NAVIRES DU COMMERCE.

Bâtiments portés sur les matricules. Exceptions. ART. 168. Tous les navires destinés à naviguer avec un rôle d'équipage sont portés sur la matricule des navires du commerce tenue dans les quartiers ou sous-quartiers maritimes, et centralisée au ministère de la marine et des colonies (1).

Les yachts, chalands et embarcations naviguant sans rôle sont portés sur un registre spécial.

(1) Ordonnance du 31 octobre 1784, titre VII, article 7, page 149. — Circulaire du 2 novembre 1842.

ART. 169. Dans les premiers jours des mois de janvier et de juillet de chaque année, les commissaires de l'inscription maritime établissent l'état des mouvements survenus pendant le semestre parmi les bâtiments et embarcations naviguant avec rôle. Cet état est adressé au port chef-lieu pour être transmis au ministre sous le timbre de la direction des invalides (1).

État semestriel des mouvements des navires.

ART. 170. On entend par port d'attache d'un navire le quartier ou le sous-quartier où l'immatriculation sur les registres de l'inscription maritime est effectuée (2).

Port d'attache.

ART. 171. Le nom et le port d'attache de tout navire exerçant une navigation maritime sont marqués à la poupe en lettres blanches, de 8 centimètres au moins de hauteur, sur fond noir, sous peine de l'amende édictée par l'article 6 de la loi du 19 mars 1852.

Inscriptions à la poupe.

Défense est faite sous la même peine d'effacer, altérer, couvrir ou masquer lesdites marques (3).

ART. 172. Lorsqu'un bâtiment change de port d'attache, le propriétaire doit en faire la déclaration à la douane du port auquel son navire était attaché, et il lui est délivré un certificat qui est communiqué au commissaire de l'inscription maritime pour l'expédition de la pièce nécessaire à l'inscription du bâtiment dans le nouveau port. — Cette pièce, établie en double expédition, est adressée au commissaire du quartier dans lequel le bâtiment doit être immatriculé. Une des expéditions

Changement de port d'attache.

(1) Ordonnance du 31 octobre 1784, titre VII, article 11, page 149. — Circulaire du 2 novembre 1842.

(2) Circulaire du 4 mars 1853 accompagnant une circulaire des douanes du 15 février précédent.

(3) Loi du 19 mars 1852, article 6, page 210.

est renvoyée au quartier auquel il appartenait, avec l'annotation de la date, du folio et du numéro de la nouvelle immatriculation.

ART. 173. Lorsqu'un bâtiment est vendu à un étranger, le
vendeur doit en faire la déclaration au bureau de l'inscription
maritime, afin que les radiations nécessaires aient lieu sur la
matricule des navires du commerce.

ART. 174. S'il y a un agent consulaire de la nation de l'acquéreur dans le port où un navire est vendu à un étranger,
c'est sous le pavillon de cette nation que le navire doit être
expédié.

S'il n'y a pas d'agent consulaire qui puisse délivrer des
expéditions à l'étranger devenu acquéreur, le navire peut être
expédié sous pavillon français avec un passe-port provisoire
délivré par la douane. Cette pièce n'est valable que pour le
voyage seulement, et, à l'arrivée du navire à sa destination, le
passe-port doit être remis à l'agent consulaire de France (1).

ART. 175. Il peut, dans le cas de l'article précédent, être
donné au bâtiment un équipage formé de marins français,
et le commissaire de l'inscription maritime est autorisé à délivrer un rôle d'équipage; mais ce rôle n'est également que
provisoire, et l'armateur s'engage, par écrit et sous caution,
à pourvoir tant à la subsistance de ces marins en pays étranger qu'aux frais de leur retour dans le port d'expédition.

Dans tous les cas, le commissaire de l'inscription maritime
prévient le consul de France établi dans le port étranger où le
navire est envoyé muni d'expéditions provisoires (2).

_____

(1) (2) Circulaire du 1er décembre 1818.

Art. 176. Lorsqu'un navire a été vendu à l'étranger, les papiers de bord sont, s'il y a lieu, remis à l'autorité consulaire, ou renvoyés en France à la diligence de qui de droit.

Papiers de bord.

§ 2. — ARMES ET MUNITIONS DE GUERRE.

Art. 177. Aucune arme de guerre ne peut être embarquée sur les bâtiments du commerce qu'en vertu d'une autorisation du chef du service de la marine du port d'armement, qui veille à ce qu'il ne soit embarqué sur chaque navire que le nombre d'armes de guerre que comportent sa force et celle de l'équipage et à ce que les bouches à feu soient réellement montées en batterie.

Embarquement d'armes et de munitions de guerre.

L'autorisation détermine aussi les quantités de munitions qui peuvent être embarquées, en raison de la nature et de la durée présumée du voyage.

Sur la présentation de l'autorisation, il est fait mention, au rôle d'équipage du navire, du nombre, de l'espèce et du calibre des armes, ainsi que de la quantité et de l'espèce des munitions qui ont été embarquées à l'armement (1).

§ 3. — VIVRES. — MÉDICAMENTS.

Art. 178. Tout capitaine, maître ou patron qui, hors le cas de force majeure, prive l'équipage de l'intégralité de la ration stipulée avant le départ, ou, à défaut de convention, de la ration équivalente à celle que reçoivent les marins de la flotte, est tenu de payer, à titre de dommages-intérêts, 50 centimes par jour, pendant la durée du retranchement, à chaque personne composant l'équipage, et peut, en outre, être puni de 50 à 500 francs d'amende.

Privation de la ration de vivres.

(1) Ordonnance du 12 juillet 1847, articles 10 et 11, page 207.

Les cas de force majeure sont constatés par procès-verbaux signés du capitaine, maître ou patron et des principaux de l'équipage, et alors même il est dû à chaque homme une indemnité représentative du retranchement auquel il a été soumis (1).

Art. 179. Le capitaine ne peut, sous les peines portées par l'article 74 de la loi du 24 mars 1852, vendre les vivres de son bâtiment (2).

Interdiction de vente. Cession de vivres.

Cependant il peut, sur l'avis de l'équipage, en céder aux navires qu'il trouve en pleine mer dans une disette absolue, pourvu toutefois qu'il lui en reste assez pour son voyage, à charge d'en tenir compte aux propriétaires (3).

Art. 180. Les vols et altérations de vivres commis à bord de tout bâtiment par les capitaine, patron, subrécargue, gens de l'équipage et passagers sont punis d'après les dispositions de la loi du 24 mars 1852.

Vols et altérations de vivres.

Art. 181. Un coffre pourvu des médicaments nécessaires au voyage doit être embarqué :

Coffre de médicaments.

A bord de tout navire ayant un chirurgien,

A bord de tout navire armé au long cours sur lequel il n'est pas embarqué de chirurgien, s'il a huit hommes d'équipage, y compris les mousses (4).

Art. 182. La composition du coffre de médicaments est déterminée d'après les instructions spéciales sur la matière.

Composition du coffre.

(1) Loi du 24 mars 1852, article 76, circulaire du 20 novembre 1865, page 247.

(2) Ordonnance de 1681, livre II, titre Iᵉʳ, article 32, page 133.

(3) *Ibid.*, article 33, page 133.

(4) Ordonnance du 4 août 1819.

— Le coffre est visité par une commission médicale instituée dans chaque port (1).

ART. 183. Des objets, aliments et médicaments particuliers sont embarqués sur les navires allant à la côte occidentale d'Afrique; leurs capitaines doivent être pourvus du guide hygiénique et médical spécial pour la navigation dans ces parages (2).

§ 4. — VISITE DES NAVIRES.

ART. 184. Tout navire, avant de prendre la mer, doit être visité, conformément aux règlements (3).

Les règles sur les visites des navires varient suivant la destination des bâtiments :

Les articles 12, 13 et 14 du titre III de la loi du 13 août 1791 prescrivent, pour les navires armés au long cours, deux visites à chaque voyage, l'une avant, l'autre après l'armement.

L'article 3 de la déclaration du 17 août 1779 permet aux capitaines des bâtiments employés au cabotage de ne faire constater qu'une fois par an que leur navire est en bon état de navigation.

L'article 10 du règlement du 13 février 1785 exempte de la visite les petits bâtiments, tels que ceux des pêcheurs de poisson frais, ceux qui ne font que le cabotage des ports de leur voisinage, ou qui sortent de leur port et y rentrent journellement.

ART. 185. Le tribunal de commerce désigne annuellement, pour chaque port, les anciens navigateurs, constructeurs ou

(1) Ordonnance du 4 août 1819.
(2) Circulaires des 11 février et 16 octobre 1851.
(3) Article 225 du Code de commerce, page 179.

6

charpentiers composant la commission chargée des visites des navires (1).

Obligation de la visite.

ART. 186. Le capitaine est tenu de faire visiter son bâtiment aux termes et dans les formes voulus (2), sous peine de l'amende édictée par l'article 83 de la loi du 24 mars 1852 (3).

Remise du rôle proportionnée à la visite.

ART. 187. La remise du rôle d'équipage n'est effectuée que sur la production du procès-verbal de visite, ce qui est constaté par une annotation spéciale sur le rôle.

Visite aux colonies ou à l'étranger.

ART. 188. La visite *obligatoire* d'un bâtiment du commerce français ne doit avoir lieu, aux colonies ou à l'étranger, que s'il s'agit d'un armement primitif ou d'un réarmement après désarmement, ou encore d'avaries survenues depuis le départ et compromettantes pour la sécurité du bâtiment. Hors ces circonstances, la visite d'un navire venant de France ou de tout autre port d'armement ne peut régulièrement être exigée dans un port colonial ou consulaire, même quand il y prend un chargement (4).

Cas où la visite obligatoire est ajournée.

ART. 189. Lorsqu'un navire armé au cabotage relâche dans un port de France avec un certificat de visite périmé, on doit s'abstenir de le faire visiter, si le navire effectue directement son retour à son port d'armement, à moins qu'il n'y ait lieu de penser, par suite de la déclaration de l'équipage, des

(1) Déclaration du 17 août 1779. — Loi du 9-13 août 1791.
(2) Article 225 du Code de commerce, page 179.
(3) « Est puni d'une amende de 25 à 300 francs tout capitaine, maître ou « patron qui ne se conforme point aux mesures prescrites par les articles 224, « 225 et 227 du Code de commerce. »
(4) Circulaire du 26 février 1866.

chargeurs ou de tout autre intéressé dans l'opération, que le bâtiment ne pourrait, sans danger, entreprendre une nouvelle traversée avant d'avoir subi des réparations. Dans ce cas, les constatations nécessaires pour établir qu'il est en état de tenir la mer devraient être exigées préalablement au visa du rôle (1).

Les dispositions qui précèdent sont applicables aux navires armés au long cours qui, après avoir déposé leur cargaison dans l'un des ports de l'Empire, reviennent au port d'armement avec le même rôle d'équipage, ainsi qu'ils y sont autorisés par l'article 201 ci-après.

§ 5. — Pavillons.

Art. 190. Le pavillon français est porté à la poupe, et, à défaut de mât de pavillon, à la corne d'artimon.

Pavillons des navires de commerce.

Un pavillon spécial, conforme au modèle annexé au règlement du 3 décembre 1817, est affecté à chacun des arrondissements maritimes. — Le pavillon d'arrondissement est porté en tête du grand mât.

Les armateurs des navires et autres bâtiments sont tenus de faire connaître au bureau de l'inscription maritime les *marques de reconnaissance* dont ils veulent faire usage, et ils ne peuvent les employer qu'après en avoir fait la déclaration, qui est enregistrée et mentionnée sur le rôle d'équipage du navire.

La marque de reconnaissance est hissée en tête du mât de misaine (2).

Sur les rades françaises et étrangères, le plus ancien des capitaines des navires de commerce réunis au même mouillage

(1) Circulaires des 23 mars et 30 octobre 1863.

(2) Règlement du 3 décembre 1817, articles 1, 2 et 6. — Décret du 15 août 1851, article 23, § 5.

6.

peut arborer au mât de misaine une flamme aux couleurs nationales.

La flamme n'est arborée en aucune autre circonstance par les navires de commerce, sauf le cas où ils sont frétés pour le service de l'État (1).

§ 6. — RÔLE D'ÉQUIPAGE ET PERMIS DE NAVIGATION.

Obligation
du
rôle d'équipage. ART. 191. Le rôle d'équipage est obligatoire pour tout bâtiment exerçant la navigation maritime (2).

Il énonce : le nom du navire, le port où il est attaché, ses folio et numéro d'enregistrement, son tonnage, le lieu et l'époque de sa construction, le nom du propriétaire et celui de l'armateur, le genre de navigation qu'il doit effectuer ; les noms et prénoms, la filiation, le lieu et l'époque de la naissance, le domicile, le signalement, le quartier, les folio et numéro d'inscription, le grade au service, la qualité à bord du bâtiment et les conditions d'engagement de toutes les personnes composant l'équipage.

Le rôle d'équipage n'est point exigé pour les embarcations uniquement employées à l'exploitation des propriétés rurales, fabriques, usines et biens de toute nature, situés dans les îles et sur les rives des fleuves et rivières dans leur partie maritime, et même en dehors des embouchures, conformément à l'article 38 du présent règlement (3).

Ces embarcations reçoivent un simple permis de navigation.

Les embarcations attachées comme annexes à un autre bâtiment sont dispensées de tout rôle ou permis.

(1) Décret du 15 août 1851, article 23.
(2) Loi du 19 mars 1852, article 1ᵉʳ, page 209.
3) Décret du 25 octobre 1863. — Circulaire du 18 juillet 1864.

ART. 192. Les yachts et bateaux de plaisance, quels que soient leur tonnage et leur destination, sont dispensés du rôle d'équipage et de toutes les obligations qui s'y rattachent.

Ils sont munis d'un permis de navigation, qui peut être délivré par l'autorité maritime au propriétaire, sans que celui-ci ait à produire un certificat constatant que son navire a été visité (1).

ART. 193. La délivrance du rôle d'équipage n'a lieu, lors d'un premier armement, que sur la production de l'acte de francisation.

La délivrance du permis de navigation a lieu sur la production du congé de mer de l'embarcation, et, pour les yachts de plaisance au-dessus de dix tonneaux, sur la production de l'acte de francisation spécial qui leur est délivré (2).

ART. 194. Lorsque les commissaires de l'inscription maritime ne peuvent relater sommairement, en raison de leur nature ou de leur étendue, les conditions d'engagement sur le rôle d'équipage, ces conditions y sont annexées au moyen de feuilles spéciales qu'ils signent et sur lesquelles ils apposent leur cachet (3).

ART. 195. En expédiant les bâtiments du commerce, ils indiquent dans le visa des rôles le nombre d'hommes qui

---

(1) Circulaire du 23 mai 1862 et décret du 25 octobre 1863.

(2) Circulaires du 23 mai 1862 et du 13 mars 1863.

(3) Édit de 1720, titre VI, articles 7 et 18, pages 135 et 136. — Ordonnance du 31 octobre 1784, titre XIV, articles 9, 10 et 12, page 155. — Loi du 7 janvier 1791, article 13, page 160. — Code de commerce, articles 192 et 250, page 183. — Circulaire du 22 novembre 1827.

leur est présenté et, s'il y a lieu, la destination des bâtiments, suivant la déclaration des capitaines.

La même formalité est remplie à chaque voyage.

Apostilles.

ART. 196. Les commissaires de l'inscription maritime constatent sur les rôles, par des apostilles soigneusement écrites, sans aucune abréviation et dûment signées, tout ce qui se rapporte à l'embarquement, au débarquement, etc., des individus qui y sont inscrits.

Si le mouvement s'opère dans une localité où il n'est pas possible de le constater, l'apostille en est faite dans le premier port de relâche du bâtiment où réside une autorité française, soit maritime, soit consulaire.

Lorsqu'il y a erreur dans les apostilles, la rectification qui en est faite doit être signée par qui de droit (1).

A-compte payés.
Opérations
de désarmement.

ART. 197. Les avances ou à-compte payés en cours de voyage, pour achat d'effets ou pour toute autre cause, doivent être autorisés et apostillés sur les rôles d'équipage par les commissaires de l'inscription maritime ou par les consuls, devant qui ils sont payés, et certifiés par leur signature ou, à défaut, par celle des agents qui les remplacent (2).

Dans le cas où les avances ou à-compte seraient payés dans un lieu où il n'existe pas d'autorité française, mention en serait faite sur le livre du bord avec la signature du marin

(1) Déclaration du 18 décembre 1728, article 3, page 138. — Ordonnance du 31 octobre 1784, titre XIV, article 13, page 156. — Circulaires des 22 juin 1821 et 12 août 1836.

(2) Déclaration du 18 décembre 1728, articles 3 et 6, page 138. — Arrêt du 19 janvier 1734, page 140. — Ordonnance du 1er novembre 1745, page 143. — Loi du 4 mars 1852, page 208. — Circulaire du 18 décembre 1855.

ou, à défaut, avec celle de deux des principaux de l'équipage (1).

Les gages et loyers de l'équipage sont constatés par les rôles d'armement et de désarmement arrêtés dans les bureaux de l'inscription maritime (2).

Afin de faciliter les opérations de désarmement et d'épargner aux armateurs les frais de feuilles de rôle spéciales, le désarmement peut être effectué sur le rôle même d'armement (3).

Au désarmement, les commissaires de l'inscription maritime ne doivent admettre que les sommes régulièrement apostillées (4).

ART. 198. Lorsque des marins sont débarqués avant le désarmement du navire, le commissaire de l'inscription maritime en France et aux colonies, ou le consul en pays étranger, prend les dispositions voulues pour garantir le payement des loyers acquis.

Loyers
des
marins débarqués
en
cours de voyage.

ART. 199. Les rôles d'équipage des bâtiments armés au long cours ne sont renouvelés, sauf l'exception mentionnée à l'article suivant, qu'au retour du navire en France, sans préjudice toutefois de la validité des engagements des marins, lorsque des conventions spéciales assignent une plus longue durée à ces engagements (5).

Renouvellement
des
rôles d'équipage
des
navires armés
au long cours.

ART. 200. Les rôles des paquebots transatlantiques peuvent n'être renouvelés que tous les six mois; mais il doit être stipulé

Rôles
des paquebots
transatlantiques

(1) Circulaire du 12 août 1836.
(2) Code de commerce, art. 192.
(3) Décret du 4 novembre 1865.
(4) Circulaire du 18 décembre 1835.
(5) Loi du 19 mars 1852, article 2, page 210. — Circulaire du 22 novembre 1827. — Circulaire du 29 mars 1862.

que l'équipage recevra un mois d'avance sur ses salaires, lesquels sont réglés au retour de chaque voyage (1).

Cas
où
le renouvellement
du rôle
des navires
au long cours
peut être ajourné.

Permis.

ART. 201. Tout navire au long cours rentrant en France dans un port autre que son port d'armement peut, sans nouveau rôle et avec un simple visa, se rendre dans ce dernier port, sous la seule condition qu'il sera procédé auparavant au règlement des salaires acquis à l'arrivée en France (2).

Renouvellement
des rôles
des
autres bâtiments
et bateaux.

Cas
où
ce renouvellement
peut
être ajourné.

ART. 202. Les rôles des bâtiments et embarcations armés pour le cabotage, le bornage et la petite pêche sont renouvelés tous les ans, sans préjudice de la durée de l'engagement des marins (3).

Le renouvellement des permis de navigation a également lieu à l'expiration de chaque année.

Lorsqu'un navire armé au cabotage relâche dans un port de France avec un rôle d'équipage ayant un an de durée, on doit s'abstenir de procéder au renouvellement de ce rôle si le navire fait ensuite directement son retour à son port d'armement (4).

Navire armé
au cabotage
relevant
pour
le long cours.

ART. 203. Si un navire armé au cabotage relève d'un port étranger pour un voyage au long cours, l'expédition est faite par le consul au moyen d'un visa sur le rôle d'équipage, à la charge par les intéressés de remplir toutes les formalités voulues pour la navigation au long cours.

Dans les ports de France, cette transformation peut égale-

(1) Instruction du mois de décembre 1859.
(2) Circulaire du 24 mai 1862.
(3) Loi du 19 mars 1852, article 2, page 210.
(4) Circulaire du 3 mars 1857.

ment être opérée par un simple visa des commissaires de l'inscription maritime, apposé sur le rôle du bâtiment (1).

§ 7. — CAPITAINE, MAÎTRE OU PATRON.

ART. 204. Aucun navigateur ne peut être admis au commandement des navires du commerce que sous les conditions suivantes :

Commandement des navires et bateaux.

Pour les navires armés au long cours, s'il n'est porteur de son brevet de capitaine ;

Pour les navires armés au cabotage, s'il ne produit un brevet de maître au cabotage ;

Pour les navires et bateaux armés au bornage, s'il n'est définitivement inscrit et s'il ne réunit 60 mois de navigation ;

Pour ceux qui sont armés à la petite pêche, s'il n'est inscrit à titre définitif (2).

Toutefois les maîtres au cabotage sont autorisés à commander, concurremment avec les capitaines au long cours, les bâtiments affectés à la pêche de la morue à Terre-Neuve (3).

Les navires armés pour la même pêche sur les côtes d'Islande peuvent être commandés par de simples patrons pêcheurs ayant satisfait à un examen particulier (4).

Les patrons pêcheurs de la Manche sont autorisés à réexporter leurs produits de pêche en Angleterre sans être assujettis à un armement au cabotage (5).

(1) Circulaire du 5 mai 1866.
(2) Loi du 14 juin 1854, décret du 26 janvier 1857, et loi du 20 mars 1852.
(3) Loi du 21 juin 1836.
(4) Décret du 15 janvier 1852.
(5) Circulaire du 19 décembre 1866, page 251.

Documents,
pièces et papiers
dont
le capitaine
doit être pourvu.
ART. 205. Indépendamment de l'acte de francisation, du congé et du rôle d'équipage, qui établissent la nationalité du navire, le capitaine est tenu d'avoir à bord :

Les procès-verbaux de visite (1);

Un inventaire des objets de gréement et de mobilier (2);

Une patente de santé, quand il y a lieu;

Un exemplaire de la loi du 24 mars 1852;

Un exemplaire de l'instruction du 2 juillet 1828 sur les actes de l'état civil;

Un registre où sont mentionnés les principaux événements du voyage et tout ce qui pourrait donner lieu à un compte à rendre ou à une demande à former (3).

Le capitaine tient, en outre, un livre spécial dit *livre de punitions* (4).

ART. 206. Le capitaine, maître ou patron est tenu, sauf le cas d'empêchement de force majeure, de remettre dans les vingt-quatre heures de son arrivée son rôle d'équipage au bureau de l'inscription maritime, sous peine de l'amende édictée par l'article 83 de la loi du 24 mars 1852.

Néanmoins, les patrons des bateaux armés pour la pêche du poisson frais et ceux qui naviguent avec un simple permis ne sont pas astreints à l'obligation de déposer leurs rôles ou permis à chaque voyage. Ils doivent seulement les remettre aux agents de la marine chaque fois qu'ils en sont requis.

(1) Code de commerce, article 226, page 179.

(2) Instructions du service des douanes.

(3) Articles 224 du Code de commerce, page 179, et 83 de la loi du 24 mars 1852.

(4) Loi du 24 mars 1852, article 86.

ART. 207. Le capitaine, maître ou patron remet, dans les vingt-quatre heures de l'arrivée, au bureau des douanes l'acte de francisation et le congé, qui y restent déposés jusqu'au départ du bâtiment.

Il dépose également l'inventaire du mobilier du navire (1).

Remise
des papiers
à l'arrivée.

(Douanes.)

ART. 208. Tout capitaine d'un bâtiment du commerce qui, au moment de son départ d'un port étranger, laisse dans les hôpitaux des hommes de l'équipage tombés malades pendant le voyage, est tenu de pourvoir aux frais de maladie, ainsi qu'à la dépense nécessaire pour mettre ces hommes en état de se rendre dans leurs foyers ou pour subvenir, en cas de mort, à leur sépulture. Il dépose, à cet effet, une somme suffisante ou fournit une caution solvable qui s'engage à remplir lesdites obligations (2).

Obligations
du
capitaine
qui laisse
des hommes
malades à terre.

ART. 209. Tout capitaine, maître ou patron, ou tout individu qui en fait les fonctions, est tenu, sur la réquisition de qui de droit, d'exhiber son rôle d'équipage, sous peine de l'amende édictée par l'article 3 de la loi du 19 mars 1852.

Tout capitaine, maître ou patron qui refuse d'obéir aux ordres relatifs *à la police de la navigation,* émanant des autorités de la marine, ou qui outrage les officiers, fonctionnaires et agents de la marine par paroles, gestes ou menaces dans l'exercice de leurs fonctions ou à l'occasion de cet exercice, encourt les peines prononcées par l'article 85 de la loi du 24 mars 1852.

Exhibition
du
rôle d'équipage.

Devoirs
envers
les autorités.

---

(1) Décret du 27 vendémiaire an II, article 28, page 165. — Instructions du service des douanes.

(2) Arrêté du 5 germinal an XII, article 3 ; — Code de commerce, article 262, page 183. — Décret du 7 avril 1860, article 3.

Fautes de discipline. Délits et crimes.

Art. 210. Les fautes de discipline, délits et crimes commis à bord des bâtiments du commerce par les gens de l'équipage ou les passagers sont réprimés ou constatés par le capitaine dans les formes déterminées par la loi du 24 mars 1852.

Si le capitaine est lui-même coupable d'un délit ou d'un crime, le commissaire de l'inscription maritime procède à son égard conformément aux prescriptions de la même loi.

Capitaine malade en cours de voyage.

Art. 211. Le capitaine qui tombe malade dans le cours du voyage est payé de ses loyers, traité et pansé au compte de l'armement.

Les capitaines sont, comme les hommes de l'équipage, admis dans les hôpitaux de la marine sur un billet du commissaire de l'inscription maritime (1).

Naufrage, échouement, etc. Enquêtes auxquelles il est procédé.

Art. 212. Le capitaine qui perd son bâtiment dans le cours du voyage doit, à son arrivée dans un port, faire, tant au bureau des douanes et à celui de l'inscription maritime que devant le juge du lieu, la déclaration des événements de son voyage. Cette déclaration est affirmée par l'équipage (2). Dans tous les cas de naufrage, d'échouement ou d'avaries graves, il est en outre procédé, par les soins de l'administration de la marine, à une enquête dont le procès-verbal est transmis au ministre de la marine et des colonies (3).

§ 8. — Officiers du navire.

Conditions à remplir

Art. 213. Pour la navigation au long cours, les armateurs

(1) Code de commerce, articles 262 et 272, pages 183 et 185. — Arrêté du 7 vendémiaire an VIII, article 20.

(2) Article 246 du Code de commerce, page 183.

(3) Circulaires des 18 mai et 23 novembre 1860.

et capitaines ne peuvent embarquer comme seconds que des marins âgés d'au moins vingt et un ans et ayant quarante-huit mois de navigation.

Les lieutenants doivent être âgés de dix-huit ans au moins et avoir douze mois de navigation.

Le mécanicien en chef et les mécaniciens chargés en sous-ordre de la direction de la machine ont rang d'officier (1).

§ 9. — CHIRURGIEN.

ART. 214. Les navires du commerce expédiés pour le long cours, autres que ceux à destination des pêches de la baleine ou du cachalot et de la morue, ne sont tenus d'avoir un chirurgien que s'ils reçoivent à bord cent personnes, tant hommes d'équipage que passagers (2).

Les bâtiments affectés à la pêche de la baleine ou du cachalot ne sont assujettis à l'obligation d'avoir un chirurgien que si leur équipage est de vingt hommes, non compris les mousses.

Ceux qui sont expédiés pour la pêche de la morue ne sont assujettis à la même obligation que si leur équipage est de quarante hommes, non compris les mousses (3).

§ 10. — ÉQUIPAGE.

ART. 215. Il est embarqué un mousse à bord de tout bâti-

---

(1) Règlement du 1er janvier 1786, articles 43 et 44. — Décret du 21 septembre 1864, page 241.

(2) Décret du 17 septembre 1864.

(3) Ordonnance du 4 août 1819.

Le service médical, dans les havres de la côte de Terre-Neuve, est en outre réglé par un arrêté ministériel du 24 mai 1862.

ment ou de toute embarcation employé à la navigation
ou à la pêche maritimes ayant plus de deux hommes d'équipage.

L'embarquement d'un second mousse est obligatoire à bord
de tout bâtiment et embarcation ayant vingt hommes d'équipage, non compris le premier mousse.

Il est embarqué un troisième mousse à bord de tout bâtiment ayant trente hommes d'équipage, non compris les deux
premiers mousses, et ainsi de suite en continuant à calculer
par dixaine d'hommes complète (1).

Toutefois les armateurs ont la faculté d'embarquer en remplacement de mousses, et dans la proportion ci-dessus déterminée, des novices âgés de moins de dix-huit ans, tant à bord
des navires armés pour le long cours et les grandes pêches
que sur les bâtiments et bateaux affectés au cabotage et à la
petite pêche (2).

Art. 216. Le capitaine forme l'équipage du navire, choisit
et loue les matelots et autres gens de l'équipage. Il est néanmoins tenu de se concerter avec les propriétaires, lorsque
ceux-ci sont sur les lieux (3).

Art. 217. Le capitaine, maître ou patron présente au
bureau de l'inscription maritime les gens de mer et autres
qu'il a engagés pour être inscrits sur le rôle d'équipage et
ne peut, sous peine de l'application de l'article 4 de la loi

_____

(1) Édit du mois d'août 1673. — Ordonnance du 15 avril 1689. — Règlement du 31 août 1722.— Règlement du 23 janvier 1727.— Ordonnances des
10 janvier 1730, 18 octobre 1740, 23 juillet 1745, 17 juillet et 31 octobre
1784. — Loi du 23 mars 1852.

(2) Décrets des 15 mars 1862 et 2 mai 1863.

(3) Code de commerce, article 223, page 179.

du 19 mars 1852, embarquer que ceux qui y ont été inscrits.

Art. 218. Les marins qui, par suite d'un jugement de condamnation, se trouvent placés sous la surveillance de la haute
police ne peuvent s'embarquer sans une autorisation régulière
de l'autorité civile (1).

Marins
placés sous
la surveillance
de la
haute police.

Art. 219. Chaque fois qu'un capitaine engage après l'armement des gens de mer et autres, soit en remplacement de
ceux qui ont abandonné le bâtiment, qui sont décédés ou qui
ont été laissés malades dans les hôpitaux, soit pour toute autre
cause, il doit les faire inscrire sur le rôle d'équipage par le
commissaire de l'inscription maritime ou par l'autorité consulaire (2).

Cas
où il est embarqué
des hommes
après l'armement.

Art. 220. Tout capitaine, maître ou patron, avant d'engager un marin, doit s'assurer que ce marin a été congédié du
dernier navire sur lequel il était embarqué (3).

Le marin
embarqué
doit être libre
de
tout engagement.

Art. 221. Le fait d'avoir sciemment et volontairement
embauché un homme appartenant à l'équipage d'un autre
navire constitue le délit de complicité de désertion puni par
l'article 70 de la loi du 24 mars 1852.

Embauchage.

Art. 222. Dans les ports français, les capitaines ne peuvent débarquer ni congédier, avant l'expiration de l'engagement contracté, aucun des hommes de leur équipage, si ce
n'est du consentement de celui-ci ou pour cause valable, et,

Débarquement
des hommes
d'équipage.

(1) Circulaire du 9 septembre 1841.
(2) Loi du 19 mars 1852, page 209.
(3) Ordonnance du 31 octobre 1784, titre XIV, article 6, page 154.

dans tous les cas, avec l'intervention du commissaire de l'inscription maritime, sous peine de l'application de l'article 4 de la loi du 19 mars 1852.

Débarquement à l'étranger.

ART. 223. En pays étranger, aucun congédiement ne peut avoir lieu sans l'assentiment de l'autorité consulaire de France. Les contrevenants encourent également l'application de l'article 4 de la loi du 19 mars 1852 (1).

§ 11. — ENGAGEMENT ET LOYERS DES MATELOTS ET AUTRES GENS DE L'ÉQUIPAGE.

Entière liberté pour la composition des équipages.

ART. 224. Les armateurs, capitaines et maîtres ont une entière liberté pour la composition de leurs équipages (2).

Ils ne peuvent toutefois engager les marins étrangers que dans la proportion fixée par la loi (3).

Liberté des conventions.

ART. 225. Les commissaires de l'inscription maritime ne peuvent régler les conditions des engagements ni exercer aucune autorité à cet égard. Ils doivent laisser une entière liberté aux armateurs, capitaines et gens de l'équipage de passer entre eux telles conventions qu'ils veulent, en observant toutefois les prescriptions de l'article 6 du Code Napoléon. Leur intervention consiste à éclairer les parties sur la portée des conventions qu'elles souscrivent et dont ils doivent leur donner lecture (4).

(1) Ordonnance du 31 octobre 1784, titre XIV, article 15, page 156. — Code de commerce, article 270, page 187. — Loi du 19 mars 1852, articles 4 et 5, page 210.

(2) Ordonnance du 17 juillet 1784, page 147.

(3) Acte de navigation du 21 septembre 1793, article 2, page 163.

(4) Ordonnance du 31 octobre 1784, titre XIV, article 11, page 155. — Loi du 4 mars 1852, page 208.

Toute convention faite entre l'armateur ou le capitaine et l'équipage doit être portée à la connaissance du commissaire de l'inscription maritime et inscrite au rôle d'équipage (1).

ART. 226. Les conditions d'engagement ne sont définitives qu'après l'inscription au rôle d'équipage (2).

Elles sont définitives après l'inscription au rôle.

ART. 227. Lorsque les gages et loyers de l'équipage donnent lieu à une demande judiciaire, ils sont justifiés par le rôle d'équipage, arrêté dans les bureaux de l'inscription maritime (3).

Constatation par le rôle des loyers acquis.

ART. 228. Les salaires des marins sont déclarés incessibles et insaisissables, à moins qu'il ne s'agisse de loyers de maison et de subsistances ou hardes fournis du consentement du commissaire de l'inscription maritime, et que les créances n'aient été apostillées sur le rôle d'équipage ou sur les matricules des gens de mer (4).

Les salaires des marins sont incessibles et insaisissables.

ART. 229. Les gens de mer et autres embarqués sur les bâtiments du commerce doivent remplir, sous les peines prévues par la loi du 24 mars 1852, les engagements qu'ils ont contractés. Ils ne peuvent quitter le navire sur lequel ils sont embarqués sans avoir été dûment congédiés (5).

Obligation pour les marins de remplir leurs engagements.

(1) et (2) Édit de 1720, titre VI, articles 7 et 18, pages 135 et 136. — Ordonnance du 31 octobre 1784, titre XIV, articles 9, 10 et 12, page 155.— Loi du 7 janvier 1791, article 13, page 160. — Code de commerce, articles 192 et 250, page 183. — Loi du 24 mars 1852, article 3.

(3) Code de commerce, articles 192 § 4 et 250, page 183.

(4) Ordonnance du 1er novembre 1745, page 143. — Règlement du 17 juillet 1816, article 37, page 192. — Loi du 4 mars 1852, page 208.

(5) Règlement du 8 mars 1722. — Déclaration du 18 décembre 1728, page 137. — Ordonnance du 31 octobre 1784, titre XIV, article 15, page 156. — Arrêté du 5 germinal an XII. — Pardessus, *Cours de droit commercial*, n° 669. — Ordonnance du 29 octobre 1833, article 24. — Loi du 19 mars 1852, page 209.

7

Marins
tombés malades
en cours
de voyage.

Art. 230. Les gens de mer embarqués sur les bâtiments du commerce qui tombent malades pendant le voyage, ou qui sont blessés au service du navire, sont payés de leurs loyers, traités et pansés conformément aux prescriptions de la loi. Ils sont reçus dans les hôpitaux de la marine sur un billet du commissaire de l'inscription maritime (1).

CHAPITRE II.

MARINE MILITAIRE.

Police exercée
par
les commandants
de la marine
impériale
sur les navires
du commerce.

Art. 231. Hors des ports français, le commandant d'un bâtiment de guerre français a droit de visite et de police sur tout navire de commerce ou bâtiment de pêche français.

Dans les rades étrangères, il exige que les capitaines de navires du commerce français le préviennent de leur arrivée et de leur départ et lui communiquent les avis qui peuvent intéresser le service.

Il a le droit de punir d'un à huit jours d'arrêts à leur bord les capitaines de commerce qui se refuseraient à remplir ces devoirs. Toutefois, si les intérêts de l'armement ne permettaient pas l'application immédiate de cette punition, sa décision serait inscrite sur le rôle d'équipage et ne recevrait son exécution qu'après le retour en France des délinquants.

Il rend compte de la conduite de ces capitaines au ministre de la marine et des colonies, qui statue sur les peines plus graves qu'ils auraient pu encourir.

Il prend connaissance, en ce qui lui appartient, des plaintes portées par les capitaines ou par leurs équipages, et il fait rendre justice à qui de droit, sans préjudice de la juridiction des agents du département des affaires étrangères.

(1) Arrêté du 7 vendémiaire an VIII, article 20. — Code de commerce, article 262, page 185. — Loi du 4 mars 1852, page 208.

Il fait rechercher et arrêter les déserteurs des bâtiments de l'État qui se trouvent sur les navires de commerce français. Il peut également y faire rechercher et arrêter tous autres marins dont l'embarquement n'aurait pas été légalement autorisé.

S'il découvre des individus qui soient prévenus de crimes, il les fait détenir à son bord jusqu'à ce qu'il puisse les débarquer dans un port français ou les traduire devant les autorités compétentes (1).

CHAPITRE III.

CONSULATS.

Art. 232. Les capitaines des bâtiments de commerce sont tenus en pays étrangers, en conformité des articles 242 et 243 du Code de commerce (2), après avoir pourvu à la sûreté de leur bâtiment, et au plus tard dans les vingt-quatre heures de leur arrivée, de faire devant le consul le rapport prescrit par l'article 10 de l'ordonnance du 29 octobre 1833.

Autorité des consuls sur les navires du commerce.

Ils déposent à l'appui de leur rapport : 1° l'acte de francisation; 2° le congé; 3° le rôle d'équipage; 4° les acquits-à-caution, connaissements et chartes-parties; 5° le registre dont la tenue est prescrite par l'article 224 du Code de commerce.

En cas de simple relâche, le capitaine remet au consul, conformément à l'article 245 (3) du Code de commerce, une déclaration faisant connaître les causes de sa relâche.

Si la relâche se prolonge au delà de vingt-quatre heures, le capitaine est tenu de remettre au consul son rôle d'équipage (4).

(1) Décret du 15 août 1851, article 106.
(2 et 3) Code de commerce, page 182.
(4) Ordonnance du 29 octobre 1833.

7.

Art. 233. Les consuls exercent sur les navires de commerce français le droit de police qui leur est attribué par les règlements (1).

CHAPITRE IV.

DISCIPLINE DES ÉQUIPAGES.

Droit
de connaître
des fautes
e discipline.

Art. 234. Le droit de connaître des fautes de discipline et de prononcer les peines qu'elles comportent est attribué :

Aux commissaires de l'inscription maritime, dans un port ou sur une rade de France, ou dans un port d'une colonie française ;

Aux commandants des bâtiments de l'État, ou, à défaut, aux commissaires de l'inscription maritime, dans une rade d'une colonie française ;

Aux consuls de France, dans les ports et rades des pays étrangers, à moins qu'il ne s'y trouve un bâtiment de l'État, auquel cas la juridiction appartient au commandant du bâtiment ;

Au plus âgé des capitaines des navires du commerce présents sur les rades étrangères, en l'absence de bâtiments de l'État ou de consul ;

En mer, aux capitaines de navires.

Répression.

Ces fautes sont punies conformément aux dispositions de la loi du 24 mars 1852 (2).

Art. 235. Les délits maritimes sont déférés aux tribunaux

---

(1) Règlement du 3 décembre 1817. — Ordonnance du 29 octobre 1833. — Loi du 24 mars 1852, art. 85. — Circulaire du 6 septembre 1865, page 245.
(2) Loi du 24 mars 1852, articles 5, 6, 52, 53, 54 et 58.

maritimes commerciaux et punis conformément aux dispositions de ladite loi.

Sur un bâtiment de l'État, le tribunal maritime commercial est composé de cinq membres, savoir :

Le commandant du bâtiment, président ;

Juges.
- L'officier de vaisseau le plus élevé en grade après le second, ou, à défaut, le second lui-même ;
- Le plus âgé des capitaines
- Le plus âgé des officiers
- Les plus âgé des maîtres d'équipage

des navires du commerce présents sur les lieux.

S'il n'y a pas sur les lieux d'autre navire du commerce que
celui à bord duquel se trouve l'inculpé, le tribunal se compose :

Du commandant du bâtiment, président ;

Juges.
- des deux plus anciens officiers de vaisseau après le commandant ;
- du plus ancien second maître ;
- d'un officier ou d'un matelot du navire où le délit a été commis.

Dans un port de France ou d'une colonie française, le tribunal maritime commercial se compose de cinq membres,
savoir :

Le commissaire de l'inscription maritime, président ;

Juges. {
Un juge du tribunal de commerce ou, à défaut, le juge de paix;

Le capitaine, le lieutenant ou le maître de port;

Le plus âgé des capitaines au long cours valides présents sur les lieux;

Le plus âgé des maîtres d'équipage des navires du commerce ou, à défaut, le plus âgé des marins présents sur les lieux et ayant rempli ces fonctions.
}

Dans un port étranger, et en l'absence d'un bâtiment de guerre français, le tribunal maritime commercial est composé de cinq membres, savoir :

Le consul de France, président;

Juges.. {
Le plus âgé des capitaines au long cours présents sur les lieux;

Le plus âgé des officiers des navires du commerce présents sur les lieux;

Un négociant français, désigné par le consul;

Le plus âgé des maîtres d'équipage des navires du commerce présents sur les lieux (1).
}

Désertion. ART. 236. Sont considérés comme déserteurs :

1° Les gens de mer qui, dans un port de France, s'absentent sans permission pendant trois fois vingt-quatre heures de leur navire ou du poste où ils ont été placés, ou laissent partir le navire sans se rendre à bord, avant l'expiration de l'engagement qu'ils ont contracté;

2° Les gens de mer qui dans une rade ou dans un port d'une colonie française, ou sur une rade étrangère ou dans un

(1) Loi du 24 mars 1852, articles 12, 13, 14 et 15.

port étranger, s'absentent sans permission pendant deux fois vingt-quatre heures de leur navire ou du poste dans lequel ils ont été placés (1).

Art. 237. La désertion de tout individu appartenant à l'équipage d'un bâtiment du commerce doit être dénoncée par le capitaine dans le délai de trois jours (2).

Dénonciation
de la désertion.

Art. 238. Si le fait s'est passé dans un port ou sur une rade de France, ou dans un port d'une colonie française, le capitaine adresse sa plainte et les pièces probantes au commissaire de l'inscription maritime; s'il s'est passé sur la rade d'une colonie française, il l'adresse au commandant du bâtiment de l'État présent sur les lieux, ou, en l'absence de celui-ci, au commissaire de l'inscription maritime; s'il s'est passé à l'étranger, il l'adresse au commandant du bâtiment de l'État présent sur les lieux, ou, à défaut, au consul de France. Si la désertion a eu lieu dans une localité étrangère où il n'y ait ni bâtiment de l'État ni consul de France, le capitaine remet sa plainte, dans le premier port où il aborde, soit au commissaire de l'inscription maritime, soit au commandant du bâtiment de l'État, soit au consul, suivant le cas, en se conformant aux dispositions du présent article (3).

Plainte à porter
par
le capitaine.

Art. 239. Les capitaines qui n'auraient pas fait la déclaration prescrite à l'article précédent et signalé les déserteurs de leur navire ne pourront former contre eux aucune demande, ni leur refuser leurs salaires ou parts sous prétexte de déser-

Capitaines
qui n'auraient
pas fait
les déclaration
voulues.

Réquisition
de la
gendarmerie.

(1) Loi du 24 mars 1852, articles 55, 60 et suivants.

(2) Ordonnance du 31 octobre 1784, titre XVIII, article 18, page 158. — Loi du 24 mars 1852, articles 24 et 26.

(3) Loi du 24 mars 1852.

tion (1), sans préjudice des peines portées par les articles 48 et 86 de la loi du 24 mars 1852.

Il est interdit aux armateurs et capitaines de s'adresser directement à la gendarmerie pour la recherche des absents ou déserteurs (2).

Primes
pour l'arrestation
des déserteurs.

ART. 240. L'arrestation ou la capture des marins du commerce déserteurs ou absents donne lieu au payement des mêmes primes que celles allouées pour les absents ou déserteurs des bâtiments de l'État (3).

Effets
du déserteur.

ART. 241. Le capitaine se conforme, pour les hardes et effets du marin déserteur, aux règlements sur les successions maritimes (4).

Absents.

ART. 242. Sont réputés en état d'absence ne donnant lieu qu'au payement des frais d'arrestation fixés pour le simple cas d'absence, les marins qui, ayant quitté leur navire ou le poste dans lequel ils avaient été placés, n'ont pas encore dépassé les délais assignés par l'article 236 comme point de départ au délit de désertion.

Frais
d'arrestation
et de capture.

ART. 243. Les frais d'arrestation et de capture sont avancés par l'armateur ou par le capitaine chaque fois que l'homme est arrêté avant le départ du navire sur lequel il était embarqué; par l'État, quand il n'est arrêté qu'après le départ du bâtiment.

Le précompte en est ensuite effectué sur les salaires de l'homme arrêté, au moyen d'un avis que l'administration

(1) Ordonnance du 31 octobre 1784, titre XVIII, art. 19, page 159.
(2) Circulaire du 9 avril 1850.
(3) Circulaire du 9 octobre 1857. — Voir les tarifs aux annexes, p. 214.
(4) Instruction du 2 juillet 1828.

adresse par la voie la plus prompte au port d'armement et au port de destination du navire, afin que, à l'époque du désarmement, le prélèvement puisse être fait avant le partage des salaires du déserteur entre l'armateur et la caisse des invalides (1).

CHAPITRE V.

ACTES DE L'ÉTAT CIVIL. — TESTAMENTS FAITS EN MER. SUCCESSIONS.

ART. 244. Les capitaines des bâtiments du commerce doivent se conformer aux prescriptions de l'instruction ministérielle du 2 juillet 1828 pour la rédaction des actes de l'état civil, des procès-verbaux de disparition et des testaments qu'il y a lieu de dresser dans le cours du voyage.

Règles à observer pour les actes de l'état civil et les testaments.

Une expédition de ladite instruction leur est remise à l'armement avec les imprimés qui s'y rattachent, et mention en est faite sur le rôle d'équipage.

Le testament fait sur mer ne peut contenir aucune disposition au profit des officiers du navire, s'ils ne sont parents du testateur (2).

Les commissaires de l'inscription maritime doivent, au surplus, donner aux capitaines tous les renseignements nécessaires pour leur faciliter la rédaction des actes et procès-verbaux que ceux-ci peuvent être appelés à dresser en mer (3).

ART. 245. Les dispositions de l'article précédent ne sont pas applicables aux bateaux et embarcations qui font de très-courtes traversées.

Dispositions spéciales aux bateaux et embarcations.

(1) Règlement du 17 juillet 1816, article 49. — Loi du 24 mars 1852. — Décision ministérielle du 28 septembre 1864.

(2) Circulaire du 13 septembre 1843. — Article 997 du Code Napoléon.

(3) Instruction du 2 juillet 1828.

Les patrons de ces bateaux et embarcations se conforment aux dispositions suivantes :

1° Si des individus meurent à la mer (naturellement ou par accident) pendant cette courte navigation, leurs cadavres sont rapportés à terre le plus promptement possible, pour que l'identité en soit constatée et que les actes de décès soient dressés par l'officier de l'état civil de la commune d'où dépend le port d'armement ou de relâche (1);

2° Lorsque les individus ont péri de mort violente (2), les patrons ont, en outre, à appeler un officier de police, sans préjudice de l'obligation de rendre compte de l'événement au commissaire de l'inscription maritime du port où ils abordent;

3° Si un individu tombe à la mer, et qu'il ne soit pas possible de le sauver, les patrons sont tenus, aussitôt après leur arrivée dans le premier port où ils abordent, de se présenter immédiatement avec tous les hommes de leur équipage au bureau de l'inscription maritime, où ils rendent compte de l'événement et de ses circonstances;

4° Le commissaire reçoit alors les déclarations qui lui sont faites; il se conforme, à ce sujet, à ce que prescrit l'instruction ministérielle du 2 juillet 1828.

Inventaires.   ART. 246. En cas de décès à bord pendant le voyage, le capitaine doit faire l'inventaire des effets du défunt immédiatement après le décès, en présence des parents, s'il y en a; à défaut de parents, devant deux témoins (3).

Le capitaine est responsable des effets du défunt et est tenu

(1) Code Napoléon, articles 77 et 78.
(2) Code Napoléon, article 81.
(3) Ordonnance de 1681, livre II, titre III, article 5, et titre IV, article 6 ; livre III, titre XI, article 4, pages 133 et 134.

de les remettre, au désarmement, avec l'inventaire, au bureau de l'inscription maritime (1).

Les espèces monnayées, ainsi que les bijoux trouvés à l'inventaire, sont déposées à la caisse des gens de mer (2).

ART. 247. En cas de décès après une maladie pestilentielle, tous les effets *susceptibles* (3) qui auraient servi au malade dans le cours de cette maladie sont, si le navire est au mouillage, brûlés et détruits, et s'il est en route, jetés à la mer avec les précautions suffisantes pour qu'ils ne puissent surnager.

Effets des hommes décédés par suite de maladies contagieuses.

Les autres effets dont l'individu décédé n'aurait point fait usage, mais qui se seraient trouvés à sa disposition, sont soumis immédiatement à l'évent, à la fumigation ou mis à la traîne, ainsi que les effets dont aurait fait usage un individu qui aurait été attaqué d'une semblable maladie sans y avoir succombé.

Il est fait mention sur le journal de bord de l'exécution des mesures ci-dessus indiquées (4).

ART. 248. Si, pendant le séjour ou la relâche d'un bâtiment du commerce dans un port ou sur une rade de France ou des colonies françaises, il survient quelque décès à bord, le capitaine doit en donner sur-le-champ *avis par écrit* au maire, qui dresse l'acte de décès, aux termes de l'article 78 du Code

Décès dans un port ou sur une rade de France.

Accidents.

Crimes.

(1) Ordonnance de 1681, livre III, titre XI, article 5, page 134. — Règlement du 23 août 1739, articles 1 et 3. — Règlement du 17 juillet 1816, article 21, page 190.

(2) Règlement du 23 août 1739, article 2. —Règlement du 17 juillet 1816, article 22, page 191. — Règlement du 31 octobre 1840, article 239.

(3) L'ordonnance du 7 août 1822 appelle ainsi les effets susceptibles de communiquer les maladies pestilentielles.

(4) Ordonnance du 7 août 1822, art. 20 et 21.

Napoléon, et en prévenir le commissaire de l'inscription maritime.

Si le décès a eu lieu par suite d'un accident ou d'un crime, le capitaine doit en outre, en même temps qu'il fait son rapport au commissaire de l'inscription maritime, en vertu de l'article 26 de la loi du 24 mars 1852, appeler un officier de police (1).

Décès à l'étranger.

ART. 249. Si le décès a eu lieu dans un port ou sur une rade à l'étranger, il en est immédiatement donné avis au consul de France, qui dresse alors l'acte de décès sur les déclarations qui lui sont faites (2).

Apposition des scellés.
Inventaire et remise des effets.

ART. 250. Dès que le commissaire de l'inscription maritime est informé de la mort d'un marin ou d'un passager, il se transporte à bord du bâtiment pour l'apposition des scellés sur les effets du défunt (3).

Les scellés sont levés et l'inventaire fait, à moins de cause urgente, trois jours après l'apposition desdits scellés (4).

Les objets inventoriés sont déposés au bureau de l'inscription maritime, où il en est tenu enregistrement (5).

Lorsque les effets sont remis en nature aux ayants droit, leur destination est consignée au registre et la partie prenante y appose son reçu (6).

---

(1) Code Napoléon, article 81. — Instruction du 2 juillet 1828.
(2) Instruction du 2 juillet 1828.
(3) Circulaire du 12 juin 1850.
(4) Code de procédure civile, article 928.
(5) Règlement du 17 juillet 1816, article 23, page 191.
(6) Circulaire du 12 octobre 1852.

CHAPITRE VI.

RÈGLES DESTINÉES À PRÉVENIR LES ABORDAGES (1).
COMMUNICATIONS PAR LES SÉMAPHORES.

ART. 251. Dans les règles qui suivent, tout navire à va- *Définition du navire à voiles et du navire à vapeur.* peur qui ne marche qu'à l'aide de ses voiles est considéré comme navire à voile; et tout navire dont la machine est en action, quelle que soit sa voilure, est considéré comme navire à vapeur.

ART. 252. Les feux mentionnés aux articles suivants doi- *Obligation de porter les feux.* vent être portés, à l'exclusion de tous autres, par tous les temps, entre le coucher et le lever du soleil.

ART. 253. Les navires à vapeur, lorsqu'ils sont en marche, *Feux des navires à vapeur.* portent les feux ci-après :

En tête du mât de misaine, un feu blanc placé de manière à fournir un rayonnement uniforme et non interrompu dans tout le parcours d'un arc horizontal de 20 quarts du compas, qui se compte depuis l'avant jusqu'à 2 quarts en arrière du travers de chaque bord, et d'une portée telle qu'il puisse être visible à 5 milles au moins de distance, par une nuit sombre, mais sans brume;

A tribord, un feu vert établi de façon à projeter une lumière uniforme et non interrompue sur un arc horizontal de 10 quarts du compas, qui est compris entre l'avant du navire, et 2 quarts sur l'arrière du travers à tribord, et d'une

(1) Convention avec le Royaume-Uni de la Grande-Bretagne et d'Irlande, sanctionnée par acte du Parlement anglais du 29 juillet 1862, et à laquelle ont adhéré toutes les Puissances maritimes. — Décret du 25 octobre 1862.

portée telle qu'il puisse être visible à 2 milles au moins de distance, par une nuit sombre, mais sans brume;

A *bâbord,* un feu rouge construit de façon à projeter nne lumière uniforme et non interrompue sur un arc horizontal de 10 quarts du compas, qui est compris entre l'avant du navire, et 2 quarts sur l'arrière du travers à bâbord, et d'une portée telle qu'il puisse être visible à 2 milles au moins de distance, par une nuit sombre, mais sans brume.

Ces feux de côté sont pourvus, en dedans du bord, d'écrans dirigés de l'arrière à l'avant, et s'étendant à 0ᵐ,90 en avant de la lumière, afin que le feu vert ne puisse pas être aperçu de bâbord avant et le feu rouge de tribord avant.

Feux des navires à vapeur remorqueurs

ART. 254. Les navires à vapeur, quand ils remorquent, doivent, indépendamment de leurs feux de côté, porter deux feux blancs verticaux en tête de mât, qui servent à les distinguer des autres navires à vapeur. Ces feux sont semblables au feu unique de tête de mât que portent les navires à vapeur ordinaires.

Feux des bâtiments à voiles.

ART. 255. Les bâtiments à voiles, lorsqu'ils font route à la voile ou en remorque, portent les mêmes feux que les bâtiments à vapeur en marche, à l'exception du feu blanc du mât de misaine, dont ils ne doivent jamais faire usage.

Feux des bâtiments à voiles d'un faible tonnage.

ART. 256. Lorsque des bâtiments à voiles sont d'assez faible dimension pour que leurs feux verts et rouges ne puissent pas être fixés d'une manière permanente, ces feux sont néanmoins tenus allumés sur le pont à leurs bords respectifs, prêts à être montrés instantanément à tout navire dont on constaterait l'approche, et assez à temps pour prévenir l'abordage.

Ces fanaux portatifs, pendant cette exhibition, sont tenus

autant en vue que possible, et présentés de telle sorte que le feu vert ne puisse être aperçu de bâbord avant et le feu rouge de tribord avant.

Pour rendre ces prescriptions d'une application plus certaine et plus facile, les fanaux sont peints extérieurement de la couleur du feu qu'ils contiennent, et doivent être pourvus d'écrans convenables.

Art. 257. Les bâtiments tant à voiles qu'à vapeur mouillés sur une rade, dans un chenal ou sur une ligne fréquentée, portent, depuis le coucher jusqu'au lever du soleil, un feu blanc placé à une hauteur qui n'excède pas 6 mètres au-dessus du plat-bord et projetant une lumière uniforme et non interrompue tout autour de l'horizon à la distance d'au moins un mille.

Feux
au mouillage.

Art. 258. Les bateaux pilotes à voiles ne sont pas assujettis à porter les mêmes feux que ceux exigés pour les autres navires à voiles; mais ils doivent avoir en tête de mât un feu blanc visible de tous les points de l'horizon, et de plus montrer un feu de quart d'heure en quart d'heure.

Feux
des
bateaux pilotes.

Art. 259. Les bateaux de pêche non pontés et tous les autres bateaux également non pontés ne sont pas tenus de porter les feux de côté exigés pour les autres navires; mais ils doivent, s'ils ne sont pas pourvus de semblables feux, se servir d'un fanal muni sur l'un de ses côtés d'une glissoire verte et sur l'autre d'une glissoire rouge, de façon qu'à l'approche d'un navire ils puissent montrer ce fanal en temps opportun pour prévenir l'abordage, en ayant soin que le feu vert ne puisse être aperçu de bâbord et le feu rouge de tribord.

Feux
des
bateaux de pêche.

Les navires de pêche et les bateaux non pontés qui sont à l'ancre, ou qui ayant leurs filets dehors sont stationnaires, doivent montrer un feu blanc.

Ces mêmes navires et bateaux peuvent, en outre, faire usage d'un feu visible à de courts intervalles, s'ils le jugent convenable.

Signaux en temps de brume. Art. 260. En temps de brume, de jour comme de nuit, les navires font entendre les signaux suivants toutes les cinq minutes au moins, savoir :

Les navires à vapeur en marche, le son du sifflet à vapeur qui est placé en avant de la cheminée à une hauteur de $2^m,40$ au-dessus du pont des gaillards;

Les bâtiments à voiles, lorsqu'ils sont en marche, font usage d'un cornet;

Les bâtiments à vapeur et à voiles, lorsqu'ils ne sont pas en marche, font usage d'une cloche.

Règles relatives à la route. Art. 261. Si deux navires à voiles se rencontrent courant l'un sur l'autre directement ou à peu près, et qu'il y ait risque d'abordage, tous deux viennent sur tribord, pour passer à bâbord l'un de l'autre.

Art. 262. Lorsque deux navires à voiles font des routes qui se croisent et les exposent à un abordage, s'ils ont des amures différentes, le navire qui a les amures à bâbord manœuvre de manière à ne pas gêner la route de celui qui a le vent de tribord; toutefois, dans le cas où le bâtiment qui a les amures à bâbord est au plus près, tandis que l'autre a du largue, celui-ci doit manœuvrer de manière à ne pas gêner le bâtiment qui est au plus près. Mais si l'un des deux est vent arrière, ou s'ils ont le vent du même bord, le navire qui est vent arrière ou qui aperçoit l'autre sous le vent manœuvre pour ne pas gêner la route de ce dernier navire.

ART. 263. Si deux navires sous vapeur se rencontrent courant l'un sur l'autre, directement ou à peu près, et qu'il y ait risque d'abordage, tous deux viennent sur tribord, pour passer à bâbord l'un de l'autre.

ART. 264. Si deux navires sous vapeur font des routes qui se croisent et les exposent à s'aborder, celui qui voit l'autre par tribord manœuvre de manière à ne pas gêner la route de ce navire.

ART. 265. Si deux navires, l'un à voiles, l'autre sous vapeur, font des routes qui les exposent à s'aborder, le navire sous vapeur manœuvre de manière à ne pas gêner la route du navire à voiles.

ART. 266. Tout navire sous vapeur, qui approche un autre navire de manière qu'il y ait risque d'abordage, doit diminuer sa vitesse ou stopper et marcher en arrière, s'il est nécessaire. Tout navire sous vapeur doit, en temps de brume, avoir une vitesse modérée.

ART. 267. Tout navire qui en dépasse un autre gouverne de manière à ne pas gêner la route de ce navire.

ART. 268. Lorsque, par suite des règles qui précèdent, l'un des deux bâtiments doit manœuvrer de manière à ne pas gêner l'autre, celui-ci doit néanmoins subordonner sa manœuvre aux règles énoncées à l'article suivant.

8

Art. 269. En se conformant aux règles qui précèdent, les navires doivent tenir compte de tous les dangers de la navigation. Ils auront égard aux circonstances particulières qui peuvent rendre nécessaire une dérogation à ces règles, afin de parer à un péril immédiat.

Caractère des règles qui précèdent.

Art. 270. Rien dans les règles ci-dessus ne saurait affranchir un navire, quel qu'il soit, ses armateurs, son capitaine ou son équipage, des conséquences d'une omission de porter des feux ou signaux, d'un défaut de surveillance convenable, ou, enfin, d'une négligence quelconque des précautions commandées par la pratique ordinaire de la navigation ou par les circonstances particulières de la situation.

Communications à la mer entre bâtiments et avec les sémaphores.

Art. 271. Les capitaines des navires de commerce peuvent communiquer à la mer, tant avec les bâtiments de guerre français et anglais qu'avec les sémaphores établis sur les côtes de France et sur celles du Royaume-Uni, au moyen du *code commercial de signaux* adopté par les deux puissances et proposé par elles à l'adhésion des autres États.

Les communications adressées par les capitaines à leurs armateurs, et réciproquement, sont transmises par les sémaphores et portées à domicile, soit directement, soit par toute station télégraphique, aux conditions déterminées par le tarif (1).

CHAPITRE VII.

PASSAGERS.

Inscription des passagers sur les rôles.

Art. 272. Les commissaires de l'inscription maritime doivent porter les passagers individuellement sur les rôles d'équi-

(1) Décret du 25 juin 1864 et circulaire du 31 mars 1866 faisant envoi du code commercial de signaux.

page; quels que soient leur âge et leur condition, avec l'indication exacte de leurs noms, prénoms, âge, lieux de naissance, filiation et profession.

ART. 273. Le capitaine, maître ou patron qui embarque ou débarque des passagers sans que la mention en soit faite au rôle d'équipage encourt les peines édictées par les articles 4 et 5 combinés de la loi du 19 mars 1852.

Contraventions.

ART. 274. Les dispositions qui précèdent ne sont pas applicables à l'embarquement des passagers à bord des bâtiments, quelle que soit leur destination, spécialement affectés à des transports périodiques de voyageurs. Les capitaines desdits bâtiments sont seulement tenus de dresser une liste des passagers qu'ils ont embarqués indiquant leurs noms, prénoms, âges, qualités, lieux de naissance et domicile. Ils ferment cette liste au moment d'appareiller du port de départ ou de relâche, en affirment l'exactitude en y apposant leur signature, et la font remettre au bureau de l'inscription maritime, vingt-quatre heures au plus tard après leur départ (1).

Passagers à bord de bâtiments affectés à des transports périodiques.

ART. 275. Lorsqu'un détachement de troupes prend passage à bord d'un navire de commerce, le chef de détachement exerce sur ses hommes le pouvoir disciplinaire qu'il aurait eu sur eux à terre. Il punit, conformément aux lois militaires, les fautes qui peuvent être commises par eux *contre la discipline intérieure du corps*. Mais il ne peut faire exécuter la peine prononcée, quelle qu'elle soit, qu'avec l'autorisation du capitaine du bâtiment.

Troupes passagères.

(1) Circulaires du 23 janvier 1837, du 20 mars 1852 et 20 décembre 1865 et dépêche du 12 février 1864.

8.

Quant aux fautes commises par les militaires embarqués *contre la discipline du bord,* le capitaine peut, ou les punir lui-même d'après les dispositions des articles 52 et 58 de la loi du 24 mars 1852, qui sont applicables aux passagers, ou, si ces dispositions lui paraissent insuffisantes, s'adresser au chef du détachement afin qu'il prononce une peine plus sévère; et le chef du détachement est tenu, en ce cas, de déférer, dans les limites de ses pouvoirs, à la réquisition du capitaine.

Les délits ou crimes *de toute nature* commis à bord par les militaires passagers, sont constatés par le capitaine suivant les formes déterminées par la loi du 24 mars 1852.

CHAPITRE VIII.

CONDUITE ET RAPATRIEMENT.

—

§ 1er. — DE LA CONDUITE.

Conduite
ou
indemnité
de route.

ART. 276. A moins de stipulations contraires par eux consenties en s'engageant, les marins du commerce ont droit à une conduite ou indemnité de route pour se rendre dans leur quartier d'inscription, s'ils ne sont pas ramenés dans le port d'armement du navire à bord duquel ils étaient embarqués (1).

Fixation
de
cette indemnité.

ART. 277. L'indemnité de route accordée aux gens de mer et autres personnes provenant de l'équipage d'un navire du commerce pour se rendre, soit dans leur quartier, soit

(1) Ordonnance du 1er août 1743. — Arrêté du 5 germinal an XII. — Code de commerce, article 252 et loi du 4 mars 1852, pages 184 et 208. — Décret du 7 avril 1860. — Décision impériale du 22 mars et circulaire du 29 mars 1862.

au port d'armement du navire, est fixée à la somme nécessaire pour rallier ce quartier ou ce port par la voie régulière la moins coûteuse. Elle comprend en outre le prix du transport des bagages et les frais de nourriture calculés à raison de 6 francs par vingt-quatre heures de route pour les capitaines au long cours, et de 3 francs pour toute autre personne (1).

Art. 278. Les capitaines au long-cours ont droit au prix des places de 2ᵉ classe sur les chemins de fer, et au prix des places de 1ʳᵉ classe dans les voitures. Toute autre personne n'a droit qu'au prix des places de dernière classe (2).

Places auxquelles ont droit les marins rapatriés.

Art. 279. En cas de contestation entre les armateurs et les personnes réclamant la conduite, les commissaires de l'inscription maritime déterminent le chiffre de l'indemnité à allouer, conformément aux indications ci-dessus (3).

Contestations au sujet de la conduite.

§ 2. — Du rapatriement.

Art. 280. Tout inscrit maritime et tout Français provenant de l'équipage d'un bâtiment de l'État ou d'un navire du commerce, qui se trouve délaissé à l'étranger, pour quelque cause que ce soit, doit être rapatrié dans le plus bref délai possible, par les soins du consul pour le compte de qui de droit, à moins qu'il n'y soit pourvu directement par l'armement, s'il s'agit de marins du commerce (4).

Rapatriement.

Art. 281. Le rapatriement devant toujours avoir lieu par

Voies à employer

(1) (2) (3) Décret du 14 septembre 1864.
(4) Ordonnances du mois d'août 1681, du 15 avril 1689, du 1ᵉʳ août 1743 et du 31 octobre 1784. — Arrêté du 5 germinal an XII. — Code de commerce, article 252, page 184. — Ordonnance du 12 mai 1836. — Décret du 7 avril 1860.

les voies les plus économiques, il convient de n'employer, celle des paquebots-postes que si elle offre un avantage réel. Les capitaines au long cours embarqués en vertu d'une réquisition sont traités comme les enseignes de vaisseau. Toute autre personne n'a droit qu'aux places de dernière classe (1).

Mode de rapatriement. Art. 282. Les hommes délaissés sont rapatriés de préférence par les bâtiments de l'État; à défaut, par les navires du commerce français.

Ils sont embarqués à titre de remplaçants, de passagers gagnant leur passage, ou de simples passagers.

Le premier mode doit être employé de préférence au second, et le second, de préférence au troisième.

Un capitaine ne peut être obligé de recevoir des marins à son bord à titre de remplaçants qu'autant que l'équipage de son navire est inférieur à l'effectif porté au rôle d'équipage à l'armement.

A bord des bâtiments de l'État le passage est gratuit pour les hommes provenant des navires du commerce (2).

Droit de réquisition. Art. 283. Les consuls peuvent requérir les capitaines des navires du commerce de recevoir à leur bord, comme passagers, des individus provenant de l'équipage d'un bâtiment de l'État ou d'un navire du commerce, à raison d'un homme par 50 tonneaux de la jauge officielle du navire, et aux prix fixés par le tarif réglementaire (3).

Ils peuvent également, mais seulement dans la limite d'un

---

(1) Circulaires des 22 janvier et 15 février 1864.

(2) Décret du 7 avril 1860, articles 5 et 7.

(3) Ordonnances des 14 février 1686, 15 juillet 1698, 9 avril 1704, 25 juillet 1719 et 3 mars 1781. — Arrêté du 5 germinal an xii. — Ordonnances du 12 mai 1836. Décret du 7 avril 1860.

homme par 100 tonneaux, imposer aux capitaines des navires du commerce l'obligation de rapatrier des passagers de l'ordre civil, pourvu, toutefois, qu'il n'ait pas encore été usé, à l'égard de ces capitaines, de la faculté mentionnée au paragraphe précédent (1).

Art. 284. Si la proportion d'un homme rapatrié par 50 ou 100 tonneaux est dépassée, ce qui ne doit avoir lieu qu'en cas d'urgence, le prix du passage est débattu de gré à gré entre le consul et le capitaine. Ce prix doit toujours être réglé au port de départ du navire; dans aucun cas, le soin de le stipuler n'est laissé à l'autorité du port d'arrivée (2).

Frais de passage débattus de gré à gré.

Art. 285. Le consul apostille sur les rôles d'équipage des navires du commerce les noms, prénoms, qualités et fonctions des hommes délaissés qui y sont embarqués, ainsi que les conditions de leur rapatriement.

Inscription sur le rôle des hommes rapatriés.

Art. 286. Les salaires à attribuer à l'homme délaissé embarqué à titre de remplaçant sont réglés de gré à gré entre lui et le capitaine, sous le contrôle de l'autorité.

Salaires des marins délaissés embarqués comme remplaçants.

Art. 287. A défaut de bâtiment de l'État ou de navire du commerce français présent sur les lieux et de toute autre occasion prochaine de rapatriement, les hommes délaissés peuvent être rapatriés par des navires de commerce étrangers.

Rapatriement par navires étrangers.

Dans ce cas le prix du passage, débattu de gré à gré entre le consul et le capitaine étranger, est l'objet d'un contrat fait

(1) Décret du 7 avril 1860, article 4.
(2) *Ibid.* article 7.

en double expédition, dont l'une reste entre les mains de chacune des parties contractantes.

Hommes délaissés aux colonies françaises. ART. 288. Les dispositions qui précèdent sont observées dans les colonies françaises, lorsqu'il y a lieu de pourvoir au rapatriement d'hommes délaissés.

Marins non domiciliés dans le pays pour lequel le navire est destiné. ART. 289. S'il est embarqué des hommes, marins ou autres, non domiciliés dans le pays où le navire doit être désarmé, l'autorité maritime ou consulaire veille à ce que les intérêts de ces hommes soient sauvegardés, en prévision du cas où ils ne trouveraient pas à effectuer leur retour avec salaires.

A cet effet, il est mentionné sur le rôle d'équipage que, le cas échéant, les frais de leur renvoi au port d'embarquement seront à la charge de l'armement (1).

CHAPITRE IX.

FAITS DE SAUVETAGE (2).

Enumération des récompenses accordées. ART. 290. Les récompenses accordées pour faits de sauvetage, sont :

1° Des témoignages officiels de satisfaction ;

2° Des gratifications ,

3° Des armes et instruments de luxe ;

4° Des médailles d'honneur.

en or	1re classe (36 millimètres).
	2e classe (27 millimètres).
en argent.	1re classe (41 millimètres).
	2e classe (32 millimètres).

5° Enfin, la décoration de la Légion d'honneur, lorsque

(1) Décret du 7 avril 1860, article 16.
(2) Décision royale du 2 mars 1820. Circulaire du 4 avril 1864.

toute la série des autres distinctions honorifiques a été épuisée, ou lorsqu'il s'agit de récompenser un acte tout-à-fait hors ligne.

ART. 291. La médaille militaire peut également être accordée aux marins et soldats en activité de service ou en congé renouvelable, qui se signalent par des actes de dévouement.

Lorsque le sauveteur est dans l'indigence ou a éprouvé des pertes par suite de son dévouement, il peut être joint aux récompenses mentionnées à l'article précédent une somme d'argent à titre de secours ou d'indemnité.

ART. 292. Les actes de dévouement qui peuvent donner lieu à la demande d'une récompense par l'autorité maritime sont : *Compétence.*

1° Ceux qui ont eu lieu sur *mer,* quels qu'en soient les auteurs ;

2° Ceux qui se sont passés en rivière, dans la *circonscription* d'un quartier maritime, et *dont un marin est l'auteur ;*

3° Ceux qui ont été accomplis sur une rivière dans la *circonscription* d'un quartier maritime, quels qu'en soient les auteurs, s'il a eu pour objet des secours à porter à *un bâtiment de mer.*

Dans toute autre circonstance, l'initiative de la demande doit être laissée à l'autorité civile.

ART. 293. Lorsqu'il s'agit, dans les cas spécifiés ci-dessus, d'actes accomplis par des militaires, le soin de la demande des récompenses appartient à l'autorité militaire, sauf à l'autorité maritime à procéder, d'après les ordres qu'elle reçoit à cet effet, à l'enquête complémentaire qui serait jugée nécessaire. *Actes accomplis par des militaires.*

Cependant, pour les hommes appartenant à la réserve, c'est aux fonctionnaires de la marine que revient le droit de proposition (1).

Actes
accomplis
par
des personnes
étrangères
à la marine.

ART. 294. Les demandes de récompenses concernant des personnes étrangères à la marine, mais appartenant à un service public, doivent être appuyées de certificats de leurs chefs constatant qu'elles sont dignes d'obtenir ces récompenses. Pour les individus ne dépendant d'aucune autorité constituée, leur honorabilité doit être préalablement constatée (2).

Enquêtes
et
propositions.

ART. 295. Toutes les circonstances des faits de sauvetage, et particulièrement celles qui seraient de nature à motiver la concession d'une médaille, doivent être recherchées et constatées avec le plus grand soin, afin de mettre le ministre à portée d'apprécier, en pleine connaissance de cause, les demandes qui lui sont adressées.

Les propositions doivent indiquer exactement les noms, prénoms et grades ou qualités des sauveteurs (3).

Individus
qui périssent
en
accomplissant
des actes
de
dévouement.

ART. 296. Lorsqu'un individu a péri dans l'accomplissement d'un acte de dévouement, ses nom, prénoms, âge, sexe et domicile doivent être signalés au ministre, ainsi que la date et les circonstances du fait (4).

Dispositions
diverses.

ART. 297. Les médailles, accompagnées des diplômes de concession, sont adressées aux autorités qui en ont fait les pro-

(1) Circulaire du 21 novembre 1838. — Lettres du Ministre de la guerre des 18 juin 1859 et 25 janvier 1864. — Circulaire du 4 avril 1864.
(2) Circulaire du 5 mai 1857.
(3) Circulaire du 4 avril 1864.
(4) Circulaire du 11 août 1854.

positions, pour être remises publiquement aux destinataires.

Les noms des sauveteurs auxquels des récompenses honorifiques ont été décernées sont publiés au *Moniteur* (1).

Il est fait apostille sur les registres et matricules, et, par suite, sur les états de services, des récompenses obtenues pour faits de sauvetage (2).

Les concessionnaires de médailles de sauvetage sont autorisés à les porter à la boutonnière, suspendues à un ruban tricolore ; ce ruban doit avoir les trois liserés d'une largeur égale et ne peut jamais être porté sans la médaille (3).

(1) Dépêche du 12 décembre 1850.
(2) Circulaire du 26 février 1845.
(3) Décisions royales des 12 avril 1831 et 21 mars 1832. — Circulaire du 12 avril 1849.

LIVRE V.

—

CHAPITRE UNIQUE.

PÊCHES MARITIMES.

Liberté
et gratuité
de la pêche.

ART. 298. La pêche est libre, sans fermage ni licence à la mer, sur les grèves, dans les étangs salés, ainsi que dans les fleuves, rivières et canaux jusqu'aux limites de l'inscription maritime (1).

Les pêcheurs ne sont pas assujettis à la patente, même lorsque la barque qu'ils montent leur appartient (2).

Sont également exemptés de la patente, les détenteurs de parcs et pêcheries qui se bornent à vendre les produits de leurs établissements (3).

Exercice
de la pêche.

ART. 299. Au delà de trois milles au large de la laisse de basse mer, la pêche n'est soumise à aucune autre réglementation que celle résultant des conventions internationales (4).

(1) Ordonnance de 1681, livre V, titre 1er, article 1er. — Loi du 9 janvier 1852, article 24. — Loi du 15 avril 1829, article 3.

(2) Loi sur les patentes du 25 avril 1844, article 13.

(3) Circulaire du 2 mars 1855. — Arrêt du Conseil d'État du 5 août 1854. — *Bulletin officiel*, 1er semestre 1855, pages 130 et 173.

(4) Décret du 10 mai 1862, page 220. — Convention avec la Grande-Bretagne du 2 août 1839. — Règlement international du 23 juin 1843.

En dedans de ladite distance de trois milles, elle est soumise aux prescriptions du décret du 10 mai 1862.

Certaines pêches peuvent être momentanément interdites au delà de trois milles au large de la laisse de basse-mer, sur la demande des pêcheurs ou de leurs représentants (1).

La pêche aux filets traînants peut être autorisée même en dedans de trois milles, sur la proposition des préfets maritimes (2).

ART. 300. Toute espèce de pêche, par quelque procédé que ce soit, à moins de trois milles de la côte, peut, sur une étendue déterminée du littoral, être temporairement interdite, lorsque l'interdiction est reconnue nécessaire pour sauvegarder, soit la reproduction des espèces, soit la conservation du frai ou du fretin.

L'interdiction est prononcée par un décret impérial rendu sur la proposition du ministre de la marine et des colonies (3).

ART. 301. La pêche des huîtres est libre du 1er septembre au 30 avril, sur les bancs hors baies ou situés à trois milles des côtes, avec tous bateaux pontés et non pontés, sans tonnage déterminé. *Pêche des huîtres.*

Toutefois, dans la partie de mer qui a fait l'objet de la convention du 2 août 1839, les pêcheurs se conforment au règlement international rendu en exécution de ladite convention.

Les préfets maritimes fixent par des arrêtés les époques d'ouverture et de clôture de la pêche des huîtres sur les bancs dans l'intérieur des baies et sur ceux situés à moins de trois milles de la côte.

(1, 2 et 3) Décret du 10 mai 1862.

Ils désignent les huîtrières qui seront mises en exploitation.

La pêche des huîtres est interdite avant le lever et après le coucher du soleil (1).

Art. 302. La pêche à pied des huîtres n'est autorisée que pendant la période où elle est permise en bateau.

Elle est interdite sur les bancs accessibles à basse mer qui sont fermés à l'exploitation.

Art. 303. Il est permis de disposer des huîtres n'ayant pas les dimensions réglementaires pour les élever dans les parcs (2).

Il est également permis de déposer dans les parcs des huîtres de provenance étrangère (3).

Infractions.   Art. 304. Les infractions en matière de pêche côtière sont passibles des peines portées par la loi du 9 janvier 1852.

Pêche
de la truite
et du saumon.   Art. 305. La pêche de la truite et du saumon, dans la partie salée des fleuves et rivières, est soumise aux prescriptions du décret du 21 octobre 1863.

Établissements
formés
sur le domaine
public
maritime.   Art. 306. Toute demande en autorisation de création de parcs et claires à huîtres, ainsi que de dépôts permanents de coquillages, sur une partie du domaine public maritime, doit être accompagnée d'un plan détaillé des ouvrages à construire et d'un plan d'ensemble du rivage, rapporté sur la carte marine de la localité, de manière à faire connaître la situation du parc ou du dépôt.

(1) Décret du 10 mai 1862.
(2) Décret du 10 mai 1862. — Circulaire du 7 décembre 1864.
(3) Dépêche du 8 mars 1862.

Ces demandes sont soumises à une enquête pendant quinze jours, à dater de l'apposition des affiches destinées à les faire connaître (1).

Les autorisations accordées sur le domaine public maritime sont révocables et ne constituent pas un titre de propriété.

ART. 307. Des fossés et réservoirs à poissons peuvent, après autorisation, être établis sur les propriétés recevant l'eau de la mer.

Réservoirs à poissons.

Les autorisations sont accordées par le ministre de la marine et des colonies, après enquête dans la forme prescrite pour les établissements huîtriers (2).

ART. 308. La pêche du hareng et la pêche du maquereau avec ou sans salaison à bord peuvent être effectuées en tous temps et en tous lieux.

Pêche du hareng et du maquereau.

Les armements pour celle dite *avec salaison à bord* peuvent être préparés dans tous les ports sans distinction, et ne sont assujettis à aucune prescription de minimum d'équipage, de filets ou d'avitaillements.

Il leur est délivré du sel français en quantité illimitée et en franchise de tous droits, et du sel étranger au droit de 50 centimes les 100 kilogrammes (3).

L'expédition des bateaux et l'importation des produits de pêche, soit par les bateaux eux-mêmes, soit par les navires dits *chasseurs*, peuvent avoir lieu dans tous les ports où se trouvent un agent de la marine et un receveur des douanes, sous la seule condition que la constatation des engagements

(1) Décret du 10 novembre 1862, page 234.
(2) Décrets des 10 mai et 10 novembre 1862.
(3) Décrets des 11 mai 1861 et 24 septembre 1864.

entre les armateurs, patrons et marins, ainsi que le règlement des comptes après le voyage, auront lieu au bureau de la marine (1).

Facilités données aux pêcheurs.

Art. 309. Les marins faisant la pêche du corail en Algérie sont considérés comme étant en cours de voyage et ne sont pas sujets aux appels (2).

Les pêcheurs de la Manche sont autorisés, après avoir mis à terre leurs engins de pêche, à exporter leurs produits en Angleterre sans être assujettis à un armement au cabotage.

A cet effet ils font apposer sur leur rôle un visa spécial (3).

Commission permanente des pêches.

Art. 310. Une commission permanente des pêches est chargée :

1° De donner son avis sur toutes les demandes qui peuvent être présentées dans le but de former les établissements qu'il est possible d'autoriser sur le domaine maritime ;

2° D'indiquer les modifications à apporter aux divers règlements relatifs à la pêche et à la navigation, ainsi que les mesures propres à placer la population maritime dans de meilleures conditions (4).

Grandes pêches.

Art. 311. Les obligations à remplir pour avoir droit aux primes accordées aux pêches de la morue, de la baleine et du cachalot sont réglées par la loi du 28 juillet 1860 et par

(1) Décret du 24 septembre 1864.
(2) Décret du 25 juin 1864.
(3) Circulaire du 19 décembre 1866, page 251
(4) Décret du 20 mars 1861, page 215

le décret du 15 juin 1861, qui a prorogé pour dix ans les décrets des 20 août et 29 décembre 1851 (1).

L'exercice de la pêche à la côte de Terre-Neuve est régi par les décrets des 2 mars 1852 et 22 mars 1862, sanctionnant les dispositions qui sont périodiquement arrêtées par les armateurs dans leurs réunions générales.

ART. 312. Il est permis à tout capitaine d'un navire armé *Pêche d'Islande.* pour la pêche de la morue en Islande d'appareiller et de faire route pour sa destination à l'époque de l'année qui lui convient (2).

ART. 313. Les commissions institués par les articles 9 et *Commissions de visite pour la vérification des chargements de morue.* 13 du décret du 29 décembre 1851 pour constater la qualité des morues présentées dans les ports de l'Empire et destinées à nos colonies et possessions autres que l'Algérie, et pour faire la même constatation à l'arrivée dans nosdites colonies ou possessions, sont composées comme suit :

1° En France, d'un courtier de commerce, d'un négociant ou d'un armateur pour la pêche, désignés par le président du tribunal de commerce; de deux employés de douanes;

2° Dans les colonies ou possessions françaises, d'un officier de l'administration de la marine; d'un agent de l'inspection coloniale; d'un fonctionnaire de l'administration municipale; d'un sous-inspecteur ou vérificateur des douanes; d'un membre de la chambre ou du bureau de commerce; de deux négociants notables; d'un officier de santé de la marine ou d'un pharmacien avec voix consultative, nommés par le gouverneur.

ART. 314. Les commissions coloniales sont tenues de pro- *Mode de procéder aux colonies.* céder à la vérification des chargements dans les vingt-quatre

(1) Voir, page 252, le résumé de cette législation, qui, en ce qui concerne les primes, rentre dans les attributions du ministère du commerce.

(2) Décret du 25 juin 1864.

heures qui suivent le débarquement et la mise à leur disposition des barils ou boucauts de poissons, et d'avoir complétement terminé leurs opérations dans un délai de dix jours
au plus.

Elles sont autorisées à faire ouvrir seulement le nombre
de barils ou boucauts qui leur paraîtrait nécessaire pour pouvoir constater avec certitude la bonne qualité et l'état de conservation des morues (1).

(1) Décret du 14 janvier 1865.

ANNEXES.

ANNEXES.

ORDONNANCE DU MOIS D'AOÛT 1681.

LIVRE II.

TITRE PREMIER.

ART. 32. Défendons à tous maîtres de revendre les victuailles de leur vaisseau, et de les divertir ou recéler, à peine de punition corporelle.

ART. 33. Pourront néanmoins, par l'avis et délibération des officiers du bord, en vendre aux navires qu'ils trouveront en pleine mer dans une nécessité pressante de vivres, pourvu qu'il leur en reste suffisamment pour leur voyage et à la charge d'en tenir compte aux propriétaires.

TITRE III.

ART. 5. Lui donnons pouvoir de recevoir les testaments de ceux qui décéderont sur le vaisseau pendant le voyage, de faire l'inventaire des biens par eux délaissés dans le navire, et d'y servir de greffier aux procès criminels.

TITRE IV.

ART. 6. Au défaut d'écrivain, le pilote sera tenu, quand il en sera requis par le maître, de recevoir par état les marchandises dans le bord, et de faire l'inventaire des biens et effets de ceux qui décéderont sur les vaisseaux, qu'il fera signer par le maître et par deux des principaux de l'équipage.

LIVRE III.

—

TITRE XI.

Art. 4. Incontinent après le décès de ceux qui mourront sur mer, l'écrivain fera l'inventaire des effets par eux délaissés dans le vaisseau, en présence des parents, s'il y en a, sinon, de deux témoins qui signeront, et à la diligence du maître.

Art. 5. Le maître demeurera chargé des effets du défunt, et sera tenu, après son retour, de les remettre avec l'inventaire entre les mains des héritiers, légataires ou autres qu'il appartiendra.

LIVRE IV.

—

TITRE IX.

Art. 19. Enjoignons à tous ceux qui auront tiré du fond de la mer, ou trouvé sur les flots, des effets procédant de jet, bris ou naufrage, de les mettre en sûreté, et vingt-quatre heures après, au plus tard, d'en faire leur déclaration aux officiers de l'amirauté, dans le district de laquelle ils auront abordé, à peine d'être punis comme recéleurs.

Art. 20. Enjoignons aussi sous les mêmes peines, à ceux qui auront trouvé sur les grèves et rivages de la mer, quelques effets échoués ou jetés par le flot, de faire semblable déclaration dans pareil temps, soit que les effets soient du cru de la mer, ou qu'ils procèdent de bris, naufrages et échouements.

. . . .

Art. 32. Enjoignons à ceux qui trouveront sur les grèves des corps noyés de les mettre en lieu d'où le flot ne les puisse emporter, et d'en donner incontinent avis aux officiers de l'amirauté, auxquels ils feront rapport des choses trouvées sur les cadavres; leur défendons de les dépouiller ou enfouir dans les sables, à peine de punition corporelle.

ÉDIT DU ROI

CONCERNANT LES INVALIDES DE LA MARINE.

———

Donné à Paris, au mois de juillet 1720.
Registré en parlement, le 18 janvier 1721.

TITRE VI.

. . . .

ART. 4. Les négociants et armateurs continueront de retenir aux équipages, qu'ils engageront pour servir sur leurs vaisseaux par mois et au voyage, six deniers pour livre des avances qu'ils leur feront, laquelle retenue sera faite en présence du commissaire de leur département, et remise avant le départ de leurs bâtiments au trésorier particulier du port où l'armement aura été fait, et le restant, trois jours après le retour desdits bâtiments, entre les mains du trésorier du port où se fera le désarmement; lequel, en cas que ce ne soit pas le même lieu de l'armement, sera tenu d'en envoyer son certificat au trésorier du port où l'armement aura été fait : tous lesquels payements seront faits sur les simples quittances dudit trésorier.

. . . .

ART. 7. Ordonnons aussi qu'à l'avenir, dans les rôles d'équipage qui seront expédiés par les commissaires de la marine, ou commis principaux et ordinaires ayant le département des classes, après avoir été certifiés véritables par les négociants et armateurs, il soit fait mention, non-seulement des noms, surnoms et qualités des équipages, et de leur solde par mois, mais encore du montant des avances qui leur seront faites, soit qu'ils aillent au mois, ou au voyage; et qu'à l'égard de ceux qui iront à la part il soit pareillement fait mention du nombre des parts qu'aura chacun de ceux qui composeront lesdits équipages.

ART. 8. Voulons que lesdits rôles d'équipage soient expédiés par numéros, et par premier et dernier, chaque année, de laquelle il sera fait mention au texte desdits rôles, afin qu'il n'en soit soustrait aucun.

. . . .

ART. 11. Lesdits négociants et armateurs seront pareillement tenus, lors du désarmement de leurs navires, de rapporter, trois jours après, le rôle d'armement au trésorier, ensemble celui du désarmement qui leur aura été arrêté aussi par numéro, et par premier et dernier, chaque année, par le commissaire de la marine, commis principal ou ordinaire ayant le département des classes, après avoir été certifié véritable par lesdits négociants et armateurs, dans lequel il sera fait mention, non-seulement des noms, surnoms et qualités des équipages et de leur solde, mais encore de ce qui leur reviendra au désarmement. Et en cas qu'il se trouve une augmentation ou diminution d'équipage, il y sera aussi fait mention de ce qui y aura donné lieu.

. . . .

ART. 18. Ordonnons aux capitaines, maîtres et patrons, à leurs officiers-mariniers, matelots et autres, de déclarer au juste aux officiers chargés du soin des classes les conditions de leurs engagements avec leurs armateurs, à peine, pour les contrevenants, de perdre ce qui leur reviendrait pour leur voyage; enjoignons auxdits armateurs de faire les mêmes déclarations, à peine de cent livres d'amende en cas de contravention : le tout applicable au profit des invalides.

. . . .

ART. 22. Pour assurer la recette des droits attribués aux invalides, et pour mettre leurs trésoriers en état de la faire promptement, en sorte qu'il n'en échappe aucune par les non-valeurs et insolvabilités et autres causes, ordonnons aux commissaires de la marine, commis principaux et ordinaires chargés du soin des classes, de ne délivrer aux négociants ou armateurs les rôles des équipages qu'au préalable ils n'aient payé les droits du précédent voyage, ou donné bonne et suffisante caution.

DÉCLARATION DU ROI

Concernant l'embarquement et le débarquement des matelots dans les ports du royaume, terres et pays de l'obéissance de Sa Majesté dans les pays étrangers, et au sujet des à-compte qui peuvent être donnés sur les salaires desdits matelots.

Donnée à Versailles le 18 décembre 1728.

REGISTRÉE EN PARLEMENT.

LOUIS, par la grâce de Dieu, ROI DE FRANCE ET DE NAVARRE, comte de Provence, Forcalquier et terres adjacentes, à tous ceux qui ces présentes lettres verront, SALUT. Nous sommes informé que le commerce de nos sujets est souvent interrompu par la désertion des matelots qui composent les équipages de leurs vaisseaux; queces désertions proviennent de ce que ceux qui les commandent ont la facilité de donner auxdits matelots des à-compte sur leurs loyers, et même de leur payer en entier ce qui peut leur être dû avant que le voyage soit fini; qu'ils font ces payements dans les ports de notre royaume où ils relâchent, ou dans les pays étrangers, et que cette facilité donne lieu aux matelots, qui ne sont point retenus dans ces sortes d'endroits par leur famille, de faire un mauvais usage de ce qu'ils ont reçu et de le consommer en dépenses inutiles, ce qui est cause de leur désertion, et qu'ils prennent le parti de ne point retourner dans leurs départements; et étant de l'intérêt et de l'avantage du commerce de nos sujets d'empêcher un pareil abus. A CES CAUSES et autres à ce nous mouvant, de notre certaine science, pleine puissance et autorité royale, nous avons dit, déclaré et ordonné, disons, déclarons et ordonnons, voulons et nous plaît ce qui suit :

ART. 1ᵉʳ. Les capitaines, maîtres ou patrons ne pourront laisser ou congédier aucuns matelots de leurs équipages dans les pays étrangers, à peine de deux cents livres d'amende pour chacun desdits matelots, à l'exception néanmoins de ceux qui seront hors d'état d'être embarqués pour raison de maladie, lesquels ils pourront laisser dans lesdits pays étrangers.

Art. 2. Ils feront faire mention sur leurs rôles d'équipages par les consuls, vice-consuls ou autres personnes chargées des affaires de notre marine dans les pays étrangers, des matelots ainsi laissés, à peine d'être sujets à l'amende portée par l'article précédent, et ils se conformeront, pour les loyers desdits matelots, à ce qui est prescrit par l'ordonnance du mois d'août 1681.

Art. 3. Ils ne pourront aussi laisser ou congédier aucuns matelots de leurs équipages dans les ports de notre royaume, terres et pays de notre obéissance où ils iront faire leur commerce, ou dans lesquels ils relâcheront, sans en faire faire mention au bas de leurs rôles d'équipages par les officiers des classes ou par ceux qui en feront les fonctions, à peine de soixante livres d'amende pour chaque matelot, et ils seront tenus, sous la même peine, de remettre les loyers qui pourraient être dus aux matelots ainsi laissés ou congédiés, entre les mains desdits officiers des classes, ou de ceux qui en feront les fonctions, pour le payement être fait auxdits matelots dans leur département.

Art. 4. Lesdits officiers des classes, ou ceux qui en feront les fonctions, seront tenus de faire mention, au bas desdits rôles, de la somme qui leur aura été remise pour les loyers des matelots ainsi laissés ou congédiés.

Art. 5. Lesdits capitaines, maîtres ou patrons ne pourront payer dans les pays étrangers, aux matelots de leurs équipages, ce qui pourra leur être dû pour leurs loyers, à peine de cent livres d'amende, dont moitié applicable au dénonciateur.

Art. 6. Ils ne pourront aussi, à peine de soixante livres d'amende, donner auxdits matelots aucun à-compte sur leurs loyers dans lesdits pays étrangers, ni dans les ports de notre royaume, terres et pays de notre obéissance où ils iront faire leur commerce, ou dans lesquels ils relâcheront, à moins que ce ne soit, dans lesdits pays étrangers, du consentement des consuls, vice-consuls ou autres personnes chargées des affaires de notre marine dans lesdits pays, et dans les ports de notre royaume, terres et pays de notre obéissance, de celui des officiers des classes ou de ceux qui en feront les fonctions; duquel consentement ils seront tenus de faire faire mention par ceux qui le donneront, au bas de leurs rôles d'équipages.

ART. 7. Défendons auxdits capitaines, maîtres ou patrons, à peine de soixante livres d'amende, d'embarquer aucun matelot ni passager sans en faire faire mention sur leurs rôles d'équipages.

ART. 8. Ladite mention sera faite par les officiers des classes, ou par ceux qui en feront les fonctions, si lesdits matelots ou passagers s'embarquent dans les ports de notre royaume, terres et pays de notre obéissance, et par les consuls ou autres personnes chargées des affaires de notre marine dans les pays étrangers, en cas que lesdits matelots s'embarquent dans lesdits pays étrangers.

ART. 9. Toutes les amendes mentionnées aux présentes seront solidaires, tant contre les capitaines, maîtres ou patrons, que contre les propriétaires ou armateurs des bâtiments.

ART. 10. Les officiers des classes, ou ceux qui en feront les fonctions, donneront avis à nos procureurs dans les amirautés, chacun dans leur district, de ceux qu'ils sauront avoir contrevenu aux présentes, lesquels seront poursuivis à la requête de nosdits procureurs, et les sentences qui interviendront contre les délinquants seront exécutées pour les condamnations d'amende, nonobstant l'appel et sans préjudice d'icelui, jusqu'à concurrence de trois cents livres, sans qu'il puisse être accordé de défenses, lorsque l'amende sera plus forte, que jusqu'à concurrence de ce qui excédera ladite somme de trois cents livres.

ART. 11. Ceux qui appelleront desdites sentences seront tenus de faire statuer sur leur appel, ou de le mettre en état d'être jugé définitivement dans un an du jour et date d'icelui; sinon, et à faute de ce faire, lesdites sentences sortiront leur plein et entier effet, et les amendes seront distribuées conformément auxdites sentences, et les dépositaires bien et valablement déchargés.

Si donnons en mandement à nos amés et féaux conseillers, les gens tenant nos cours de parlement, et que ces présentes ils fassent lire, publier et registrer, et le contenu en icelles garder et observer selon leur forme et teneur, nonobstant tous édits, déclarations, arrêts, ordonnances, règlements, clameurs de haro, charte-normande et autres choses à ce contraires, auxquelles nous avons dérogé et dérogeons par cesdites présentes. Voulons qu'aux copies d'icelles, collationnées par l'un de nos amés et féaux conseillers secrétaires, foi soit ajoutée comme à l'original, car tel est notre plaisir : en témoin de quoi nous avons fait mettre notre scel à cesdites présentes. Donnée à Versailles, le dix-huitième jour de décembre, l'an de grâce mil sept cent vingt-huit, et de notre règne le quatorzième. *Signé* LOUIS. *Et plus bas*, par le roi, comte de Provence. *Signé* PHELYPEAUX.

ARRÊT DU CONSEIL D'ÉTAT DU ROI

Concernant l'embarquement et le débarquement des matelots dans les ports du royaume, et dans les pays étrangers, et au sujet des à-compte qui peuvent être donnés auxdits matelots, et du lieu où le payement de leurs salaires au désarmement peut leur être fait.

Du 19 janvier 1734.

EXTRAIT DES REGISTRES DU CONSEIL D'ÉTAT.

Le roi s'étant fait représenter sa déclaration du 18 décembre 1728, concernant l'embarquement et le débarquement des matelots dans les ports du royaume, terres et pays de l'obéissance de Sa Majesté et dans les pays étrangers, et au sujet des à-compte qui peuvent être donnés sur les salaires desdits matelots, par laquelle, entre autres choses, il est défendu aux capitaines, maîtres ou patrons, de laisser ni congédier aucun matelot de leurs équipages dans les ports du royaume et dans les pays étrangers où ils vont faire leur commerce, ou dans lesquels ils relâchent, à l'exception néanmoins de ceux qui se trouvent hors d'état d'être embarqués par maladie, dont les capitaines, maîtres ou patrons sont tenus de faire faire mention au bas de leurs rôles d'équipages, dans les ports du royaume, par les officiers des classes, et dans les pays étrangers,

par les consuls ou vice-consuls; et Sa Majesté ayant, par cette déclaration, eu pour objet d'empêcher l'interruption du commerce
de ses sujets par la désertion des matelots, auxquels on avait la facilité de donner des à-compte sur leurs loyers, et même de leur
payer en entier ce qui pouvait leur être dû avant que le voyage
fût fini; et étant informée que plusieurs desdits capitaines, maîtres
ou patrons, de concert avec leurs matelots, éludent l'exécution de
ladite déclaration, lorsqu'il est allégué que lesdits vaisseaux désar-
ment dans les ports où ils relâchent, et que, sur les assignations que
lesdits matelots leur font donner devant les officiers d'amirauté,
pour être condamnés à leur payer leurs salaires, lesdits capitaines
laissent obtenir des sentences par défaut contre eux, et lesdits officiers d'amirauté prononcent ces sortes de condamnations, sous prétexte que, par ladite déclaration, le cas du désarmement dans d'autres
ports que ceux de l'armement n'a pas été suffisamment prévu; à
quoi étant nécessaire de pourvoir, ouï le rapport, le roi, étant en
son conseil, a ordonné et ordonne que la déclaration du 18 décembre 1728 sera exécutée selon sa forme et teneur; et icelle in-
terprétant, veut Sa Majesté que les capitaines, maîtres ou patrons
ne puissent payer aucuns loyers aux matelots et autres gens de leurs
équipages, dans les ports où ils désarmeront, autres que ceux où
ils auront équipé les navires qu'ils commanderont, et ce, à peine
de soixante livres d'amende pour chaque matelot ou autres personnes de l'équipage; qu'ils soient tenus, sous la même peine de
soixante livres d'amende, de remettre les loyers qui pourront être
dûs auxdits matelots et autres, entre les mains des officiers des
classes, ou de ceux qui en feront les fonctions, pour le payement
en être fait auxdits matelots et autres dans leur département; lesquels officiers des classes seront tenus de faire mention de la remise
des loyers qui aura été faite entre leurs mains, au bas de la copie
du rôle d'équipage, qu'ils remettront, signée d'eux, auxdits capitaines, maîtres ou patrons, pour leur décharge. Veut Sa Majesté que
lesdits capitaines, maîtres ou patrons ne puissent payer, sous quelque
prétexte que ce soit, dans les pays étrangers, aux matelots et autres
gens de leurs équipages, ce qui pourra leur être dû pour leurs loyers,

à peine de cent livres d'amende pour chaque matelot ou autres personnes de l'équipage, dont moitié applicable au dénonciateur; qu'ils ne puissent pareillement, à peine de soixante livres d'amende, sous quelque cause et prétexte que ce soit, même dans le cas du désarmement des navires qu'ils commanderont, donner aux matelots et autres gens de l'équipage aucun à-compte sur leurs loyers dans les ports du royaume, terres et pays de l'obéissance de Sa Majesté, autres que les ports où ils auront équipé lesdits navires, ni dans les pays étrangers, à moins que ce ne soit, dans les ports du royaume, du consentement des officiers des classes ou de ceux qui en feront les fonctions, et dans les pays étrangers, de celui des consuls, vice-consuls ou autres personnes chargées des affaires de la marine de Sa Majesté dans lesdits pays; duquel consentement lesdits capitaines, maîtres ou patrons seront tenus de faire faire mention par ceux qui le donneront, au bas de leur rôle d'équipage. Ordonne Sa Majesté que ce qui a été prescrit par la déclaration du 18 décembre 1728, au sujet des poursuites contre les contrevenants, solidité des amendes, exécutions des sentences et jugements des appellations, soit pareillement exécuté contre ceux qui contreviendront au présent arrêt. Enjoint aux officiers d'amirauté de se conformer, dans leurs jugements, aux dispositions contenues tant en ladite déclaration qu'au présent arrêt, à peine d'interdiction.

Mande et ordonne Sa Majesté à M. le comte de Toulouse, amiral de France, gouverneur et lieutenant général en la province de Bretagne, et aux intendants de la marine et des classes de tenir la main, chacun en droit soi, à l'exécution du présent arrêt, lequel sera registré dans toutes les amirautés du royaume, lu, publié et affiché partout où besoin sera. Fait au conseil d'État du roi, Sa Majesté y étant, tenu à Marly, le dix-neuf janvier mil sept cent trente-quatre. *Signé* PHELYPEAUX.

ORDONNANCE DU ROI

Portant défenses à tous officiers-mariniers et autres gens des équipages des bâtiments marchands, de rien prêter, pendant le cours des voyages, aux matelots desdits équipages; et à tous habitants des villes maritimes, de former aucune action sur la solde des matelots, si ce n'est pour loyer de maison, subsistance ou hardes fournies, du consentement des officiers des classes.

Du 1er novembre 1745.

DE PAR LE ROI.

Sa Majesté étant informée que, nonobstant les différentes dispositions portées par les ordonnances pour empêcher que les matelots ne consomment, au préjudice de leurs familles, pendant le cours des voyages, la solde qu'ils gagnent sur les bâtiments marchands, il se trouve des officiers-mariniers et autres gens des équipages, qui, s'écartant desdites dispositions, prêtent ou avancent à des matelots, avec lesquels ils sont embarqués, soit en deniers, soit en denrées ou marchandises d'un usage superflu et même pernicieux, différentes sommes, dont ils prétendent être remboursés sur le produit des gages desdits matelots; ce qui peut exciter des troubles dans les navires, occasionner le libertinage des matelots et même leur désertion, et priver leurs familles des secours nécessaires pour leur subsistance. A quoi désirant pourvoir, Sa Majesté a fait et fait très-expresses inhibitions et défenses à tous officiers-mariniers ou non mariniers de rien prêter ou avancer à des matelots ou autres gens de mer, pendant le cours des voyages, soit en deniers, soit en marchandises, sous quelque prétexte que ce puisse être, à peine de privation ou perte des sommes qui auront été ainsi prêtées ou avancées, et, en outre, de cinquante livres d'amende; Sa Majesté déclarant nuls et de nul effet tous billets et obligations sous seing privé, faits par des matelots ou autres gens de mer, en faveur des officiers-mariniers et autres gens faisant partie des équipages des navires où ils auront servi, et faisons défenses à tous juges d'y avoir égard, quand même lesdits billets ou obligations seraient d'une date postérieure ou antérieure au temps que les voyages auront duré. Défend pareillement Sa Majesté à tous particuliers et habitants des villes maritimes, qui se prétendront créanciers des matelots, de former, pour raison desdites créances, aucune action ni demande sur le produit de la solde que lesdits matelots auront gagnée sur les bâtiments marchands, à moins que les sommes prétendues par lesdits créanciers ne soient dues par les matelots ou par leurs familles pour loyers de maison, subsistances ou hardes qui leur auront été fournies, du consentement des commissaires de la marine ou des autres officiers chargés du détail des classes, et qu'elles n'aient été apostillées par lesdits officiers sur les registres et matricules des gens de mer; au défaut de quoi lesdits créanciers ne pourront, sous quelque prétexte que ce puisse être, réclamer la solde des matelots, et pourront seulement avoir recours sur leurs autres biens et effets.

Mande et ordonne Sa Majesté à M. le duc de Penthièvre, amiral de France, gouverneur et lieutenant général de la province de Bretagne, aux intendants de la marine et des classes, commissaires généraux et ordinaires de la marine, et à tous autres officiers qu'il appartiendra, de tenir la main à l'exécution de la présente ordonnance, laquelle sera registrée aux greffes des amirautés, lue, publiée et affichée partout où besoin sera, à ce que personne n'en prétende cause d'ignorance. Fait à Fontainebleau, le premier novembre mil sept cent quarante-cinq. *Signé* LOUIS. *Et plus bas*, PHELYPEAUX.

DÉCLARATION DU ROI

CONCERNANT LES PRIVILÉGES DES GENS DE MER.

Donnée à Versailles le 21 mars 1778.

Registrée en parlement le 22 mai dudit an.

LOUIS, par la grâce de Dieu, ROI DE FRANCE ET DE NAVARRE, à tous ceux qui ces présentes lettres verront, SALUT. L'attention que nous donnons à tout ce qui concerne le service de notre marine nous ayant engagé à nous faire rendre compte des priviléges dont nos officiers-mariniers, matelots et autres gens de mer classés, ont joui jusqu'à présent en vertu de l'édit du mois d'août 1673, nous avons reconnu que les dispositions de cette loi n'étaient pas exécutées de la même manière dans les différentes provinces de notre royaume, et qu'il était d'autant plus nécessaire de renouveler ces priviléges et de les rendre uniformes, même de les augmenter, que le zèle et la volonté dont nosdits officiers-mariniers et matelots ne cessent de nous donner des preuves dans les conjonctures présentes, exigent de notre part une protection particulière. A ces causes, et autres à ce nous mouvant, de l'avis de notre conseil, et de notre certaine science, pleine puissance et autorité royale, nous avons par ces présentes, signées de notre main, dit, déclaré et ordonné, disons, déclarons et ordonnons, voulons et nous plaît ce qui suit :

Art. 1er. Nos officiers-mariniers, matelots et autres gens de mer classés jouiront, pendant qu'ils seront employés à notre service et à notre solde, soit sur nos vaisseaux, soit dans nos arsenaux, et pendant quatre mois après la cessation dudit service, de l'exemption du logement des gens de guerre, sinon en cas de foule, comme aussi de guet et garde aux portes des villes et châteaux.

Art. 2. Lesdits officiers-mariniers, matelots et autres gens de mer classés ne pourront être commandés pour les réparations, entretiens et constructions des chemins publics ou vicinaux, dans les provinces où ils seront domiciliés, ou pour autres ouvrages de même nature; les déchargeons de tout devoir quelconque pour raison de ce, pendant le temps porté par l'article ci-dessus.

Art. 3. N'entendons néanmoins comprendre dans lesdites exemptions ceux desdits officiers-mariniers ou matelots qui feront trafic, tiendront boutique ouverte ou qui exploiteront le bien d'autrui.

Art. 4. Ne pourront, pendant le même temps, lesdits officiers mariniers ou matelots être nommés collecteurs de tailles ou de l'impôt du sel, ni être séquestres, commissaires, gardiens ou administrateurs de biens ecclésiastiques ou laïcs; voulons que ceux qui ne sont pas actuellement de service, et qui auraient été nommés collecteurs de tailles ou de l'impôt du sel, soient déchargés de plein droit desdites collectes, dans le cas où ils viendraient à être commandés pour notre service; enjoignons audit cas, aux habitants des villes, paroisses ou communautés, de s'assembler sur-le-champ pour nommer un autre collecteur à leur place, sans toutefois que lesdits officiers-mariniers ou matelots puissent être déchargés de leur collecte qu'après avoir rendu le compte qu'ils pourront devoir de leur gestion ou administration, dans la forme ordinaire et accoutumée, ce qu'ils seront tenus de faire dans huitaine et avant de quitter leur domicile.

ART. 5. Lesdits officiers-mariniers ou matelots ne pourront non plus être contraints, pendant ledit temps, d'accepter aucune charge municipale ou administration d'hôpitaux et de fabrique.

ART. 6. En cas que lesdits officiers-mariniers ou matelots eussent été nommés tuteurs ou curateurs avant que d'être employés à notre service et à notre solde, voulons qu'ils soient déchargés desdites tutelles ou curatelles, et qu'il soit nommé, sur avis de parents, devant le juge, un autre tuteur ou curateur en leur lieu et place, en la forme et manière accoutumée.

ART. 7. Nosdits officiers-mariniers ou matelots jouiront pendant le même temps de la surséance et suspension de toutes poursuites dans leurs procès et différends civils, et de toute contrainte en leurs personnes et biens, dans les cas portés par notre déclaration du 23 décembre 1702, sans qu'ils soient obligés de prendre des lettres d'État, dont nous les dispensons.

ART. 8. Les pilotes côtiers, les lamaneurs et autres qui ont un service continuel jouiront des exemptions et priviléges portés par les articles ci-dessus, tant qu'ils en feront les fonctions.

ART. 9. Le besoin du service ayant exigé qu'il fût établi des syndics des classes aux ordres des commissaires desdites classes, il sera dressé un état des lieux où ils seront placés, ainsi que du nombre qui sera jugé nécessaire, et jouiront lesdits syndics des exemptions portées par les articles 2 et 4 ci-dessus, et ce, seulement pendant la durée de leur syndicat et hors les cas prévus par l'article 3 ; en outre, à la charge par eux de donner connaissance aux officiers municipaux ou syndics des communautés de leur nomination, visée par l'intendant de la marine ou par l'ordonnateur du département.

Art. 10. Il sera expédié par les commissaires des classes, à chaque officier-marinier ou matelot qui sera commandé pour notre service, une route pour se rendre au lieu de sa destination : voulons que les officiers-mariniers ou matelots qui seront porteurs desdites routes soient reçus dans les hôpitaux en cas de maladie, ainsi qu'il se pratique pour les soldats de nos troupes ; ce qui aura également lieu pour le retour desdits officiers-mariniers ou matelots au lieu de leur domicile.

Art. 11. Défendons très-expressément à tous officiers-mariniers ou matelots qui seront·porteurs desdites routes de s'en écarter, comme aussi de mendier sur les chemins, sous peine d'être arrêtés et punis comme vagabonds.

Art. 12. Les commissaires des classes seront tenus de remettre aux officiers municipaux ou syndics des communautés un état desdits officiers-mariniers ou matelots commandés pour notre service, avec la date du jour de leur départ et celle de leur retour, et ne jouiront des priviléges et exemptions portés par ces présentes que ceux compris auxdits états.

Art. 13. Les dispositions de notre présente déclaration seront exécutées nonobstant tous édits, déclarations, règlements ou autres à ce contraires.

ORDONNANCE DU ROI

CONCERNANT

LA COMPOSITION DES ÉQUIPAGES DES NAVIRES MARCHANDS.

Du 17 juillet 1784.

DE PAR LE ROI.

. . . .

Art. 5. Veut Sa Majesté que les ordonnances et règlements concernant l'équipement et expédition des bâtiments marchands

10.

et les rôles d'équipage soient pareillement exécutés en ce qui n'y est pas dérogé par la présente : laissant d'ailleurs aux armateurs, capitaines et maîtres une entière liberté sur la composition de leurs équipages et sur les conditions des engagements de ceux qui en feront partie.

ORDONNANCE DU ROI

CONCERNANT LES CLASSES.

Du 31 octobre 1784.

TITRE II.

DES OFFICIERS PRÉPOSÉS À L'ADMINISTRATION DES CLASSES.

. . . .

ART. 7. Il sera établi, dans chaque syndicat formant les sous-divisions des quartiers, un syndic des gens de mer, qui sera sous les ordres du chef des classes et du commissaire du quartier.

TITRE V.

DES CHEFS DES CLASSES.

. . . .

ART. 9. Ils feront observer les règles de la police des classes, prendront des informations sur ceux qui y auront contrevenu, sur les absents et les déserteurs, et aviseront aux moyens de les faire arrêter ou rentrer dans leurs quartiers : ils les puniront, s'il y a lieu, les renverront aux commandants des ports, ou les dénonceront aux amirautés, suivant l'exigence des cas, ainsi qu'il sera prescrit au titre des déserteurs.

TITRE VII.

DES COMMISSAIRES DES CLASSES.

. . . .

ART. 2. Ils tiendront la matricule des gens de mer classés, inscriront sur ladite matricule les noms, âges, lieux de naissance, demeures et signalements de tous lesdits gens de mer; y noteront tous leurs services, tant sur les vaisseaux de Sa Majesté que sur les bâtiments marchands, et successivement les augmentations de grade et de paye qui leur seront accordées aux désarmements des vaisseaux, et rayeront les noms de ceux qui auront été déclarés hors de service par les inspecteurs, conformément au titre XV.

Art. 3. Ils tiendront un rôle particulier des volontaires, un autre des hors de service, un troisième des invalides, et un quatrième des capitaines, maîtres et pilotes lamaneurs, reçus en la manière prescrite par les règlements.

. . . .

Art. 5. Ils tiendront aussi des états contenant les noms, âges, demeures et signalements de ceux qui commencent à naviguer ou à exercer des professions relatives à la marine dans l'étendue de leurs quartiers, conformément à ce qui sera prescrit au titre *du classement*.

. . . .

Art. 7. Ils tiendront des états des bâtiments de commerce appartenant aux ports de leur quartier, en désignant leurs espèces, noms et ports en tonneaux, et y feront mention de tous leurs armements et désarmements, ainsi que de leur état, et des changements de propriétaires et capitaines, en suivant lesdits navires depuis leur construction ou leur première entrée dans les ports du quartier jusques à leur naufrage, prise ou destruction, ou jusqu'à ce qu'ils aient cessé d'appartenir à ces ports.

. . . .

Art. 11. Ils enverront aussi tous les trois mois en temps de paix, et tous les mois en temps de guerre, au secrétaire d'État ayant le département de la marine, un extrait de l'état des vaisseaux et autres bâtiments de leurs quartiers, dans lequel ils noteront s'ils sont en construction, désarmés, en radoub, en armement ou à la mer, et ils joindront des observations sur l'état de ces navires.

. . . .

Art. 14. Ils surveilleront la conduite des syndics, s'assureront s'ils tiennent les états et rôles en la forme et de la manière qui sera prescrite; et ils se feront représenter lesdits états toutes les fois qu'ils le jugeront convenable, pour les comparer aux matricules et les corriger s'il y a lieu.

. . . .

Art. 19. Lesdits commissaires prendront des informations sur les gens classés qui se seront absentés des quartiers sans permission, ou qui auront déserté, et ils se concerteront avec les chefs des classes sur les moyens de les faire rentrer dans leurs quartiers.

Art. 20. Ils expédieront les rôles d'équipages des navires en armement dans les ports de leurs quartiers, suivant la forme actuellement établie; et ils feront quatre expéditions desdits rôles, l'une pour être remise au capitaine du navire, la seconde pour être déposée à l'amirauté, la troisième pour être remise au trésorier des invalides, et la quatrième pour demeurer au bureau des classes.

Art. 21. Lors des désarmements, ils feront la liquidation des salaires ou parts, pour régler les sommes à payer à la caisse des invalides; et ils dresseront les rôles de désarmement, dont une expédition demeurera au bureau, et l'autre sera remise au trésorier des invalides.

. . . .

Art. 24. Ils se feront représenter les rôles d'équipage des navires français qui entreront dans les ports de leurs quartiers, pour les vérifier et viser; et, s'ils reconnaissaient que les capitaines aient embarqué ou débarqué quelque matelot ou passager sans qu'il en ait été fait note sur le rôle, ou soient tombés dans quelque autre contravention aux règlements, ils les dénonceront aux officiers des amirautés.

TITRE VIII.

DES SYNDICS DES GENS DE MER.

Art. 1er. Les syndics des gens de mer résideront dans l'étendue de leur syndicat, et ne pourront s'en absenter sans la permission du chef des classes ou de l'officier qui le représentera en son absence, et sans celle du commissaire des classes.

ART. 2. Ils s'occuperont particulièrement à connaître les gens de mer de leur syndicat, afin de pouvoir donner au chef des classes et au commissaire toutes les notes et renseignements qui leur seront demandés.

ART. 3. Ils tiendront un état desdits gens de mer contenant leur nom, âge, signalement, qualité et solde au service, et la désignation particulière de leur domicile.

. . . .

ART. 5. Ils y noteront les mouvements desdits gens de mer, les permissions de s'absenter qui leur seront accordées, leurs passages dans un autre syndicat et leurs changements de domicile.

ART. 6. Ils représenteront lesdits états au chef des classes et au commissaire, lorsque ceux-ci feront leurs tournées et toutes les fois qu'ils le demanderont, et ils leur enverront tous les deux mois une note des morts, des absents, de ceux qui seront rentrés dans leur paroisse, de ceux qui seront venus nouvellement s'y établir, de ceux qui auront passé dans d'autres syndicats, et de tous les changements qui y seront survenus.

ART. 7. Lorsqu'ils seront informés que quelqu'un desdits hommes classés est absent depuis plus de huit jours sans permission, ils le noteront sur l'état, et en donneront avis sur-le-champ au chef des classes et au commissaire, ainsi que de tout ce qu'ils pourront découvrir concernant les absents sans nouvelles et les déserteurs.

ART. 8. Ils prendront les informations nécessaires pour connaître ceux des habitants des paroisses comprises dans le district de leur syndicat qui commenceront à exercer des professions relatives à la marine, et ils en instruiront le chef des classes et le commissaire.

. . . .

ART. 10. Ils exécuteront ponctuellement tous les ordres qui leur seront donnés par le chef des classes et par le commissaire, pour les levées et conduites, et pour tous autres objets relatifs au service et à la police des classes.

. . . .

ART. 12. Fait Sa Majesté très-expresses inhibitions et défense

auxdits syndics des gens de mer de prendre ou de recevoir directement ou indirectement, de quelque manière et sous quelque prétexte que ce soit, aucun présent, soit en argent ou en denrées
comestibles, ou autre chose quelconque, des gens de mer et ouvriers, à peine de concussion; enjoint aux chefs des classes, officiers
attachés aux arrondissements et commissaires des classes d'y tenir
exactement la main.

TITRE X.

DU CLASSEMENT.

. . . .

ART. 10. Les commissaires avertiront ceux qui seront dans le
cas d'être classés, lorsqu'ils se présenteront pour être portés sur un
rôle d'équipage, et inscriront en leur présence, sur le registre des
matricules, leurs nom, âge, demeure et signalement, ainsi que la
note de leurs navigations et services antérieurs à cette époque, et
lesdits gens de mer seront réputés classés par ladite inscription, et
sujets à être commandés pour le service de Sa Majesté.

ART. 11. Les commissaires feront avertir les pêcheurs et bate-
liers qui devront être classés conformément à l'article 8, lesquels
seront tenus de se présenter au bureau aux jour et heure désignés
dans l'avis par écrit qui leur sera remis par le syndic, et d'y déclarer s'ils veulent continuer à naviguer ou à faire la pêche, auquel
cas ils seront inscrits sur le registre des matricules; et ceux qui ne
se présenteront pas sur l'avis qu'ils en auront reçu seront pareillement classés s'ils continuent à exercer leurs professions.

. . . .

ART. 15. Ceux qui, ayant commencé à naviguer ou à faire la
pêche, auront été inscrits sur les états mentionnés aux articles 3
et 4 du présent titre, mais qui ne seront point encore classés et
portés sur les matricules, pourront renoncer auxdites professions,
en le déclarant aux commissaires, qui les rayeront des états.

ART. 16. Ceux qui étant classés voudront renoncer à la navigation et à la pêche le déclareront aux chefs des classes et aux commissaires, et il en sera fait note sur les registres de la matricule et

sur leur livret; ils continueront néanmoins à être soumis à la police des classes et aux ordres de levée pendant un an; et si pendant ce délai ils continuent à exercer ou reprennent quelques-unes des professions maritimes, leur déclaration sera rayée; mais s'ils persistent pendant un an, ils seront déclassés et rayés des matricules par les ordres de l'inspecteur, qui en rendra compte au secrétaire d'État ayant le département de la marine.

TITRE XI.

DES DEVOIRS DES GENS CLASSÉS ET DE LA POLICE DES CLASSES.

ART. 14. Enjoint Sa Majesté à tous les gens de mer classés de se présenter, soit pour les levées, revues ou toute autre cause quelconque relative au service, toutes les fois qu'il leur sera ainsi ordonné par le chef ou autre officier des classes, le commissaire des classes ou les syndics, à peine de huit jours de prison.

TITRE XII.

DES LEVÉES.

ART. 18. Lorsque la levée excédera le quart de la totalité du nombre des hommes en état de servir dans le quartier, le chef des classes, ou l'officier attaché au quartier, et le commissaire, se transporteront dans les paroisses pour faire ladite levée; et si elle est moins considérable, ils la feront faire par les syndics, en envoyant à chacun d'eux l'état nominatif de la levée de leur syndicat et les ordres signés.

TITRE XIV.

DES GENS DE MER EMPLOYÉS POUR LE COMMERCE.

ART. 1er. Les capitaines, maîtres et patrons des bâtiments qui seront armés pour la course, le commerce ou la pêche, présenteront aux bureaux des classes les gens de mer qu'ils auront engagés, pour être inscrits sur les rôles d'équipage, et ne pourront embarquer que ceux qui y auront été portés, à peine de trois cents livres d'amende pour chaque homme non compris dans lesdits rôles.

Art. 2. Ne pourront les commissaires des classes, refuser d'inscrire sur lesdits rôles, en temps de paix, les gens de mer de leurs quartiers qui n'auront pas reçu d'ordres de service, ou qui ne seront point compris dans les états dressés provisoirement avec le chef des classes pour les levées qui auront été annoncées, conformément à l'article 5, titre XI de la présente ordonnance.

Art. 3. Ne pourront pareillement refuser d'inscrire sur lesdits rôles les gens de mer appartenant à d'autres quartiers, qui auront des congés du chef des classes de leur arrondissement, portant permission de s'embarquer hors de leur quartier.

Art. 4. Lesdits commissaires retiendront, pendant la guerre, tous ceux des gens de mer de leurs quartiers qui n'auront pas de congés, et ne les inscriront point sur les rôles d'équipage des navires armés pour la course, le commerce ou la pêche.

Art. 5. Les commissaires des classes examineront les livrets de tous les gens de mer qui leur seront présentés par les capitaines et maîtres, et reconnaîtront s'il y a été fait note de leur congé du dernier navire sur lequel ils étaient embarqués; ils feront arrêter ceux qui auront déserté et qui ne pourront pas prouver leurs congés par lesdites notes, et ils les feront rentrer dans leurs quartiers le plus promptement qu'il sera possible.

Art. 6. Fait Sa Majesté très-expresses défenses à tout capitaine de navire d'engager, sans la permission du commissaire des classes, aucun matelot ou autre homme de mer, avant que de s'être assuré, par l'inspection de son livret, qu'il a été congédié du dernier navire sur lequel il était embarqué, à peine de trois cents livres d'amende et trois mois d'interdiction; de plus grande peine en cas de récidive, et même d'être dégradé de la qualité de capitaine, maître ou patron, s'il est convaincu d'avoir débauché les matelots des autres navires, et de les avoir portés à la désertion.

Art. 7. Les commissaires des classes tiendront la main à l'exécution des règlements concernant la composition des équipages des navires marchands, et dénonceront aux officiers des amirautés les armateurs et capitaines qui y auront contrevenu.

ART. 8. Dans les ports où il n'y aura pas de commissaires des classes, leurs fonctions seront remplies, quant aux rôles d'équipage, par les syndics qui y auront été particulièrement autorisés par le secrétaire d'État ayant le département de la marine.

ART. 9. Les capitaines des navires en armement qui présenteront au bureau des classes les gens de mer par eux engagés pour former leur équipage, présenteront en même temps les conventions qu'ils auront faites evec eux, relativement à leurs salaires ou parts, lesquelles seront rédigées par un acte public ou sous seing privé, en double original, dont l'un demeurera au pouvoir desdits gens de mer; ou, s'ils ne savent point écrire, lesdites conventions seront portées sur le livre de bord, tenu conformément à ce qui est prescrit par l'ordonnance de 1681, et parafé par le lieutenant de l'amirauté.

ART. 10. Les commissaires des classes feront faire lecture desdites conventions en présence des gens de l'équipage, et en feront note sur leurs livrets, si aucun d'eux ne réclame; ces notes seront certifiées et signées par le capitaine du navire et par lesdits commissaires, qui noteront pareillement les salaires sur les rôles d'équipage, et liquideront aux désarmements les retenues pour les invalides de la marine, relativement auxdites conventions.

ART. 11. Ne pourront néanmoins les commissaires des classes régler les conditions des engagements, ni exercer aucune autorité à cet égard; mais ils laisseront une entière liberté aux capitaines et gens de mer de faire entre eux telles conventions qu'ils jugeront à propos; et, en cas de contestation sur lesdites conventions ou leur exécution, s'ils ne peuvent accorder les parties et les concilier, ils les renverront à se pourvoir par les voies de droit devant les amirautés.

ART. 12. A défaut de conventions rédigées par acte public ou sous seing privé en double original, les notes des livrets feront foi en justice, dans les contestations qui pourront s'élever entre les capitaines et maîtres, et les gens de leurs équipages, relativement à l'exécution de leurs conventions respectives; et, au cas que lesdits capitaines et maîtres aient négligé de faire faire lesdites notes sur les livrets, les matelots en seront crus à leur serment.

Art. 13. Lorsque les capitaines engageront des gens de mer pendant le cours d'un voyage, en remplacement des déserteurs, morts ou malades laissés dans les hôpitaux, ou par toute autre raison, les mêmes formalités seront observées, quant aux conventions des engagements, et seront remplies, dans les ports du royaume et des colonies, par les commissaires des classes, et, dans les ports étrangers, par les consuls ou vice-consuls de Sa Majesté. Il sera fait note des remplacements ou nouveaux engagements sur les rôles d'équipage et sur les livrets; et, au cas qu'il ne se trouvât ni consul ni vice-consul dans lesdits ports étrangers, les capitaines ou maîtres feront faire ces notes aussitôt après leur arrivée ou relâche dans un port du royaume, ou dans un port étranger, résidence d'un consul ou vice-consul.

Art. 14. Les gens de mer rempliront, sous les peines portées dans la présente ordonnance, au titre *des déserteurs*, les engagements qu'ils auront contractés, et ne pourront quitter, pendant le voyage, le vaisseau sur lequel ils se seront embarqués, sans un congé exprès et par écrit du capitaine, maître ou patron, duquel congé il sera fait note par le commissaire des classes, sur le rôle d'équipage et sur le livret du matelot congédié.

Art. 15. Ne pourront lesdits capitaines et maîtres congédier pendant le voyage et débarquer aucun des gens de leur équipage, sans cause valable, à moins que lesdits gens de mer n'y consentent librement; et il ne pourra être donné congé sans la permission du commissaire des classes, dans les ports du royaume et des colonies, ou des consuls, dans les ports étrangers, à peine de trois cents livres d'amende pour chaque homme débarqué sans permission.

Art. 16. Enjoint expressément Sa Majesté aux commissaires des classes des ports du Royaume et des colonies, ainsi qu'aux consuls et vice-consuls de France dans les ports étrangers, de faire rentrer le plus promptement possible dans leurs quartiers, les gens de mer qui auront été débarqués des navires marchands, laissés malades dans les hôpitaux ou qui faisaient partie des équipages des navires désarmés ou condamnés, ainsi que les déserteurs ; et ils feront embarquer lesdits gens de mer en remplacement sur les navires marchands qui auront besoin d'hommes et qui seront destinés pour les ports des quartiers desdits gens de mer ou pour les ports voisins. Ne pourront les capitaines desdits navires, refuser de recevoir ceux qui leur seront ainsi donnés par les commissaires et les consuls, lesquels régleront les salaires desdits matelots, en sorte que, dans aucun cas, ces salaires ne puissent excéder ceux qu'ils avaient sur les navires desquels ils auront déserté, ou dont ils auront été débarqués ou congédiés, et il en sera fait note sur les rôles d'équipage. Sa Majesté interdisant, dans ce cas seulement, aux matelots la liberté de faire des conventions avec les capitaines et maîtres, relativement à leurs salaires, et déclarant nulles toutes lesdites conventions contraires aux notes du rôle d'équipage.

ART. 17. Lors du désarmement d'un navire marchand, le commissaire des classes notera sur les livrets des gens de mer composant l'équipage, le jour et le lieu du désarmement, et il en fera pareillement note sur la matricule pour ceux qui seront de son quartier. Quant aux gens de mer dudit équipage qui dépendront d'un autre quartier, ils seront tenus, en y rentrant, de représenter leurs livrets au bureau des classes, afin que l'extrait des notes qui s'y trouveront puisse être porté sur la matricule.

ART. 18. Enjoint Sa Majesté aux capitaines et maîtres de veiller à la conservation des gens de leur équipage, de les représenter au désarmement, ou d'administrer des preuves de la désertion de ceux qui auront abandonné le navire ; et dans le cas de mort de quelqu'un des gens de l'équipage, d'en remettre les preuves légales aux greffes des amirautés, en se conformant, d'ailleurs, aux ordonnances, quant à ce qui regarde les effets des morts.

ART. 19. Fait Sa Majesté très-expresses défenses aux commissaires des classes, ainsi qu'aux chefs des classes et officiers attachés, de prendre directement ou indirectement aucun intérêt dans la propriété des navires et dans les armements, soit pour la course, le commerce ou la pêche, non plus que dans les entreprises de commerce, de quelque espèce qu'elles soient, pêcheries, droits maritimes et fermes desdits droits.

TITRE XVIII.

DES DÉSERTEURS.

Art. 1er. Les gens de mer qui s'absenteront de leurs quartiers lorsqu'une levée aura été annoncée, ou qui, ayant été commandés pour le service, ne se rendront pas au jour et au lieu déterminés pour le départ de la levée, seront condamnés à huit jours de prison, et réduits à deux tiers de solde pour une campagne extraordinaire de six mois : ceux néanmoins qui rejoindront la levée en route, ou qui se rendront au port et se présenteront au bureau des armements dans les vingt-quatre heures de l'arrivée de ladite levée, ne seront condamnés qu'à huit jours de prison.

Art. 2. Ceux qui déserteront dans la route, ou qui, après leur arrivée au port, s'en écarteront de plus de deux lieues sans permission, seront condamnés à huit jours de prison et à une campagne extraordinaire d'un an à demi-solde; après laquelle campagne ils seront mis à la solde immédiatement inférieure à celle qu'ils avaient, jusqu'à ce qu'ils aient mérité par leurs services d'y être rétablis.

. . . .

Art. 11. Il sera envoyé dans les quartiers des listes des déserteurs dénoncés; et les chefs des classes, ainsi que les commissaires, feront toutes les recherches nécessaires pour parvenir à les découvrir, et feront conduire dans les ports ceux qu'ils auront pu faire arrêter.

. . . .

Art. 18. Les capitaines des navires armés pour la course, le commerce ou la pêche, dénonceront, dans le délai de trois jours, aux commissaires des classes, les déserteurs de leurs équipages, et les déclareront pareillement, et dans le même délai, aux officiers des amirautés, ou dans les ports étrangers aux consuls ou vice-consuls de la nation, en énonçant les circonstances et les preuves de la désertion, lesquelles déclarations seront certifiées par le témoignage de trois des principales personnes de l'équipage et reçues sans frais.

ART. 19. Les capitaines qui n'auraient pas fait les déclarations prescrites par l'article précédent, et dénoncé les déserteurs, ne pourront former contre eux aucunes demandes, ni leur refuser leurs salaires ou parts, sous prétexte de désertion, et seront néanmoins condamnés à payer à la caisse des invalides, en leur propre et privé nom, les sommes qui se trouveraient dues auxdits déserteurs lorsqu'ils ont abandonné le navire, sans pouvoir les répéter contre eux.

. . . .

ART. 25. Les chefs des classes et les commissaires feront faire la recherche des déserteurs des navires marchands, dénoncés en la manière prescrite par l'article 18 du présent titre, les feront arrêter et les remettront aux officiers des amirautés; ils leur dénonceront pareillement ceux des gens classés qui auront passé en pays étranger et qui auront pu être arrêtés, les capitaines, maîtres et patrons qui auront engagé des déserteurs, qui auront embarqué et débarqué des gens de mer ou passagers sans qu'il en ait été fait note sur le rôle d'équipage, et les personnes qui pourront être convaincues d'avoir débauché des matelots, de les avoir portés à la désertion ou d'en avoir engagé pour passer à l'étranger, pour leur procès leur être fait conformément aux ordonnances et articles ci-dessus.

DÉCRET DU 31 DÉCEMBRE 1790.

(SANCTIONNÉ LE 7 JANVIER 1791.)

ART. 9. Tous les hommes de professions maritimes qui ne seront pas actuellement commandés pour le service, ou qui ne seront pas dans le cas d'être compris dans les levées dont les ordres seront donnés, seront libres de s'embarquer sur les navires marchands et bateaux de pêche, ou d'aller dans les différents ports et arsenaux du royaume, travailler et s'y embarquer, à la charge seulement de faire inscrire leurs mouvements sur la matricule des classes de leur quartier, et de celui où ils se rendront; et sur leurs livrets, qui leur serviront de passe-ports; et, à l'égard de ceux qui s'embarqueront sur les bâtiments de commerce ou de pêche, la formalité de l'enregistrement sur le rôle d'équipage et la tenue de ce registre, auront lieu comme par le passé.

Art. 13. Les commissaires établis dans les quartiers seront conservés. Ils tiendront les matricules et les registres où seront inscrits les gens de mer de leur quartier. Ils recevront les ordres de l'administration sur l'époque des levées et le nombre des hommes dont elles doivent être composées, en feront la répartition entre les différents syndicats de leur quartier et adresseront les ordres particuliers aux syndics chargés de leur exécution. Ils surveilleront la comptabilité des payements à faire, dans chaque quartier, aux gens de mer qui l'habitent. Ils seront chargés de la correspondance avec l'administration de la marine, exigée par ses différentes fonctions; enfin, à eux appartiendront les ordres relatifs aux départs des levées. Ils seront également chargés de l'expédition et délivrance des rôles d'équipage, et de la certification de tous les extraits des pièces nécessaires pour constater l'état des gens de mer et leurs conventions avec leurs armateurs.

Art. 16. Le syndic tiendra un extrait de la matricule du commissaire pour son syndicat, et, aussitôt qu'il aura reçu l'ordre de levée, il fera l'indication des hommes qui devront la composer, aux termes de l'article 4, et fera publier de suite l'ordre et l'indication.

Art. 19. En cas de refus ou retardement à l'exécution des ordres du commissaire, si c'est de la part du syndic, il en sera personnellement responsable; et si c'est de la part des hommes de service, la municipalité sera tenue de prêter main-forte à la première réquisition du syndic, à peine aussi d'en répondre.

LOI DU 13 MAI 1791

RELATIVE A LA CAISSE DES INVALIDES DE LA MARINE.

TITRE II.

DES FORMES À OBSERVER POUR CONSTATER CEUX QUI ONT DES DROITS À DES PENSIONS OU DEMI-SOLDES SUR LA CAISSE DES INVALIDES.

ART. 1er. Les syndics élus par les citoyens de professions maritimes dresseront, au commencement de chaque année, une liste des invalides et pensionnaires de leur syndicat morts dans l'année; ils recevront les demandes des demi-soldes qui leur seront faites par les marins, veuves et enfants, pères et mères des marins de leur territoire; ils en donneront l'état, contenant les motifs de chaque demande et feront certifier les faits par la municipalité du chef-lieu du syndicat, et adresseront un double de l'état, et les pièces au soutien, au commissaire de leur quartier.

ART. 2. Les commissaires établis dans les quartiers vérifieront les faits contenus aux états et pièces à eux envoyés par les syndics; ils joindront leurs observations à chaque demande, feront certifier le tout par les administrateurs du district de leur résidence, et en feront ensuite l'envoi à l'ordonnateur en chef de leur département.

Quant aux marins, leurs veuves, enfants, pères ou mères, résidant dans les lieux non compris dans un syndicat des classes, ils présenteront leurs demandes motivées à la municipalité du lieu de leur résidence, laquelle certifiera les faits qui seront à sa connaissance, fera passer le tout avec son avis au commissaire aux classes du quartier le plus prochain, qui adressera lesdites demandes, et les pièces au soutien, au ministre du département de la marine, avec ses observations.

ART. 3. Les commissaires des classes feront aussi, au commencement de chaque année, une liste des officiers militaires et administrateurs pensionnaires de leur département morts dans l'année.

Quant aux nouvelles demandes de pensions qui pourraient être formées par des officiers militaires, ceux d'administration et autres, elles seront par eux adressées à leurs supérieurs respectifs, qui en remettront les états et pièces à l'appui à l'ordonnateur en chef du département. Leurs pères, mères, veuves et enfants, qui formeront des demandes, y joindront les certificats de la municipalité de leur résidence sur les faits par eux énoncés et qui seront à sa connaissance.

. . . .

Art. 9. Les gratifications et secours urgents et momentanés seront demandés, comme les demi-soldes, au syndic, qui fera certifier les faits par la municipalité du chef-lieu, et enverra également l'état au commissaire du quartier, qui y joindra ses observations, fera certifier le tout par les administrateurs du district de sa résidence, et en fera l'envoi à l'ordonnateur du département.

. . . .

TITRE III.

DE LA DESTINATION DES FONDS DE LA CAISSE DES INVALIDES.

Art. 1er. Les fonds de la caisse des invalides sont destinés au soulagement des officiers militaires et d'administration, officiers-mariniers, matelots, novices, mousses, sous-officiers, soldats et autres employés du département de la marine, et à celui de leurs veuves et enfants, même de leurs pères et mères; ils ne pourront, sous aucun prétexte, être détournés de cette destination.

. . . .

TITRE V.

DE LA COMPTABILITÉ DE LA CAISSE DES INVALIDES.

. . . .

Art. 5. Les recettes et dépenses concernant les invalides et les gens de mer seront confiées auxdits trésoriers et caissiers, dont la comptabilité sera suivie par les commissaires des classes, sous les ordres des ordonnateurs, et inspectée dans les ports par les contrôleurs de la marine.

. . . .

Art. 7. Le premier de chaque mois, les trésoriers arrêteront leurs registres, et les feront viser par les commissaires aux classes et les contrôleurs de la marine du port où ils seront établis.

Les caissiers des gens de mer arrêteront aussi leur registre le premier jour de chaque mois, et cet arrêté sera visé par le commissaire des classes du quartier.

Les commissaires aux classes et les contrôleurs seront tenus de vérifier et certifier l'état de la caisse et l'existence des effets et espèces, et ils seront responsables de la vérité de leur certificat.

. . . .

Art. 11. Les commissaires des classes et les contrôleurs de la marine dans les ports, et à Paris le chef du bureau des invalides, seront spécialement chargés des poursuites à faire pour la rentrée des sommes dues à la caisse des invalides, tant pour le passé que pour l'avenir, chacun dans leur département.

. . . .

. . . .

———

DÉCRET

DE LA CONVENTION NATIONALE,

Du 21 septembre 1793, l'an II de la République française, une et indivisible, contenant l'*Acte de navigation.*

La Convention nationale, après avoir entendu le rapport de son comité de salut public; décrète :

Art. 1er. Les traités de navigation et de commerce existant entre la France et les puissances avec lesquelles elle est en paix, seront exécutés selon leur forme et teneur, sans qu'il y soit apporté aucun changement par le présent décret.

Art. 2. Après le 1er janvier 1794, aucun bâtiment ne sera réputé français, n'aura droit aux priviléges des bâtiments français, s'il n'a pas été construit en France, ou dans les colonies ou autres possessions de France, ou déclaré de bonne prise faite sur l'ennemi, ou confisqué pour contravention aux lois de la République, s'il n'appartient pas entièrement à des Français, et si les officiers et trois quarts de l'équipage ne sont pas Français.

ART. 3. Aucunes denrées, productions ou marchandises étrangères ne pourront être importées en France, dans les colonies et possessions de France, que directement par des bâtiments français, ou appartenant aux habitants du pays des cru, produit, ou manufactures, ou des ports ordinaires de vente et première exportation, les officiers et trois quarts des équipages étrangers étant du pays dont le bâtiment porte le pavillon : le tout sous peine de confiscation des bâtiments et cargaison, et de 3,000 livres d'amende, solidairement et par corps, contre les propriétaires, consignataires et agents des bâtiments et cargaison, capitaine et lieutenant.

ART. 4. Les bâtiments étrangers ne pourront transporter d'un port français à un autre port français, aucunes denrées, productions, ou marchandises des cru, produit ou manufactures de France, colonies ou possessions de France, sous les peines portées par l'article 3.

ART. 5. Le tarif des douanes nationales sera refait et combiné avec l'acte de navigation, et le décret qui abolit les douanes entre la France et les colonies.

ART. 6. Le présent décret sera sans délai proclamé solennellement dans tous les ports et villes de commerce de la république, et notifié par le ministre des affaires étrangères aux puissances avec lesquelles la nation française est en paix.

DÉCRET

CONTENANT DES DISPOSITIONS RELATIVES A L'ACTE DE NAVIGATION.

Du 27 vendémiaire an II.

....

ART. 5. Les numéros et noms des propriétaires et des ports seront insérés dans un congé que chacun de ces bâtiments sera tenu de prendre chaque année, sous peine de confiscation et de cent livres d'amende.

. . . .

ART. 7. Un bâtiment étranger étant jeté sur les côtes de **France** ou possessions françaises, et tellement endommagé que le propriétaire ou assureur ait préféré de le vendre, sera, en devenant entièrement propriété française, et après radoub ou réparation, dont le montant sera quadruple du prix de vente du bâtiment, et étant monté par des Français, réputé bâtiment français.

. . . .

ART. 9. Les bâtiments de trente tonneaux et au-dessus auront un congé où seront la date et le numéro de l'acte de francisation, qui exprimera les noms, état, domicile du propriétaire, et son affirmation qu'il est seul propriétaire (ou conjointement avec des Français dont il indiquera les noms, état et domicile), le nom du bâtiment, du port auquel il appartient, le temps et le lieu où le bâtiment a été construit, ou condamné, ou adjugé, le nom du vérificateur, qui certifiera que le bâtiment est de construction......
. . . . ; qu'il a . . . . mâts, ... ponts; que sa longueur de l'éperon à l'étambot est de . . . . pieds . . . pouces; que sa plus grande largeur est de . . . pieds . . . pouces; que sa hauteur entre les ponts est de . . . . pieds . . . pouces; (s'il n'y a qu'un pont) que la profondeur de la cale est de . . . . pieds . . . . pouces; qu'il mesure . . . . tonneaux; qu'il est un brick, ou navire, ou bateau; qu'il a ou n'a pas de galerie ou de tête.

ART. 10. Ces congés et actes de francisation seront délivrés au bureau du port ou district auquel appartient le bâtiment.

ART. 11. Le propriétaire donnera une soumission et caution de vingt livres par tonneau, si le bâtiment est au-dessous de deux cents tonneaux; et de trente livres par tonneau, s'il est au-dessus de deux cents tonneaux; de quarante livres par tonneau, s'il est au-dessus de quatre cents tonneaux. Les congés ne seront bons que pour un voyage.

. . . .

Art. 13. Le serment à prêter par le propriétaire avant la délivrance des congés et actes de francisation sera en cette forme :

« (*Le nom, état, domicile*) jure et affirme que (*le nom du bâtiment, du port auquel appartient le bâtiment*), est un (*espèce, tonnage du bâtiment et description, suivant le certificat du mesureur-vérificateur*), a été construit à (*lieu de construction*), en (*année de construction; s'il a été pris ou confisqué, ou perdu sur la côte, exprimer le lieu, le temps des jugement et vente*); que je suis seul propriétaire dudit bâtiment, ou conjointement avec (*noms, état, domicile des intéressés*), et qu'aucune autre personne quelconque n'y a droit, titre, intérêt, portion ou propriété; que je suis citoyen de France, soumis et fidèle à la constitution des Français, ainsi que les associés ci-dessus (*s'il y en a*); qu'aucun étranger n'est directement ou indirectement intéressé dans le susdit bâtiment. »

. . . .

Art. 15. Tous ceux qui prêteront leur nom à la francisation de ces bâtiments étrangers; qui concourront comme officiers publics ou témoins aux ventes simulées; tout préposé dans les bureaux, consignataire, agent des bâtiment et cargaison, capitaine et lieutenant du bâtiment, qui, connaissant la francisation frauduleuse, n'empêcheront pas la sortie du bâtiment, disposeront de la cargaison d'entrée ou en fourniront une de sortie, auront commandé ou commandent le bâtiment, seront condamnés solidairement et par corps en six mille livres d'amende, déclarés incapables d'aucun emploi, de commander aucun bâtiment français. Le jugement de condamnation sera publié et affiché.

Art. 16. Le propriétaire ou les propriétaires se soumettront, par le cautionnément qu'ils seront tenus de donner, sous peine de confiscation du montant des sommes énoncées audit cautionnement, outre les autres condamnations prononcées par le présent décret, à ne point vendre, donner, prêter, ni autrement disposer des congé et acte de francisation, à n'en faire usage que pour le service du bâtiment pour lequel ils sont accordés, à rapporter l'acte de francisation au même bureau, si le bâtiment est pris par l'ennemi, brûlé ou perdu de quelque autre manière, vendu en partie ou en totalité à un étranger; et ce, dans un mois, si la perte ou vente de la totalité ou partie du bâtiment a eu lieu en France ou sur les côtes de France, et dans trois, six ou neuf mois, suivant la distance des autres lieux de perte ou de vente.

Dans le même cas et les mêmes délais, les passes pour la Méditerranée seront remises au bureau.

ART. 17. Les ventes de partie du bâtiment seront inscrites au dos de l'acte de francisation, par le préposé du bureau, qui en tiendra registre, et auquel il sera payé six livres pour chaque endossement.

ART. 18. Toute vente de bâtiment, ou de partie de bâtiment, contiendra la copie de l'acte de francisation, et sera faite par-devant un officier public, sans qu'il soit perçu plus de quinze sous pour droit d'enregistrement, quel que soit le prix de vente.

. . . .

ART. 20. Si l'acte de francisation est perdu, le propriétaire, en affirmant la sincérité de cette perte, en obtiendra un nouveau, en observant les mêmes formalités, et à la charge des mêmes cautionnement, soumission, déclaration et droits que pour l'obtention du premier.

ART. 21. Si, après la délivrance de l'acte de francisation, le bâtiment est changé dans sa forme, tonnage, ou de toute autre manière, on en obtiendra un nouveau; autrement le bâtiment sera réputé bâtiment étranger.

ART. 22. Après la publication du présent décret, aucun bâtiment français ne pourra partir du port ou district auquel il appartiendra, sans acte de francisation et congé, conformément au présent décret.

. . . .

ART. 28. Les actes de francisation et congés seront, dans vingt-quatre heures de l'arrivée du bâtiment, déposés au bureau, et y resteront jusqu'au départ.

. . . .

ART. 39. Les actes de francisation seront extraits du registre où seront inscrites les déclarations de construction, mesurage, description et propriété, ordonnées par le présent décret.

JAUGEAGE DES NAVIRES.

Décret du 12 nivôse an II.

(1er janvier 1794.)

« Ajouter la longueur du pont, prise de tête en tête, à celle de « l'étrave à l'étambot; déduire la moitié du produit; multiplier le « reste par la plus grande largeur du navire au maître bau; multi-« plier encore le produit par la hauteur de la cale et de l'entre-pont, « et diviser par 94.

« Si le bâtiment n'a qu'un pont, prendre la plus grande longueur « du bâtiment, multiplier par la plus grande largeur du navire au « maître bau et le produit par la plus grande hauteur, puis diviser « par 94. »

Ordonnance du 18 novembre 1837.

« ART. 1er. A partir du 1er mars 1838, le jaugeage des bâtiments « à voiles du commerce, dans les ports français, aura lieu ainsi qu'il « suit :

« Les trois dimensions principales servant à l'évaluation du ton-« nage continueront à être prises conformément à la loi du 12 ni-« vôse an II.

« Ces trois dimensions seront exprimées en mètres et fractions « décimales du mètre.

« Leur produit, divisé par le nombre 3,80, exprimera le tonnage « légal du bâtiment. »

Ordonnance du 18 août 1839.

« ART. 1er. Les bateaux à vapeur seront jaugés d'après le mode « déterminé par notre ordonnance du 18 novembre 1837, sauf les « modifications suivantes :

« 1° La plus grande largeur sera mesurée au-dessous du pont, « dans la chambre des machines, sur le vaigrage, auprès de l'arbre « des roues;

« 2° Le produit des trois dimensions sera divisé par 3,80, et les
« soixante centièmes du quotient exprimeront le tonnage légal du
« bâtiment. »

On voit, par les règles qui précèdent, que le tonnage légal d'un
navire se détermine par la formule :

$$T = \frac{L \times l \times c}{3,80}$$

où L représente en mètres la longueur d'un navire sous le premier
pont;

l, la plus grande largeur au maître bau,
et c, le creux le plus fort au maître bau.

Pour les bateaux à vapeur, l'ordonnance du 18 août 1839 a prescrit la même formule, mais avec une défalcation de 40 p. o/o sur
le résultat obtenu, pour tenir compte de l'espace occupé par les
appareils moteurs et leurs accessoires.

EXEMPLE : déterminer, avec ces données, la jauge du bateau à
vapeur le Gange, qui a 78^m,58 de longueur, 11^m,2 de largeur et
8^m,59 de creux,

On aura $T = \frac{78,58 \times 11,2 \times 8,59}{3.80} = 1,862$ tonneaux,

sur lesquels il faudra défalquer 40 p. o/o, soit 745 tonneaux;
1,862 — 745 = 1,117.

Le Gange jauge donc 1,117 tonneaux.

LOI

CONCERNANT L'INSCRIPTION MARITIME.

Du 3 brumaire an IV (25 octobre 1795).

LA CONVENTION NATIONALE, après avoir entendu le rapport de son
comité de marine et des colonies, DÉCRÈTE :

SECTION PREMIÈRE.

DE L'INSCRIPTION MARITIME.

ART. 1er. Il y aura une inscription particulière des citoyens français qui se destineront à la navigation.

ART. 2. Sont compris dans l'inscription maritime :

1° Les marins de tout grade et de toute profession, naviguant dans l'armée navale ou sur les bâtiments de commerce;

2° Ceux qui font la navigation ou la pêche de mer sur les côtes, ou dans les rivières jusqu'où remonte la marée; et, pour celles où il n'y a pas de marée, jusqu'à l'endroit où les bâtiments de mer peuvent remonter;

3° Ceux qui naviguent sur les pataches, alléges, bateaux et chaloupes, dans les rades et dans les rivières jusqu'aux limites ci-dessus indiquées.

ART. 3. Tout citoyen qui commence à naviguer ne pourra s'embarquer ni être employé sur les rôles d'équipage d'un bâtiment de la République ou du commerce que sous la dénomination de *mousse*, depuis l'âge de dix ans jusqu'à quinze ans accomplis, et sous celle de *novice* au-dessus de ce dernier âge.

Néanmoins tout mousse ou novice qui, ayant navigué pendant six mois dans l'une de ces deux qualités, aura, en outre, satisfait à l'examen prescrit, sera employé sous la dénomination *d'aspirant* de la dernière classe.

ART. 4. Il sera donné connaissance des diverses dispositions de la présente loi à tout citoyen commençant à naviguer, et il sera inscrit sur un rôle particulier.

ART. 5. Sera compris dans l'inscription maritime tout citoyen âgé de dix-huit ans révolus, qui, ayant rempli une des conditions suivantes, voudra continuer la navigation ou la pêche :

1° D'avoir fait deux voyages de long cours;

2° D'avoir fait la navigation pendant dix-huit mois;

3° D'avoir fait la petite pêche pendant deux ans;

4° D'avoir servi pendant deux ans en qualité d'apprenti-marin.

A cet effet, il se présentera, accompagné de son père ou de deux de ses plus proches parents ou voisins, au bureau de l'inscription de son quartier, où il lui sera donné connaissance des lois et règlements qui déterminent les obligations et les droits des marins inscrits.

Art. 6. Celui qui, ayant atteint l'âge et rempli l'une des conditions exigées par l'article précédent, continue la navigation ou la pêche sans se faire inscrire au bureau de son quartier, ainsi qu'il est prescrit, sera compris dans l'inscription maritime, étant censé y avoir consenti par le fait seul qu'il continue à naviguer.

Art. 7. Tout citoyen français compris dans l'inscription maritime est dispensé de tout service public autre que ceux de l'armée navale, des arsenaux de la marine et de la garde nationale dans l'arrondissement de son quartier.

SECTION II.

DES ARRONDISSEMENTS, QUARTIERS ET SYNDICATS MARITIMES, ET DE L'APPEL DES MARINS AU SERVICE PUBLIC.

Art. 8. Chacun des principaux ports de la République aura un arrondissement maritime, qui sera divisé en quartiers, composés de syndicats, et ceux-ci de communes, conformément à ce qui est déterminé par le règlement.

Art. 9. Dans les quartiers maritimes, l'inscription des gens de mer sera confiée à des administrateurs de la marine : ceux-ci auront sous leurs ordres des syndics choisis par le Gouvernement, et de préférence parmi les anciens marins. Les uns et les autres seront subordonnés à l'ordonnateur ou commissaire principal de l'arrondissement.

Chaque syndic tiendra, pour son syndicat, un extrait de la matricule de l'administrateur du quartier, sur lequel il suivra les mouvements des gens de mer.

Art. 10. Tout marin inscrit sera tenu de servir sur les bâtiments et dans les arsenaux de la République toutes les fois qu'il en sera requis.

Art. 11. Les marins qui se présenteront pour servir de bonne volonté dans l'armée navale seront notés sur un registre particulier et commandés de préférence.

Art. 12. Tout matelot, et même tout novice ayant déjà navigué, qui se présentera volontairement pour servir sur les bâtiments de la République, recevra, à titre de gratification, un mois de solde une fois payé : la même gratification sera accordée aux officiers mariniers qui se soumettront à servir à la paye de matelot de la haute classe.

Art. 13. Si le nombre de marins enregistrés volontairement dans un quartier excède le contingent à fournir par ce quartier, ceux qui se seront présentés les premiers au bureau de l'inscription maritime seront employés de préférence.

Art. 14. Si, dans un quartier, le nombre de marins enregistrés de bonne volonté est moindre que le contingent fixé pour ce quartier, il y aura lieu à une levée.

Art. 15. Dans chaque quartier maritime, les marins sont distribués en quatre classes :

La première comprend les célibataires;

La seconde, les veufs sans enfants;

La troisième, les hommes mariés n'ayant point d'enfants;

Et la quatrième est composée des pères de famille.

Art. 16. La seconde classe ne sera mise en réquisition que lorsque la première, étant épuisée, n'aura pu suffire aux besoins du service : il en est usé de même à l'égard des troisième et quatrième classes.

Art. 17. Dans chaque quartier, le marin qui aura le moins de service sur les bâtiments de guerre sera requis le premier; et, s'il y a égalité de service, le plus anciennement débarqué, soit des bâtiments de la République, soit de ceux du commerce, sera tenu de marcher, sans qu'il puisse prétendre à la gratification accordée à celui qui se sera volontairement présenté pour faire le service public.

Art. 18. Les officiers mariniers qui se seront présentés les premiers à l'enregistrement volontaire seront admis à servir dans la proportion d'un dixième du nombre des matelots de leur quartier appelés au service de l'armée navale.

ART. 19. Les administrateurs des quartiers maritimes ayant reçu l'ordre de commander des marins pour le service public feront la répartition, entre les différents syndicats, du nombre des gens de mer à fournir par leurs quartiers respectifs.

ART. 20. Ils remettront aux syndics des extraits de l'état de répartition, et ceux-ci formeront des listes nominatives pour chaque commune de leur syndicat.

ART. 21. Si le marin désigné pour marcher a des réclamations à faire, il s'adressera à l'administration municipale de son canton, qui y fera droit après avoir entendu le syndic; et, dans le cas où le réclamant aurait des motifs légitimes pour ne pas marcher, celui qui devra le remplacer sera désigné au même instant.

ART. 22. Il ne sera reçu aucune nouvelle réclamation quatre jours francs après la publication des listes.

ART. 23. En cas de refus ou de retardement à l'exécution des ordres de l'administrateur du quartier de la part des marins commandés pour le service, l'administration municipale du canton sera tenue, sous sa responsabilité, de prêter main-forte à la première réquisition du syndic.

SECTION III.

DES AVANTAGES ATTACHÉS À L'ÉTAT DES MARINS INSCRITS.

ART. 24. Tout marin qui aura atteint l'âge de cinquante ans révolus sera, de droit, exempt de la réquisition pour le service des vaisseaux et arsenaux de la République, sans néanmoins perdre la faculté de continuer la pêche ou la navigation, même sur les bâtiments de l'État.

ART. 25. Tout marin, quel que soit son âge, qui voudra renoncer à la navigation et à la pêche, sera rayé de l'inscription maritime par le fait seul de sa déclaration et de sa renonciation, un an après les avoir faites, et, dès lors, il ne jouira plus d'aucun des avantages résultant de cette inscription; ces déclarations et renonciations ne seront pas admises en temps de guerre, et demeureront même sans effet si la guerre a lieu avant l'expiration d'une année à compter du jour où elles auront été faites.

Art. 26. Si, après s'être fait rayer de l'inscription, un marin se détermine à reprendre la navigation ou la pêche, il sera réinscrit au grade et à la paye qu'il avait lors de sa radiation.

Art. 27. Tout marin qui ne sera pas actuellement commandé pour le service sera libre de s'embarquer sur les navires marchands ou bateaux de pêche, ou d'aller dans les différents ports de la République travailler ou s'y embarquer, à la charge seulement de faire inscrire son mouvement sur le rôle des gens de mer de son quartier et de celui où il se rendra.

Art. 28. Il sera accordé aux marins inscrits des pensions suivant leurs grade, âge, blessures ou infirmités : ces pensions seront réglées sur la durée de leurs services à bord des bâtiments et dans les arsenaux de la République, et sur les navires du commerce.

Art. 29. Le service sur les bâtiments de la République comptera, en temps de paix, dix-huit mois pour un an, et dans les arsenaux, année pour année.

Le service sur les bâtiments du commerce sera compté, en temps de paix, six mois pour un an, et en temps de guerre, année pour année; sur les corsaires, l'année sera comptée double comme pour les bâtiments de la République.

Art. 30. Les veuves et enfants des marins ont droit aux secours et pensions accordés aux veuves et enfants des défenseurs de la patrie.

Art. 31. Il sera accordé un secours par mois à chacun des enfants des deux sexes, au-dessous de l'âge de dix ans, de tout marin en activité de service sur les bâtiments ou dans les ports de la République.

Art. 32. Les enfants des marins seront embarqués de préférence en qualité de mousses sur les bâtiments de la République et sur ceux du commerce.

Art. 33. Tout marin appelé à servir sur les bâtiments ou dans les arsenaux de la République recevra une conduite pour se rendre au port de sa destination; et, s'il est retenu chez lui par des ordres du bureau de l'inscription maritime, sa solde lui sera payée tout le temps que son départ est retardé.

Art. 34. Tout marin au service de la République pourra déléguer, pour être payé à sa famille, pendant la durée de sa campagne, jusqu'à la concurrence du tiers de ses salaires présumés gagnés, déduction faite de ses avances.

Art. 35. En cas de naufrage d'un bâtiment de la République, et de perte constatée des effets d'un marin, il lui sera tenu compte de son salaire jusqu'au moment du naufrage : la valeur des effets lui sera remboursée d'après le règlement, et il lui sera payé une conduite.

Art. 36. Le produit net des prises faites par les bâtiments de la République appartiendra aux équipages preneurs, et sera réparti suivant le règlement.

Art. 37. Les différents grades des gens de mer sont : mousses, novices, matelots, quartiers-maîtres, contre-maîtres, seconds maîtres et maîtres de manœuvre; aides, seconds maîtres et maîtres de canonnage, de timonerie, de charpentage, de calfatage et de voilerie, et pilotes côtiers.

Art. 38. Les avancements des marins seront réglés suivant la durée de leurs services sur les bâtiments de l'État; des actions d'éclat ou un mérite distingué accéléreront leur avancement.

Art. 39. Les officiers-mariniers parvenus à la première classe de leur profession pourront être constamment entretenus; le nombre de ces entretenus sera déterminé d'après les besoins du service.

Art. 40. Le dixième des places d'enseignes de vaisseau pourra être donné aux maîtres entretenus de manœuvre, de canonnage et de timonerie.

ARRÊTÉ DU 21 VENTÔSE AN IV.

. . . .

ART. 4. Les syndics des marins rempliront les fonctions attribuées aux syndics des gens de mer par les lois des 7 janvier 1791, 25 juillet 1792 et 24 brumaire an III, et jouiront des mêmes appointements alloués auxdits syndics des gens de mer par la loi du 21 septembre 1793; ils pourront, suivant la loi du 21 messidor an III, cumuler pensions et traitements, et ils jouiront de l'exemption de la garde nationale, dans l'arrondissement de leur syndicat, pendant le temps qu'ils exerceront les fonctions de syndics de marins.

ART. 5. Les syndics des marins qui seront conservés à la paix, devront être âgés au moins de quarante ans, savoir lire et écrire, et seront choisis par le Gouvernement parmi d'anciens marins hors de service ou pensionnés; ils seront subordonnés aux agents affectés au service des quartiers maritimes; ils seront brevetés comme les autres entretenus de la marine, et jouiront de 2 à 800 livres d'appointements, à raison de la population maritime de chaque syndicat, conformément à la loi du 21 septembre 1793.

. . . .

ART. 17. Toutes les ordonnances, lois et règlements relatifs aux classements et aux levées des gens de mer et ouvriers continueront à être suivis et observés dans toutes les dispositions auxquelles il n'est point dérogé par la loi du 3 brumaire dernier.

Le ministre de la marine et des colonies est chargé de l'exécution du contenu au présent règlement.

ARRÊTÉ

Relatif au sauvetage des bâtiments naufragés.

Du 17 floréal an ix.

Les Consuls de la République,

Sur le rapport du ministre de la marine et des colonies,

Le Conseil d'État entendu,

ARRÊTENT :

SECTION PREMIÈRE.

ART. 1er. A défaut des armateurs, propriétaires, subrécargues ou correspondants, l'officier en chef d'administration de la marine, et, en son absence, celui qui le remplace dans l'ordre du service, sera chargé du sauvetage et de tout ce qui concerne les naufrages, quelle que soit la qualité du navire; il sera également chargé de la vente des prises, ainsi que l'était le juge de paix, dont il remplit toutes les fonctions à cet égard.

Les dispositions précédentes seront également appliquées aux navires étrangers, à moins que les traités ou conventions ne contiennent des dispositions contraires.

ART. 2. Si un navire fait naufrage, à quelque distance que ce soit du port dont il dépend, c'est à l'officier d'administration de ce port que doivent être adressés les premiers avis; et, jusqu'à son arrivée, les syndics des gens de mer donneront les premiers ordres et requerront, en cas de besoin, l'assistance des autorités locales, soit pour pourvoir au sauvetage, soit pour empêcher le pillage.

EXTRAIT DU CODE DE COMMERCE.

20 septembre 1807.

LIVRE II.

DU COMMERCE MARITIME.

TITRE III.

DES PROPRIÉTAIRES DE NAVIRES.

ART. 216. Tout propriétaire de navire est civilement responsable des faits du capitaine, et tenu des engagements contractés par ce dernier, pour ce qui est relatif au navire et à l'expédition. — Il peut, dans tous les cas, s'affranchir des obligations ci-dessus par l'abandon du navire et du fret.

Toutefois la faculté de faire abandon n'est point accordée à celui qui est en même temps capitaine et propriétaire ou copropriétaire du navire. Lorsque le capitaine ne sera que copropriétaire, il ne sera responsable des engagements contractés par lui, pour ce qui est relatif au navire et à l'expédition, que dans la proportion de son intérêt.

ART. 217. Les propriétaires des navires équipés en guerre ne seront toutefois responsables des délits et déprédations commis en mer par les gens de guerre qui sont sur leurs navires, ou par les équipages, que jusqu'à concurrence de la somme pour laquelle ils auront donné caution, à moins qu'ils n'en soient participants ou complices.

ART. 218. Le propriétaire peut congédier le capitaine.

Il n'y a pas lieu à indemnité, s'il n'y a convention par écrit.

ART. 219. Si le capitaine congédié est copropriétaire du navire, il peut renoncer à la copropriété, et exiger le remboursement du capital qui la représente.

Le montant de ce capital est déterminé par des experts convenus ou nommés d'office.

Art. 220. En tout ce qui concerne l'intérêt commun des propriétaires d'un navire, l'avis de la majorité est suivi.

La majorité se détermine par une portion d'intérêt dans le navire excédant la moitié de sa valeur.

La licitation du navire ne peut être accordée que sur la demande des propriétaires, formant ensemble la moitié de l'intérêt total dans le navire, s'il n'y a, par écrit, convention contraire.

TITRE IV.

DU CAPITAINE.

Art. 221. Tout capitaine, maître ou patron, chargé de la conduite d'un navire ou autre bâtiment, est garant de ses fautes, même légères, dans l'exercice de ses fonctions.

Art. 222. Il est responsable des marchandises dont il se charge.

Il en fournit une reconnaissance.

Cette reconnaissance se nomme *connaissement*.

Art. 223. Il appartient au capitaine de former l'équipage du vaisseau, et de choisir et louer les matelots et autres gens de l'équipage; ce qu'il fera néanmoins de concert avec les propriétaires, lorsqu'il sera dans le lieu de leur demeure.

Art. 224. Le capitaine tient un registre coté et parafé par l'un des juges du tribunal de commerce, ou par le maire ou son adjoint, dans les lieux où il n'y pas de tribunal de commerce.

Ce registre contient:

Les résolutions prises pendant le voyage;

La recette et la dépense concernant le navire, et généralement tout ce qui concerne le fait de sa charge, et tout ce qui peut donner lieu à un compte à rendre, à une demande à former.

Art. 225. Le capitaine est tenu, avant de prendre charge, de faire visiter son navire, aux termes et dans les formes prescrits par les règlements.

Le procès-verbal de visite est déposé au greffe du tribunal de commerce; il en est délivré extrait au capitaine.

Art. 226. Le capitaine est tenu d'avoir à bord:

12.

L'acte de propriété du navire,

L'acte de francisation,

Le rôle d'équipage,

Les connaissements et chartes-parties,

Les procès-verbaux de visite,

Les acquits de payement ou à caution des douanes.

Art. 227. Le capitaine est tenu d'être en personne dans son navire, à l'entrée et à la sortie des ports, havres ou rivières.

Art. 228. En cas de contravention aux obligations imposées par les quatre articles précédents, le capitaine est responsable de tous les événements envers les intéressés au navire et au chargement.

Art. 229. Le capitaine répond également de tout le dommage qui peut arriver aux marchandises qu'il aurait chargées sur le tillac de son vaisseau sans le consentement par écrit du chargeur.

Cette disposition n'est point applicable au petit cabotage.

Art. 230. La responsabilité du capitaine ne cesse que par la preuve d'obstacles de force majeure.

Art. 231. Le capitaine et les gens de l'équipage qui sont à bord, ou qui sur les chaloupes se rendent à bord pour faire voile, ne peuvent être arrêtés pour dettes civiles, si ce n'est à raison de celles qu'ils auront contractées pour le voyage; et même, dans ce dernier cas, ils ne peuvent être arrêtés s'ils donnent caution.

Art. 232. Le capitaine, dans le lieu de la demeure des propriétaires ou de leurs fondés de pouvoir, ne peut, sans leur autorisation spéciale, faire travailler au radoub du bâtiment, acheter des voiles, cordages et autres choses pour le bâtiment, prendre à cet effet de l'argent sur le corps du navire, ni fréter le navire.

Art. 233. Si le bâtiment était frété du consentement des propriétaires, et que quelques-uns d'eux fissent refus de contribuer aux frais nécessaires pour l'expédier, le capitaine pourra; en ce cas, vingt-quatre heures après sommation faite aux refusants de fournir leur contingent, emprunter à la grosse pour leur compte sur leur portion d'intérêt dans le navire, avec autorisation du juge.

Art. 234. Si, pendant le cours du voyage, il y a nécessité de radoub ou d'achat de victuailles, le capitaine, après l'avoir constaté par un procès-verbal signé des principaux de l'équipage, pourra, en se faisant autoriser en France par le tribunal de commerce, ou, à défaut, par le juge de paix, chez l'étranger par le consul français, ou, à défaut, par le magistrat des lieux, emprunter sur le corps et quille du vaisseau, mettre en gage ou vendre des marchandises jusqu'à concurrence de la somme que les besoins constatés exigent.

Les propriétaires, ou le capitaine qui les représente, tiendront compte des marchandises vendues, d'après le cours des marchandises de même nature et qualité dans le lieu de la décharge du navire, à l'époque de son arrivée.

. . . .

Art. 235. Le capitaine, avant son départ d'un port étranger ou des colonies françaises pour revenir en France, sera tenu d'envoyer à ses propriétaires, ou à leurs fondés de pouvoir, un compte signé de lui, contenant l'état de son chargement, le prix des marchandises de sa cargaison, les sommes par lui empruntées, les noms et demeures des prêteurs.

Art. 236. Le capitaine qui aura, sans nécessité, pris de l'argent sur le corps, avitaillement ou équipement du navire, engagé ou vendu des marchandises ou des victuailles, ou qui aura employé dans ses comptes des avaries et des dépenses supposées, sera responsable envers l'armement, et personnellement tenu du remboursement de l'argent ou du payement des objets, sans préjudice de la poursuite criminelle, s'il y a lieu.

Art. 237. Hors le cas d'innavigabilité légalement constatée, le capitaine ne peut, à peine de nullité de la vente, vendre le navire sans un pouvoir spécial des propriétaires.

Art. 238. Tout capitaine de navire, engagé pour un voyage, est tenu de l'achever, à peine de tous dépens, dommages-intérêts envers les propriétaires et les affréteurs.

Art. 239. Le capitaine qui navigue à profit commun sur le chargement ne peut faire aucun trafic ni commerce pour son compte particulier, s'il n'y a convention contraire.

Art. 240. En cas de contravention aux dispositions mentionnées dans l'article précédent, les marchandises embarquées par le capitaine pour son compte particulier sont confisquées au profit des autres intéressés.

Aʀᴛ. 241. Le capitaine ne peut abandonner son navire pendant le voyage, pour quelque danger que ce soit, sans l'avis des officiers et principaux de l'équipage; et, en ce cas, il est tenu de sauver avec lui l'argent et ce qu'il pourra des marchandises les plus précieuses de son chargement, sous peine d'en répondre en son propre nom.

Si les objets ainsi tirés du navire sont perdus par quelque cas fortuit, le capitaine en demeurera déchargé.

Aʀᴛ. 242. Le capitaine est tenu, dans les vingt-quatre heures de son arrivée, de faire viser son registre et de faire son rapport.

Lé rapport doit énoncer :

Le lieu et le temps de son départ,

La route qu'il a tenue,

Les hasards qu'il a courus,

Les désordres arrivés dans le navire, et toutes les circonstances remarquables de son voyage.

Aʀᴛ. 243. Le rapport est fait au greffe devant le président du tribunal de commerce.

Dans les lieux où il n'y a pas de tribunal de commerce, le rapport est fait au juge de paix de l'arrondissement.

Le juge de paix qui a reçu le rapport est tenu de l'envoyer, sans délai, au président du tribunal de commerce le plus voisin.

Dans l'un et l'autre cas, le dépôt en est fait au greffe du tribunal de commerce.

Aʀᴛ. 244. Si le capitaine aborde dans un port étranger, il est tenu de se présenter au consul de France, de lui faire un rapport, et de prendre un certificat constatant l'époque de son arrivée et de son départ, l'état et la nature de son chargement.

Aʀᴛ. 245. Si, pendant le cours du voyage, le capitaine est obligé de relâcher dans un port français, il est tenu de déclarer au président du tribunal de commerce du lieu les causes de sa relâche.

Dans les lieux où il n'y a pas de tribunal de commerce, la déclaration est faite au juge de paix du canton.

Si la relâche forcée a lieu dans un port étranger, la déclaration est faite au consul de France, ou, à son défaut, au magistrat du lieu.

ART. 246. Le capitaine qui a fait naufrage, et qui s'est sauvé seul ou avec partie de son équipage, est tenu de se présenter devant le juge du lieu, ou, à défaut de juge, devant toute autre autorité civile, d'y faire son rapport, de le faire vérifier par ceux de son équipage qui se seraient sauvés et qui se trouveraient avec lui, et d'en lever expédition.

ART. 247. Pour vérifier le rapport du capitaine, le juge reçoit l'interrogatoire des gens de l'équipage, et, s'il est possible, des passagers, sans préjudice des autres preuves.

Les rapports non vérifiés ne sont point admis à la décharge du capitaine, et ne font point foi en justice, excepté dans le cas où le capitaine naufragé s'est sauvé seul dans le lieu où il a fait son rapport.

La preuve des faits contraires est réservée aux parties.

ART. 248. Hors les cas de péril imminent, le capitaine ne peut décharcher aucune marchandise avant d'avoir fait son rapport, à peine de poursuites extraordinaires contre lui.

ART. 249. Si les victuailles du bâtiment manquent pendant le voyage, le capitaine, en prenant l'avis des principaux de l'équipage, pourra contraindre ceux qui auront des vivres en particulier de les mettre en commun, à la charge de leur en payer la valeur.

TITRE V.

DE L'ENGAGEMENT ET DES LOYERS DES MATELOTS ET GENS DE L'ÉQUIPAGE.

ART. 250. Les conditions d'engagement du capitaine et des hommes d'équipage d'un navire sont constatées par le rôle d'équipage ou par les conventions des parties.

ART. 251. Le capitaine et les gens de l'équipage ne peuvent, sous aucun prétexte, charger dans le navire aucune marchandise pour leur compte, sans la permission des propriétaires et sans en payer le fret, s'ils n'y sont autorisés par l'engagement.

Art. 252. Si le voyage est rompu par le fait des propriétaires, capitaine ou affréteurs, avant le départ du navire, les matelots loués au voyage ou au mois sont payés des journées par eux employées à l'équipement du navire. Ils retiennent pour indemnité les avances reçues.

Si les avances ne sont pas encore payées, ils reçoivent pour indemnité un mois de leurs gages convenus.

Si la rupture arrive après le voyage commencé, les matelots loués au voyage sont payés en entier aux termes de leur convention.

Les matelots loués au mois reçoivent leurs loyers stipulés pour le temps qu'ils ont servi, et en outre, pour indemnité, la moitié de leurs gages pour le reste de la durée présumée du voyage pour lequel ils étaient engagés.

Les matelots loués au voyage ou au mois reçoivent, en outre, leur conduite de retour jusqu'au lieu du départ du navire, à moins que le capitaine, les propriétaires ou affréteurs, ou l'officier d'administration, ne leur procurent leur embarquement sur un autre navire revenant audit lieu de leur départ.

Art. 253. S'il y a interdiction de commerce avec le lieu de la destination du navire, ou si le navire est arrêté par ordre du Gouvernement avant le voyage commencé,

Il n'est dû aux matelots que les journées employées à équiper le bâtiment.

Art. 254. Si l'interdiction de commerce ou l'arrêt du navire arrive pendant le cours du voyage,

Dans le cas d'interdiction, les matelots sont payés à proportion du temps qu'ils auront servi;

Dans le cas de l'arrêt, le loyer des matelots engagés au mois court pour moitié pendant le temps de l'arrêt;

Le loyer des matelots engagés au voyage est payé aux termes de leur engagement.

Art. 255. Si le voyage est prolongé, le prix des loyers des

matelots engagés au voyage est augmenté à proportion de la prolongation.

ART. 256. Si la décharge du navire se fait volontairement dans
un lieu plus rapproché que celui qui est désigné par l'affrétement, il
ne leur est fait aucune diminution.

ART. 257. Si les matelots sont engagés au profit ou au fret, il
ne leur est dû aucun dédommagement ni journées pour la rupture,
le retardement ou la prolongation de voyage occasionnés par force
majeure.

Si la rupture, le retardement ou la prolongation arrivent par le
fait des chargeurs, les gens de l'équipage ont part aux indemnités
qui sont adjugées au navire.

Ces indemnités sont partagées entre les propriétaires du navire
et les gens de l'équipage, dans la même proportion que l'aurait été
le fret.

Si l'empêchement arrive par le fait du capitaine ou des propriétaires, ils sont tenus des indemnités dues aux gens de l'équipage.

ART. 258. En cas de prise, de bris et naufrage, avec perte entière du navire et des marchandises, les matelots ne peuvent prétendre aucun loyer.

Ils ne sont point tenus de restituer ce qui leur a été avancé sur
leurs loyers.

ART. 259. Si quelque partie du navire est sauvée, les matelots
engagés au voyage ou au mois sont payés de leurs loyers échus sur
les débris du navire qu'ils ont sauvés.

Si les débris ne suffisent pas, ou s'il n'y a que des marchandises
sauvées, ils sont payés de leurs loyers subsidiairement sur le
fret.

ART. 260. Les matelots engagés au fret sont payés de leurs
loyers seulement sur le fret, à proportion de celui que reçoit le
capitaine.

ART. 261. De quelque manière que les matelots soient loués, ils
sont payés des journées par eux employées à sauver les débris et
les effets naufragés.

ART. 262. Le matelot est payé de ses loyers, traité et pansé aux dépens du navire, s'il tombe malade pendant le voyage ou s'il est blessé au service du navire.

ART. 263. Le matelot est traité et pansé aux dépens du navire et du chargement, s'il est blessé en combattant contre les ennemis et les pirates.

ART. 264. Si le matelot, sorti du navire sans autorisation, est blessé à terre, les frais de ses pansement et traitement sont à sa charge : il pourra même être congédié par le capitaine.

Ses loyers, en ce cas, ne lui seront payés qu'à proportion du temps qu'il aura servi.

ART. 265. En cas de mort d'un matelot pendant le voyage, si le matelot est engagé au mois, ses loyers sont dus à sa succession jusqu'au jour de son décès.

Si le matelot est engagé au voyage, la moitié de ses loyers est due s'il meurt en allant ou au port d'arrivée.

Le total de ses loyers est dû s'il meurt en revenant.

Si le matelot est engagé au profit ou au fret, sa part entière est due s'il meurt le voyage commencé.

Les loyers du matelot tué en défendant le navire sont dus en entier pour tout le voyage, si le navire arrive à bon port.

ART. 266. Le matelot pris dans le navire et fait esclave ne peut rien prétendre contre le capitaine, les propriétaires ni les affréteurs pour le payement de son rachat.

Il est payé de ses loyers jusqu'au jour où il est pris et fait esclave.

ART. 267. Le matelot pris et fait esclave, s'il a été envoyé en mer ou à terre pour le service du navire, a droit à l'entier payement de ses loyers.

Il a droit au payement d'une indemnité pour son rachat, si le navire arrive à bon port.

ART. 268. L'indemnité est due par les propriétaires du navire, si le matelot a été envoyé en mer ou à terre pour le service du navire.

L'indemnité est due par les propriétaires du navire et du chargement, si le matelot a été envoyé en mer ou à terre pour le service du navire et du chargement.

Art. 269. Le montant de l'indemnité est fixé à 600 francs.

Le recouvrement et l'emploi en seront faits suivant les formes déterminées par le Gouvernement, dans un règlement relatif au rachat des captifs.

Art. 270. Tout matelot qui justifie qu'il est congédié sans cause valable a droit à une indemnité contre le capitaine.

L'indemnité est fixée au tiers des loyers si le congé a lieu avant le voyage commencé.

L'indemnité est fixée à la totalité des loyers et aux frais du retour, si le congé a lieu pendant le cours du voyage.

Le capitaine ne peut, dans aucun des cas ci-dessus, répéter le montant de l'indemnité contre les propriétaires du navire.

Il n'y a pas lieu à indemnité si le matelot est congédié avant la clôture du rôle d'équipage.

Dans aucun cas le capitaine ne peut congédier un matelot dans les pays étrangers.

Art. 271. Le navire et le fret sont spécialement affectés aux loyers des matelots.

Art. 272. Toutes les dispositions concernant les loyers, pansement et rachat des matelots sont communes aux officiers et à tous autres gens de l'équipage.

ORDONNANCE DU ROI DU 22 MAI 1816

Portant rétablissement de la caisse des invalides de la marine dans les attributions du ministre secrétaire d'état de la marine et des colonies.

. . . .

Art. 5. La caisse conserve les dotations et revenus qui lui ont été attribués par les édits, lois, ordonnances et règlements rendus jusqu'à ce jour, et dont elle est actuellement en jouissance.

Ces dotations et revenus se composent :

1° De la retenue de trois centimes par franc sur toutes les dépenses de la marine et des colonies, tant pour le personnel que pour le matériel ;

2° Des droits établis sur les armements du commerce et de la pêche, savoir :

Sur les gages des marins du commerce naviguant à salaires, trois centimes par franc;

Sur les bénéfices des marins du commerce naviguant à la part :

Pour chaque capitaine, maître ou patron, un franc quatre-vingts centimes par mois;

Pour chaque officier-marinier, quatre-vingt-dix centimes par mois;

Pour chaque matelot indifféremment, quarante-cinq centimes par mois;

Sur les bateaux de pêche :

Pour ceux de vingt tonneaux et au-dessous, un franc vingt centimes par tonneau et par an;

Pour ceux au-dessus de vingt tonneaux, un franc cinquante centimes par tonneau et par an;

3° De la solde entière des déserteurs de nos bâtiments, des arsenaux, chantiers et ateliers de nos ports,

Et de la moitié de la solde des déserteurs des bâtiments du commerce;

4° Du produit non réclamé des successions des marins et autres personnes mortes en mer, des parts de prises, gratifications, salaires, journées d'ouvriers, et autres objets concernant le service de la marine;

5° De la totalité du produit non réclamé des bris et naufrages;

6° Des droits réglés sur le produit des prises, savoir :

Sur les prises faites par nos bâtiments de guerre,

Deux et demi pour cent du produit brut de toutes les prises quelconques faites sur l'ennemi;

Un demi pour cent du même produit en faveur des caissiers des prises;

Et, indépendamment des deux retenues ci-dessus, le tiers du produit net des corsaires, bâtiments et cargaisons pris sur le commerce ennemi;

Sur les prises faites par les corsaires :

Cinq pour cent du produit net desdites prises;

7° De la plus-value des feuilles de rôles délivrées pour les armements et désarmements des bâtiments du commerce;

8° Du produit des amendes et confiscations légalement prononcées pour contraventions aux lois et règlements maritimes (1);

9° Des produits de prises non répartissables;

10° Enfin, des arrérages des rentes appartenant à ladite caisse sur le grand-livre de la dette publique, et du revenu des autres placements provenant de ses économies.

RÈGLEMENT DU ROI

Portant instruction sur l'administration et la comptabilité de l'établissement des invalides de la marine.

Du 17 juillet 1816.

TITRE Iᵉʳ.

ADMINISTRATION DE L'ÉTABLISSEMENT.

. . . .

ART. 2. L'administration et la comptabilité de l'établissement des invalides, replacées dans les attributions exclusives du département de la marine par l'ordonnance du 22 mai 1816, sont confiées, sous les ordres du ministre secrétaire d'État de ce département :

A Paris, au directeur général de l'établissement et au chef de la division des invalides;

Dans les ports, aux intendants de la marine, commissaires généraux et commissaires principaux des arrondissements et sous-arron-

---

(1) Voir pages 194, 241, 243, 244, 245, 246, 247, 269 et 275 de l'instruction du mois de décembre 1859, les lois, décrets, etc. qui ont fait application de ce principe d'attribution à la caisse des invalides, du produit des amendes et confiscations spéciales provenant des services maritimes.

dissements, et, sous leurs ordres, aux commissaires et officiers d'administration chargés du service des classes.

Les contrôleurs et sous-contrôleurs de la marine, spécialement chargés, par l'ordonnance du 29 novembre 1815 *sur la régie des ports et arsenaux*, de veiller aux intérêts de l'établissement des invalides, en inspectent les recettes et les dépenses; ils prennent connaissance de tous les détails d'administration, et transmettent, s'il y a lieu, leurs observations au ministre; ils accélèrent les liquidations, repartitions et versements; ils guident les commissaires des classes dans les poursuites et diligences que ceux-ci ont à faire; ils interviennent d'office toutes les fois que leur action peut être utile à l'établissement; enfin ils sont appelés à activer et à régulariser, de concert avec l'administration des classes de leur ressort, toutes les parties du service des invalides de la marine (1).

Les administrateurs des quartiers doivent correspondre, tant avec les intendants et administrateurs supérieurs, qu'avec les contrôleurs et sous-contrôleurs, sur les différents objets concernant le service.

TITRE II.
CAISSE DES GENS DE MER.

. . . .

ART. 21. Au désarmement de chaque bâtiment du Roi, l'inventaire des effets et hardes appartenant aux marins, militaires et passagers morts pendant le cours de la campagne, est remis au bureau des armements du port où le bâtiment désarme, et lesdits effets et hardes, après avoir été timbrés du nom de l'individu décédé, ainsi que du folio et numéro du registre des inventaires, sont déposés au magasin général.

Les effets et hardes provenant d'individus embarqués sur les navires du commerce sont déposés, avec l'inventaire, au bureau des classes du port où le désarmement a eu lieu.

(1) Une partie de ces attributions est exercée maintenant par les commissaires généraux et chefs du service de la marine dans les arrondissements ou sous-arrondissements maritimes.

ART. 22. Les espèces monnayées trouvées sur les décédés, et le produit de leurs effets et hardes qui auraient été vendus dans le cours du voyage, pour cause de dépérissement ou pour tout autre motif, sont remis, lors du désarmement, au caissier des gens de mer.

ART. 23. Les effets et hardes déposés au magasin général ou au bureau des classes, et qui n'ont pas été réclamés, sont vendus après un an de dépôt, ou plus tôt, s'il est jugé nécessaire, d'après les ordres de l'administrateur en chef de la marine, par les soins et en présence du commissaire des classes, qui dresse un procès-verbal où les différents articles sont consignés séparément. Le produit de la vente est également remis au caissier des gens de mer.

ART. 24. En cas de naufrage, le commissaire des classes du quartier où cet événement a lieu est chargé, à défaut des armateurs, propriétaires, subrécargues ou correspondants, des opérations du sauvetage, quelle que soit la qualité du navire; et, jusqu'à son arrivée, le syndic des gens de mer donne les premiers ordres, et requiert, s'il en est besoin, l'assistance des autorités locales, pour pourvoir au sauvetage, et pour empêcher le pillage des objets sauvés.

Il en est de même pour les bris et échouements d'objets arrivés isolément au rivage, et pour les épaves trouvées en mer.

. . . .

ART. 26. Les objets provenant des naufrages, bris, échouements, etc. non appartenant au Roi, sont déposés dans un magasin à deux clefs, dont l'une est remise à l'administrateur de la marine et l'autre au chef du service des douanes de la résidence, après que la nature, le nombre et la quotité desdits objets ont été constatés par le procès-verbal de sauvetage.

La durée du dépôt en magasin est d'un an et un jour, après lequel délai, et à défaut de réclamation de la part des propriétaires, les objets sauvés sont vendus.

Après l'an et jour de non-réclamation, les bois de construction et autres objets propres au service peuvent être acquis par l'administration de la marine, qui les prend sur estimation, en en payant immédiatement la valeur, sinon, ils sont vendus comme les autres objets.

Lorsque, pour éviter des pertes ou détériorations, les objets sont vendus en tout ou en partie, immédiatement après le sauvetage, le produit net de la vente entre sur le champ dans la caisse des gens de mer.

Si les objets ont été sauvés à la mer avec risques et périls, les sauveteurs reçoivent, à titre d'indemnité, le tiers brut du produit de la vente.

Quant aux objets sauvés à vue de terre et sans risques, il est accordé aux sauveteurs, pour leurs peines et soins, sur le produit de la vente, une gratification réglée par le ministre secrétaire d'État de la marine, d'après la proposition de l'administrateur supérieur de l'arrondissement ou sous-arrondissement.

. . . .

ART. 37. Les parts de prises des marins, comme leurs salaires, sont *insaisissables*, sans égard aux réclamations ou *oppositions* formées par ceux qui se prétendraient porteurs d'obligations desdits marins; *si ce n'est pour dettes contractées par eux ou par leur familles, à titre de loyers, subsistances et vêtement, et ce du consentement du commissaire des classes, lequel en aura préalablement fait apostille sur les registres et matricules des gens de mer.*

Toute vente et tout achat de parts de prises sont formellement interdits; les payements doivent être faits *aux marins eux-mêmes; et, à moins d'une décision spéciale du ministre secrétaire d'État de la marine,* il ne sera admis de procurations que celles qui seront données aux familles.

. . . .

TITRE III.
CAISSE DES INVALIDES.

. . . .

ART. 43. La retenue de trois pour cent sur les gages des marins du commerce employés au mois et au voyage s'opère à l'armement et au désarmement.

A l'armement, la retenue s'exerce sur les avances données par l'armateur, d'après le rôle arrêté au bureau des classes, et dont le trésorier des invalides reçoit une expédition qui lui sert à former l'état de dépouillement à rapporter à l'appui de son compte.

Au désarmement, la retenue s'effectue sur ce qui revient aux équipages, déduction faite des avances.

Les retenues qui doivent être opérées en raison du grade sur les armements à la part, et en raison du tonnage sur les bateaux employés à la pêche du poisson frais, sont versées, pour les premiers, au désarmement, et pour les autres, soit au désarmement, soit à la fin de l'année, si l'armement se prolonge au delà du terme d'un an.

Trois jours après l'arrivée de chaque bâtiment, le capitaine, maître ou patron doit remettre au bureau des classes son rôle d'équipage, pour qu'il y soit désarmé : expédition du rôle de désarmement est remise au trésorier des invalides, pour la perception des droits de la caisse.

. . . . ,

Art. 66. Les recettes de la caisse des invalides, spécialement confiées à l'administration des classes, sont sous la surveillance directe des contrôleurs et sous-contrôleurs de la marine, qui interviennent, aux époques fixées par les règlements, soit auprès de l'administration, soit auprès des particuliers, pour assurer la prompte rentrée des sommes revenant à l'établissement.

Les armateurs, capitaines et patrons des navires marchands sont solidairement responsables de l'acquittement des droits revenant à la caisse. Il ne leur est fait aucune expédition nouvelle de rôle jusqu'à ce qu'ils aient rempli leurs obligations précédentes, sans préjudice des poursuites qui peuvent être exercées contre eux pour le recouvrement desdits droits.

La même disposition s'applique aux armateurs des corsaires qui demeurent, d'ailleurs, soumis aux règlements spéciaux sur la course.

. . . .

TITRE IV.

COMPTABILITÉ, SURVEILLANCE ET MOUVEMENT DES FONDS.

. . . .

ART. 94. Il est établi dans chaque quartier une matricule contenant les noms de tous les pensionnaires payés dans ledit quartier. Cette matricule est divisée en quatre parties, savoir : un registre pour les demi-soldiers, un pour les pensionnaires, un pour les retraités; le quatrième pour les officiers militaires, civils et autres entretenus jouissant d'un traitement de réforme.

Sur chacun de ces registres sont annotés les mouvements occasionnés par mort ou par changement de domicile, avec indication, à l'article de chaque individu, de la date des décès et mutations.

On y apostille également chaque payement des arrérages acquittés.

Le bureau du contrôle tient la matricule générale des quartiers de l'arrondissement ou sous-arrondissement, dans la même division et avec les mêmes apostilles et annotations.

La division des invalides à Paris tient, dans la même forme, la matricule générale de tous les pensionnaires de la marine.

ART. 95. A l'exception du livre de caisse, il est tenu, tant au bureau des classes de chaque quartier qu'au bureau du contrôle de l'arrondissement ou sous-arrondissement, des registres correspondant à ceux des trésoriers (1), afin que l'administration suive avec exactitude les opérations des comptables par nature de recettes et de dépenses, et puisse vérifier leurs états de situation.

. . . .

(1) Cette attribution est confiée aujourd'hui à un délégué du commissaire général ou du chef du service de la marine dans les arrondissements et sous-arrondissements, sous la réserve des droits maintenus à l'inspection de la marine.

· TITRE V.

DES FORMES D'ADMISSION AUX. DEMI-SOLDES ET PENSIONS
SUR LA CAISSE DES INVALIDES.

ART. 128. Pour constater les droits des marins, ouvriers et autres non entretenus qui sont dans le cas d'obtenir des demi-soldes et pensions sur la caisse des invalides, ainsi que de leurs veuves, enfants, pères et mères, les syndics des gens de mer reçoivent les demandes qui leur sont faites par les réclamants; ils en forment un état contenant les motifs de chaque demande, font certifier les faits par la mairie du syndicat, et adressent un double de l'état, avec les pièces au soutien, au commissaire de leur quartier. Ce travail a lieu une fois par an, et doit être terminé avant le 1ᵉʳ octobre.

ART. 129. Les commissaires des classes de chaque quartier recueillent les états et pièces qui leur sont adressés par les syndics, vérifient les faits qui y sont contenus, forment l'état général de propositions du quartier, divisé par syndicats; et, joignant leurs observations à chaque demande, il font passer le tout à l'intendant ou à l'administrateur supérieur de l'arrondissement ou sous-arrondissement, pour être lesdites pièces transmises par ce dernier, avant le 31 décembre, au ministre secrétaire d'État de la marine.

Les commissaires des classes doivent, par tous les moyens possibles, éclairer les syndics sur l'exécution des règlements qui concernent cette partie du service, et stimuler leur activité pour la formation des états de propositions à établir chaque année. Ils doivent exiger des syndics qui n'ont point de propositions à faire un état négatif, afin de garantir au ministre qu'on a conservé à ces syndics l'initiative qui leur est dévolue par la loi, et qu'il n'y a point eu d'omissions au préjudice des gens de mer.

. . . .

ART. 132. Les marins qui ne réunissent pas les conditions requises pour obtenir des pensions ou demi-soldes, et qui cependant présentent des besoins urgents et des services constatés, approchant du terme fixé, peuvent obtenir des gratifications, dont les demandes

13.

sont comprises dans les états de propositions relatifs aux pensions et demi-soldes.

Le même mode est applicable aux veuves des gens de mer dans une situation analogue.

Lesdites gratifications se payent sur le fonds de cinquante-quatre mille francs assigné pour cet objet, ainsi qu'il est dit en l'article 75 du présent règlement.

Si, avant la confection du travail annuel des propositions, l'individu susceptible d'une gratification, pour le cas ci-dessus énoncé, se trouve dans un état de besoin qui ne lui permette pas d'attendre l'époque de ce travail, il lui est accordé par le ministre, sur la simple demande de l'intendant ou de l'admistrateur supérieur constatant l'urgence, un secours extraordinaire imputable sur le fonds de six mille francs assigné à cet effet, ainsi qu'il est dit en l'article 75 précité.

. . . .

———

DE L'EXERCICE, À BORD DES NAVIRES DE COMMERCE ÉTRANGERS MOUILLÉS DANS LES EAUX FRANÇAISES, DU DROIT DE POLICE, DE SURVEILLANCE ET DE CONTRÔLE, ET DES MOYENS LÉGAUX À EMPLOYER PAR L'AUTORITÉ MARITIME, POUR OBTENIR LA REMISE DES MARINS DÉSERTEURS.

———

LE MINISTRE SECRÉTAIRE D'ÉTAT DE LA MARINE ET DES COLONIES À MM. LES PRÉFETS MARITIMES.

(1re et 2e directions. — Recrutement et police de la navigation.)

Paris, le 26 juillet 1832.

MONSIEUR LE PRÉFET, des doutes se sont élevés sur les moyens que l'administration de la marine peut employer légalement pour obtenir la remise des déserteurs des bâtiments de l'État et du commerce embarqués sur des navires étrangers.

Un fait récent vient de donner lieu à la solution de cette question.

Un marin français, déserteur d'un bâtiment de l'État, voulant profiter du bénéfice de la dernière ordonnance d'amnistie, s'embarque sur un bâtiment étranger destiné pour l'un de nos ports.

A son arrivée en France, il se rend auprès du commissaire de l'inscription maritime pour lui faire connaître sa position. Cet administrateur réclame le débarquement de ce marin; mais le capitaine du bâtiment s'y refuse, sous le prétexte qu'il a contracté avec lui des engagements. Cependant, par suite des démarches concertées avec le consul de la nation à laquelle appartenait le bâtiment, et avec l'intervention de l'autorité judiciaire, le marin est enfin débarqué, malgré l'insistance du capitaine.

Ces détails ayant été portés à ma connaissance, j'ai cru devoir consulter M. le Garde des sceaux et M. le Ministre des affaires étrangères sur les moyens légaux à employer en pareil cas.

Leur avis a été unanime à ce sujet.

Les navires étrangers qui se trouvent dans nos ports et rades étant soumis à toutes nos lois de police et de sûreté (article 3 du Code civil), il en résulte que l'autorité judiciaire a le droit de faire des perquisitions à bord de ces bâtiments, à l'effet d'y saisir les déserteurs, à la seule condition d'observer avec soin les formalités prescrites par la législation française.

En conséquence, lorsque l'autorité maritime croira devoir réclamer un déserteur embarqué sur un bâtiment étranger, elle en fera la demande au capitaine de ce bâtiment. Si celui-ci se refuse au débarquement du marin, elle en référera au consul de la nation à laquelle appartiendra le bâtiment; et, dans le cas où ce consul ne déférerait pas à sa demande, elle requerra alors le ministère d'un officier de police judiciaire, pour se transporter à bord du bâtiment, à l'effet de s'y faire remettre le déserteur.

Il est bien entendu, toutefois, que l'officier de police devra agir, en cette circonstance, avec tous les égards dus au pavillon d'une nation amie; et il conviendra même que le consul soit préalablement informé de cette dernière démarche, afin qu'il puisse assister aux opérations qui auront lieu, s'il le juge à propos.

Comme il est très-important que les administrateurs de la marine soient fixés sur la conduite qu'ils doivent tenir en pareille circonstance, je vous prie de donner à cette dépêche toute la publicité possible, et je vous en transmets ci-joint un certain nombre d'exemplaires, afin que vous puissiez en adresser aux commissaires de l'inscription maritime des quartiers de votre arrondissement.

Recevez, Monsieur, l'assurance de ma considération très-distinguée.

Signé Cte DE RIGNY.

LE MINISTRE DE LA MARINE AUX PRÉFETS MARITIMES, CHEFS DU SERVICE DE LA MARINE ET COMMISSAIRES DE L'INSCRIPTION MARITIME.

(Direction de l'administration.—Bureau de l'inscription maritime, de la police de la navigation et des pêches.)

Paris, le 24 juin 1856.

Désertion par la voie de navires étrangers. — Exercice, à bord des navires de commerce étrangers, mouillés dans les eaux françaises, du droit de police, de surveillance et de contrôle.

MESSIEURS, la circulaire du 24 janvier 1855 a prescrit de faire opérer par la gendarmerie maritime une visite rigoureuse à bord des navires du commerce étrangers au moment de leur sortie des ports de l'Empire, afin de saisir les soldats déserteurs, les conscrits réfractaires ou les marins insoumis qui s'y réfugient trop souvent.

Mais, pour prévenir toute difficulté, et guidé surtout par cet esprit de haute courtoisie qui a présidé aux résolutions arrêtées d'un commun accord à cet égard en 1832 par les départements des affaires étrangères, de la justice et de la marine, mon prédécesseur invitait les autorités maritimes à se concerter dans les cas de l'espèce avec les représentants des gouvernements étrangers.

J'ai reconnu depuis les inconvénients de ce mode de procéder : la nécessité d'obtenir, avant de faire visiter un navire, le visa du consul de la nation à laquelle il appartient, rend toute perquisition illusoire. Les démarches qu'entraîne l'accomplissement de cette formalité sont, en effet, de nature à donner l'éveil aux capitaines étrangers, qui n'ont que trop de facilité pour dissimuler la présence d'un et même de plusieurs hommes à bord de navires encombrés de marchandises et de colis, et d'un tonnage élevé comme sont la plupart des bâtiments américains, que choisissent particulièrement les déserteurs pour quitter la France.

J'ai fait part de ces observations à M. le Ministre des affaires étrangères, et, en appelant son attention sur ce point, j'exprimai l'opinion que, pour rendre efficace la visite des navires étrangers, il serait indispensable que la gendarmerie pût se rendre à l'improviste à bord de ces bâtiments, faculté inconciliable avec l'usage où nous sommes aujourd'hui d'obtenir d'abord le visa de l'autorité consulaire.

M. le comte Walewski a soumis cette importante question à un examen approfondi, dont il vient de me faire connaître le résultat en ces termes :

« Il ne faut point perdre de vue qu'il s'agit uniquement ici d'une « question de police de la navigation, qui ressort, par conséquent, « du domaine de la législation territoriale : si on examine la législation française, on y voit inscrit le principe sur lequel est fondée « la circulaire du 26 juillet 1832, que les lois de police et de sûreté « obligent tous ceux qui habitent le territoire. Si donc, en France, « les consuls étrangers ne peuvent soustraire leurs nationaux à l'application de nos lois, il ne peut en être autrement des navires « admis dans les ports de l'Empire, et la protection qui leur est accordée ne saurait aller jusqu'à empêcher l'exercice de la juridiction « française. C'est ainsi qu'un avis du conseil d'État du 20 novembre 1806 a décidé que les navires neutres, admis dans les ports « de France, étant de plein droit soumis aux lois de police qui « régissent le lieu dans lequel ils sont reçus, les gens de leurs équipages sont également justiciables des tribunaux du pays pour les

« délits qu'ils y commettraient, même à bord, *envers des personnes*
« *étrangères à l'équipage*, ainsi que pour les conventions civiles faites
« avec elles, et que les droits de juridiction de la puissance neutre
« n'existent que lorsqu'il s'agit de délits commis à bord du navire
« neutré de la part d'un homme de l'équipage envers un autre
« homme du même équipage.

« D'un autre côté, les navires de commerce étrangers ne jouissent
« pas, dans les ports où ils sont mouillés, *de l'exterritorialité acquise*
« *aux bâtiments de guerre;* en d'autres termes, ils ne peuvent nul-
« lement invoquer la fiction du droit des gens qui assimile le lieu
« couvert par la flamme militaire ou nationale au territoire même
« du pays auquel lesdits bâtiments appartiennent. Ces navires sont
« dès lors tenus, comme les navires de commerce français, de subir
« toute visite, toute enquête que nos autorités militaires ou autres
« jugent utile de prescrire à leur bord. Notre droit de police, de
« surveillance et de contrôle est absolu, s'exerce dans nos ports
« selon la forme établie par les lois sur la matière, et ne dépend,
« en aucun cas, de l'autorisation préalable des consuls étrangers. Il
« est vrai que, si c'est là la règle, l'usage et les traités en ont, vis-à-
« vis de certains pays, modifié l'application : ainsi, pour l'Espagne
« (article 6 du traité du 2 janvier 1768) et pour la Suède et la
« Norwége (déclaration du 18 décembre 1852), il a été réciproque-
« ment convenu que les consuls respectifs seraient prévenus de
« toute visite ou descente de justice qui devrait se faire à bord des
« navires marchands de leur nation, afin de pouvoir y assister en
« personne ou s'y faire représenter par leurs vice-consuls ou chan-
« celiers, s'ils le jugent convenable, mais sans jamais pouvoir s'op-
« poser à la visite ni se plaindre, si, ne s'étant pas rendus à l'aver-
« tissement qui leur a été donné, il était passé outre hors de leur
« présence. Ce privilége, qui n'est acquis en droit qu'aux seuls con-
« suls d'Espagne et de Suède, ne peut être invoqué par aucun autre
« agent étranger résidant sur notre territoire.

« Rien ne s'oppose donc à ce que nous appliquions rigoureuse-
« ment aux navires américains mouillés dans les ports de l'État les
« principes généraux de notre législation. Si, dans les instructions

« de 1832, par déférence pour les gouvernements étrangers, nous
« avons bien voulu admettre qu'il *conviendrait* que leurs consuls
« fussent préalablement informés des visites que les autorités mari-
« times se verraient obligées d'ordonner à bord des navires de leur
« nation, cet acte de courtoisie n'infirme nullement le droit que
« nous avons de nous en dispenser. Seulement, afin d'éviter toute
« difficulté et nous mettre autant que possible d'accord avec les
« principes, sur ce point, de la législation américaine, il serait peut-
« être bon que les agents chargés de ces perquisitions fussent munis
« de mandats délivrés par l'autorité judiciaire compétente.

« Dans ces conditions, il semble d'autant moins possible que le
« Gouvernement fédéral se croie fondé à élever des réclamations
« que, d'après les renseignements que j'ai recueillis, les magistrats
« américains n'admettent point, dans des circonstances analogues,
« l'intervention des consuls étrangers de leur résidence. Au surplus,
« les principes exposés dans l'ouvrage intitulé *Éléments de droit in-
« ternational*, de Henry Wheaton, ne peuvent laisser aucun doute à
« cet égard. En effet, quand ce publiciste, l'un des plus estimés de
« l'Union, traite de la distinction entre les bâtiments publics et pri-
« vés, il s'exprime ainsi : « Lorsque les bâtiments d'une nation entrent
« dans les ports d'une autre pour faire le commerce, ils ne pour-
« raient pas être exempts de la juridiction du pays sans danger pour
« le bon ordre de la société et la dignité du gouvernement. Le sou-
« verain étranger n'a pas même d'intérêt à une pareille exemption
« en faveur de ses sujets ou de leurs propriétés. Ses sujets allant en
« pays étranger ne sont pas employés par lui; ils ne sont pas enga-
« gés dans les affaires publiques; par conséquent, il y a des raisons
« puissantes pour ne pas exempter de telles personnes de la juridic-
« tion du pays où elles se trouvent, et point de motifs pour de-
« mander une telle exemption. »

« Wheaton va plus loin; il critique l'avis du conseil d'État de
« 1806 comme étendant trop l'immunité : « La jurisprudence mari-
« time reconnue en France par rapport aux bâtiments étrangers en-
« trant dans les ports français ne paraît pas s'accorder avec les prin-
« cipes établis par la cour suprême des États-Unis, ou, pour parler

« plus correctement, en exemptant ces bâtiments de l'exercice de la
« juridiction du pays, la législation française leur accorde de plus
« grandes immunités que celles exigées par les principes du droit
« international. »

« La doctrine que nous soutenons, dit en concluant M. le Ministre
« des affaires étrangères, se trouve donc complétement justifiée par
« l'opinion du jurisconsulte américain. »

Cet avis si bien motivé, cette démonstration si nette de notre
droit de police, de surveillance et de contrôle à l'égard des navires
de commerce étrangers mouillés dans les eaux françaises, me dispense de toute explication. Vous voudrez bien en faire la règle de
votre conduite dans les cas de l'espèce, en ayant soin, comme le recommande mon collègue, de munir de mandats délivrés par l'autorité judiciaire compétente les agents qui seraient chargés de faire
des perquisitions à bord des navires étrangers.

La présente circulaire devra être annotée en marge de celles des
26 juillet 1832, dont elle modifie les dispositions, 9 juin 1847,
déclarant sans valeur les billets dits *de protection*, dont excipent
quelquefois les déserteurs pour se soustraire aux poursuites, et
10 juin 1851, portant notification d'un jugement du tribunal de
commerce de Marseille, qui a condamné un capitaine américain au
payement intégral des salaires acquis à son bord par un marin français arrêté comme déserteur.

Recevez, Messieurs, l'assurance de ma considération très-distinguée.

L'Amiral Ministre Secrétaire d'État de la marine et des colonies,

Signé HAMELIN.

LE MINISTRE DE LA MARINE ET DES COLONIES AUX PRÉFETS MARITIMES, CHEFS DU SERVICE DE LA MARINE ET COMMISSAIRES DE L'INSCRIPTION MARITIME.

(Direction de l'administration. — Bureau de l'inscription maritime, etc.)

Paris, le 28 octobre 1856.

Désertion par la voie de navires étrangers. — Délivrance de mandats de perquisition.

MESSIEURS, on m'a demandé quelle est l'autorité qui doit délivrer les mandats de perquisition dont il est question dans les circulaires des 26 juillet 1832 et 24 juin 1856.

Mes collègues aux départements des affaires étrangères et de la justice, consultés sur ce point, ont pensé, d'un commun accord, que ce soin doit être confié à l'autorité maritime.

M. le comte Walewski termine ainsi la lettre dans laquelle il exprime cette opinion :

« Les autorités maritimes pourront dorénavant délivrer toutes « les réquisitions dont la gendarmerie de leur résidence aurait be- « soin pour se transporter à bord des navires étrangers où il y aurait, « lieu de soupçonner que des matelots déserteurs ont trouvé un « refuge. Toutefois, je pense qu'afin de ne pas nous écarter des règles « de courtoisie que nous avons toujours professées à l'égard des gou- « vernements étrangers, il conviendrait d'inviter ces mêmes auto- « rités à prévenir les consuls, au moment où des faits de cette « nature viendraient à se produire, que des perquisitions sont faites « à bord des navires de leur nation. Seulement cet avis, donné au « moment où les recherches devront avoir lieu, ne serait, dans au- « cun cas, de nature à retarder l'action de la gendarmerie, et nous « n'aurions pas, par conséquent, à redouter, de cette manière, le « retour des inconvénients dont nous avons eu à nous plaindre sous « le régime des instructions anciennes. »

En procédant ainsi, Messieurs, toute difficulté disparaîtra, et l'on évitera les lenteurs qui, en ôtant aux perquisitions leur caractère imprévu et instantané, en rendaient presque toujours les effets illusoires.

Mon intention est donc que vous vous conformiez à la règle de conduite indiquée par mes collègues.

La présente circulaire devra être mentionnée en marge de celles des 26 juillet 1832 et 24 juin 1856.

Recevez, Messieurs, l'assurance de ma considération très-distinguée.

L'Amiral Ministre Secrétaire d'État de la marine et des colonies,

Signé HAMELIN.

LOI DU 21 JUIN 1836

SUR LES MAITRES AU CABOTAGE.

ART. 1er. Les marins pourvus du grade de maître au cabotage sont autorisés, concurremment avec les capitaines au long cours, à commander les navires employés à la pêche de la morue, soit à Terre-Neuve et aux îles de Saint-Pierre et Miquelon, soit sur les côtes d'Islande.

ART. 2. Les maîtres au cabotage qui ne seront pas pourvus du grade d'officier-marinier, et qui ne comptent pas encore une année de commandement, seront employés à bord des bâtiments de l'État comme quartiers-maîtres de deuxième classe.

Ceux qui auront commandé pendant un an et plus seront employés comme quartiers-maîtres de première classe.

LOI DU 9 JUIN 1845

RELATIVE AUX DOUANES.

SECTION III. — ARTICLE XI.

FRANCISATION DES NAVIRES.

L'article 2 de la loi du 21 septembre 1793 est abrogé dans la disposition qui porte qu'aucun bâtiment ne sera réputé français s'il n'appartient entièrement à des Français.

Toutefois, la moitié au moins de la propriété devra appartenir à des Français.

Les articles 12 et 13 de la loi du 27 vendémiaire an II sont modifiés conformément aux dispositions des paragraphes précédents.

ORDONNANCE DU ROI

Concernant la fabrication ou la confection des armes et munitions de guerre pour l'usage des navires du commerce.

A Neuilly, le 12 juillet 1847.

LOUIS-PHILIPPE, Roi des Français, à tous présents et à venir, SALUT.

Vu les lois des 22 août 1791, 4 germinal an II, 19 thermidor an IV, 24 mai 1834 et 6 mai 1841;

Notre conseil d'État entendu ;

Sur le rapport de notre ministre secrétaire d'État au département de la marine et des colonies,

Nous avons ordonné et ordonnons ce qui suit :

Art. 1er. Conformément à l'article 3 de la loi du 24 mai 1834, tout individu qui voudra fabriquer ou confectionner des armes de guerre, pour l'usage des navires de commerce, devra en obtenir préalablement l'autorisation de notre ministre secrétaire d'État au département de la guerre, quant aux armes portatives, et de notre ministre secrétaire d'État au département de la marine et des colonies, quant aux bouches à feu et aux munitions.

La demande en autorisation énoncera le nombre ou la quantité, l'espèce et le calibre des armes et munitions de guerre que l'on se proposera de fabriquer ou de confectionner.

Les maîtres de forges devront joindre à leur demande les plans cotés des bouches à feu, et faire connaître l'espèce de fusion et de moulage qu'ils se proposeront d'employer.

ART. 2. Lorsque l'autorisation sera accordée, il en sera donné avis au préfet du département où se trouveront situés les établissements ou ateliers dans lesquels seront fabriquées ou confectionnées les armes ou munitions de guerre auxquelles se rapportera cette autorisation.

ART. 3. Les armes et munitions de guerre destinées aux navires de commerce ne pourront sortir des ateliers de fabrication, ni être expédiées au port de destination, qu'en vertu d'une autorisation du préfet du département.

L'autorisation du préfet énoncera le nombre ou la quantité et la nature des objets expédiés, l'itinéraire à suivre et le délai dans lequel ils devront être transmis à leur destination; les conducteurs du chargement seront tenus de produire l'autorisation à toute réquisition.

ART. 4. A leur arrivée au port de destination, les armes de guerre seront placées dans un magasin ou dépôt de la marine ou de l'un des autres services publics de l'État; elles y resteront sous la surveillance du chef de service.

ART. 5. Avant d'être livrées au commerce, les armes seront éprouvées conformément aux instructions qui seront données par notre ministre secrétaire d'État au département de la guerre, pour les armes portatives, et par notre ministre secrétaire d'État au département de la marine et des colonies, pour les bouches à feu.

ART. 6. La réception ou le rejet des armes de guerre sera prononcée par l'officier qui aura procédé aux épreuves; en cas de rejet, il sera délivré expédition du procès-verbal au fabricant; s'il y a réclamation de sa part, il en sera référé au ministre, qui statuera définitivement.

Art. 7. Les frais de visite, d'épreuve, de réception, de transport et d'entretien des armes seront à la charge des fabricants.

Les frais de déplacement de l'officier d'artillerie qui procédera à l'épreuve, et des agents sous ses ordres, seront supportés par l'État.

Art. 8. Aucune arme de guerre ne pourra être extraite du dépôt qui lui sera affecté qu'en vertu d'une autorisation du chef du service de la marine, à qui le fabricant ou son représentant devra préalablement déclarer les noms des armateurs des navires pour lesquels ladite arme sera destinée.

Une expédition de l'autorisation sera immédiatement transmise par le chef du service de la marine au receveur des douanes du port d'armement.

Art. 9. Les cartouches et autres munitions de guerre seront placées dans le dépôt mentionné à l'article 4, et ne pourront en être retirées qu'au départ du navire et en se conformant aux dispositions indiquées ci-après.

Art. 10. Aucune arme de guerre ne pourra être embarquée sur les navires de commerce qu'en vertu d'une autorisation du chef du service de la marine du port d'armement, laquelle déterminera aussi, en raison de la nature et de la durée présumée du voyage, les quantités de munitions qui pourront être embarquées.

Art. 11. Le chef du service de la marine veillera à ce qu'il ne soit embarqué, sur chaque navire, que le nombre d'armes de guerre que comporteront sa force et celle de l'équipage, et à ce que les bouches à feu soient réellement montées en batterie.

Art. 12. Les armateurs souscriront, entre les mains du receveur des douanes du port d'embarquement, l'engagement cautionné de rapporter et de représenter les armes et munitions de guerre qu'ils auront été autorisés à embarquer, sauf par eux à justifier, au moyen de procès-verbaux signés par tous les officiers et, au moins, par trois des principaux marins du bord, de la perte de tout ou partie des armes, ou de l'emploi de tout ou partie des munitions embarquées; l'accomplissement de cette obligation sera constaté au moyen d'une vérification qui sera faite par les soins des agents de la marine, concurremment avec ceux des douanes, au retour du navire.

A cet effet, le rôle d'équipage devra toujours mentionner exactement le nombre, l'espèce, le calibre et la valeur des armes, ainsi que la quantité, l'espèce et la valeur des munitions qui auront été embarquées à l'armement.

ART. 13. Au désarmement du navire, les armes et munitions de guerre existant à bord entreront au dépôt dont il est fait mention à l'article 4; néanmoins, le chef du service de la marine pourra autoriser l'armateur ou son représentant à conserver l'artillerie à bord.

ART. 14. Toute infraction aux dispositions de l'article 12 sera poursuivie conformément aux lois sur l'exportation des armes et munitions de guerre.

Dans ce cas, les poursuites auront lieu à la diligence des agents de l'administration des douanes.

ART. 15. Toute infraction aux autres dispositions contenues dans la présente ordonnance, notamment aux articles 1, 3, 4, 8, 9, 10 et 13, sera poursuivie conformément à la loi du 24 mai 1834.

ART. 16. Nos ministres secrétaires d'État aux départements de la guerre, de la marine et des colonies, et des finances, sont chargés, chacun en ce qui le concerne, de l'exécution de la présente ordonnance.

LOI

Concernant les engagements des marins du commerce et l'application des anciennes ordonnances de la marine.

Du 4 mars 1852.

ART. 1er. Sont considérées comme dispositions d'ordre public, auxquelles il est interdit de déroger par des conventions particulières, les prescriptions des actes ci-dessous indiqués, savoir :

Articles 262, 263, 265 et 270 du Code de commerce;

Ordonnance du 1er novembre 1745;

Article 37 de celle du 17 juillet 1816;

Articles 1, 5 et 8 de l'arrêté du 5 germinal an XII, et 252, § 5, du Code de commerce;

§§ 2 et 3 de l'article 3 de l'ordonnance du 9 octobre 1837.

Toutefois, le bénéfice des articles 262 et 263 du Code de commerce n'est point acquis à tout marin délaissé, à compter du jour où il embarque avec salaires sur un autre navire.

Les dispositions de l'ordonnance du 1er novembre 1745 seront appliquées à tout marin faisant partie de l'équipage d'un navire du commerce.

ART. 2. Les *ordonnances, règlements* et *arrêts du conseil* concernant la marine, antérieurs à 1789, et auxquels il n'a point été dérogé, seront appliqués sans qu'il soit nécessaire d'administrer la preuve de leur enregistrement. La production, par le ministre de la marine, le cas échéant, d'une copie authentique de l'un de ces actes, suffira pour en assurer la validité.

ART. 3. Le ministre de la marine est chargé de l'exécution du présent décret, qui sera inséré au *Bulletin des lois* et au *Bulletin officiel de la marine.*

LOI

Concernant le rôle d'équipage et les indications des bâtiments et embarcations exerçant une navigation maritime.

Du 19 mars 1852.

AU NOM DU PEUPLE FRANÇAIS.

LOUIS-NAPOLÉON, PRÉSIDENT DE LA RÉPUBLIQUE FRANÇAISE,

Sur le rapport du ministre de la marine et des colonies,

Le conseil d'amirauté entendu,

DÉCRÈTE :

ART. 1er. Le rôle d'équipage est obligatoire pour tous bâtiments ou embarcations exerçant une navigation maritime.

14

La navigation est dite *maritime*, sur la mer, dans les ports, sur les étangs et canaux où les eaux sont salées, et, jusqu'aux limites de l'inscription maritime, sur les fleuves et rivières affluant directement ou indirectement à la mer.

ART. 2. Le rôle d'équipage est renouvelé à chaque voyage pour les bâtiments armés au long cours, et tous les ans pour ceux armés au cabotage ou à la petite pêche.

ART. 3. Tout capitaine, maître ou patron, ou tout individu qui en fait fonctions, est tenu, sur la réquisition de qui de droit, d'exhiber son rôle d'équipage, sous peine d'une amende de 500 francs si le bâtiment est armé au long cours, de 200 francs si le bâtiment ou embarcation est armé au cabotage, de 100 francs s'il est armé à la petite pêche.

ART. 4. L'embarquement de tout individu qui ne figure pas sur le rôle d'équipage est punissable, par chaque individu embarqué, d'une amende de 300 francs, si le bâtiment est armé au au long cours;

De 50 à 100 francs, si le bâtiment ou embarcation est armé au cabotage;

De 25 à 50 francs, s'il est armé à la petite pêche.

ART. 5. Est punissable des peines portées à l'article 4, et sous les mêmes conditions, le débarquement, sans l'intervention de l'autorité maritime ou consulaire, de tout individu porté à un titre quelconque sur un rôle d'équipage.

ART. 6. Le nom et le port d'attache de tout bâtiment ou embarcation exerçant une navigation maritime seront marqués à la poupe, en lettres blanches de 8 centimètres au moins de hauteur, sur fond noir, sous peine d'une amende de 100 à 300 francs, s'il est armé au long cours;

De 50 à 100 francs, s'il est armé au cabotage;

De 10 à 50 francs, s'il est armé à la petite pêche.

Défense est faite, sous les mêmes peines, d'effacer, altérer, couvrir ou masquer lesdites marques.

ART. 7. Les commissaires de l'inscription maritime, consuls et vice-consuls de France, officiers et officiers-mariniers commandant les bâtiments ou embarcations de l'État, les syndics des gens de mer, gardes maritimes et gendarmes de la marine, concourront à la recherche et à la constatation des infractions prévues par le présent décret.

Les agents de l'administration des douanes concourront seulement à la constatation de celle que prévoit l'article précédent.

ART. 8. Ces infractions, auxquelles ne seront point appliquées les dispositions de l'article 365, § 2, du Code d'instruction criminelle, seront poursuivies, en France et dans les colonies françaises, devant le tribunal correctionnel du lieu où elles auront été constatées.

Si la constatation a eu lieu en pays étranger, le procès-verbal dressé par le consul ou l'officier commandant un bâtiment de l'État sera transmis au tribunal correctionnel dans le ressort duquel est situé le port d'attache du navire en contravention.

Cette transmission aura lieu par l'intermédiaire du commissaire de l'inscription maritime compétent, qui consignera sur le procès-verbal la date de sa réception.

ART. 9. Les procès-verbaux feront foi jusqu'à inscription de faux; ils devront être signés; ils devront, en outre, et à peine de nullité, être affirmés, dans les trois jours de la clôture desdits procès-verbaux, par-devant le juge de paix du canton ou l'un de ses suppléants, ou par-devant le maire ou l'adjoint, soit de la résidence de l'agent instrumentaire, soit de celle où le délit a été constaté.

Ne sont point, toutefois, soumis à l'affirmation les procès-verbaux dressés par les commissaires de l'inscription maritime, consuls et vice-consuls de France, officiers et officiers-mariniers commandant les bâtiments ou embarcations de l'État.

ART. 10. Les poursuites ont lieu à la diligence du ministère public et aussi des commissaires de l'inscription maritime. Ces officiers, dans ce cas, ont droit d'exposer l'affaire devant le tribunal et d'être entendus à l'appui de leurs conclusions.

Les poursuites seront intentées dans les trois mois qui suivront le jour où la contravention aura été constatée ou celui de la réception d'un procès-verbal dressé en pays étranger.

A défaut de poursuites intentées dans ce délai, l'action publique est prescrite.

ART. 11. Toutes les amendes appliquées en vertu du présent décret seront prononcées solidairement, tant contre les capitaines, maîtres ou patrons, que contre les armateurs des bâtiments ou embarcations.

Le montant de ces amendes sera attribué à la caisse des invalides de la marine, et le cinquième en sera dévolu aux syndics des gens de mer, gardes maritimes, gendarmes de la marine et agents des douanes qui auront constaté la contravention.

Cette allocation ne pourra, toutefois, excéder 25 francs pour chaque infraction.

ART. 12. Les receveurs de l'administration de l'enregistrement et des domaines sont chargés du recouvrement des amendes prononcées en vertu du présent décret. Ils verseront les fonds en provenant dans les mains des trésoriers des invalides de la marine.

ART. 13. Sont et demeurent abrogées toutes dispositions contraires au présent décret.

ART. 14. Le ministre de la marine et des colonies est chargé de l'exécution du présent décret, qui sera inséré au *Bulletin des lois* et au *Bulletin officiel de la marine*.

DÉLÉGATIONS.

L'administration des ports doit écarter toute demande de délégation excédant les fixations du présent tarif. Ces fixations sont un maximum qui ne peut jamais être dépassé.

(Dépêches des 9 octobre 1852, 6 octobre 1850 (à Lorient), 8 janvier 1864 (à Toulon).

TARIF N° 4 ANNEXÉ AU DÉCRET DU 11 AOÛT 1856.

	MAXIMUM DE LA QUOTITÉ journalière de la délégation à terre et à la mer.
ÉQUIPAGES.	
Premiers maîtres, capitaines d'armes, maîtres et sergents-majors....	1ᶠ 40ᶜ
Seconds maîtres, sergents d'armes et sergents-fourriers..........	0 80
Quartiers-maîtres, caporaux d'armes et caporaux-fourriers.........	0 60
Fourriers ordinaires, matelots de 1ʳᵉ et 2ᵉ classe................	0 50
Matelots de 3ᵉ classe....................................	0 25
MÉCANICIENS.	
Premiers maîtres mécaniciens.............................	2 50
Seconds maîtres mécaniciens.............................	1 25
Quartiers-maîtres mécaniciens............................	0 90
Ouvriers chauffeurs de 1ʳᵉ et de 2ᵉ classe....................	0 60
Ouvriers chauffeurs de 3ᵉ classe...........................	0 50
EMPLOIS SPÉCIAUX.	
Chefs de musique de bord................................	1 40
Seconds chefs de musique................................	0 80
Musiciens...	0 50
Pilotes côtiers...	1 00
INFIRMIERS.	
Infirmiers-majors { de 1ʳᵉ classe	0 80
{ de 2ᵉ classe...........................	0 60
Infirmiers ordinaires....................................	0 50
MAGASINIERS.	
Magasiniers..... { sur les bâtiments dont la maistrance comprend les premiers maîtres chargés.............	1 40
{ sur les bâtiments dont la maistrance comprend des deuxièmes maîtres chargés............	0 80
{ sur les autres bâtiments..................	0 60
AGENTS DES VIVRES.	
Premiers commis aux vivres..............................	1 40
Seconds commis aux vivres..............................	0 80
Agents inférieurs des vivres..............................	0 60
AGENTS DIVERS.	
Forgerons et chaudronniers...............................	1 40
Infirmiers non entretenus................................	0 40
Domestiques...	0 50

FRAIS D'ARRESTATION ET DE CAPTURE

DES MARINS DÉSERTEURS.

Si la durée de l'absence du marin au service de l'État ou à celui du commerce a été inférieure aux délais ci-dessus indiqués, après lesquels commence l'état de désertion, il n'est payé que les frais d'arrestation, conformément au tarif n° 19 annexé au décret du 11 août 1856.

Frais d'arrestation :

Dans l'arsenal........................	2ᶠ 00ᶜ	Pour les marins absents,
En ville............................	3 00	non encore dénoncés déser-
Hors de l'enceinte de la ville........	5 00	teurs, et dont la poursuite
Au delà d'un myriamètre............	6 00	aura été réclamée.

Frais de capture :

Lorsque le marin aura été dénoncé déserteur, quel que soit le lieu où il sera arrêté................... 25ᶠ 00		Hors de France, les frais d'arrestation sont réglés de gré à gré avec les consuls ou avec les autorités locales, et la totalité en est précomptée sur la solde des hommes.

Les mousses qui s'absentent *du service de l'État* ne sont point déclarés déserteurs. Ils sont seulement considérés comme *absents illégalement*. Leur arrestation ne donne lieu qu'à la prime fixée par le tarif indiqué. (Circulaire du 14 janvier 1843 et note du tarif n° 19 annexé au décret du 11 août 1856.)

DÉCISION IMPÉRIALE

Portant nomination d'une Commission des pêches
et de la domanialité maritime.

Paris, le 20 mars 1861.

SIRE,

Votre Majesté s'est souvent préoccupée des questions qui se rattachent à la pêche et aux établissements qu'il est possible de créer sur nos côtes pour améliorer tout à la fois l'alimentation du pays et le sort de ces hommes dont la vie, toute de labeur et de dévouement, est un des éléments indispensables de la puissance de la France.

C'est à votre initiative personnelle, à vos encouragements, qu'ont été dues des expériences et des études qui, déjà, ont porté leurs fruits.

Mais, à mesure que les avantages de certains procédés sont mieux compris, les demandes sont plus nombreuses pour la création de pêcheries, de parcs, et, dans les concessions, dans les autorisations que l'administration supérieure est appelée à accorder, les intérêts de la navigation et de la domanialité maritimes se trouvent souvent engagés.

D'un autre côté, de nombreuses réclamations se sont élevées contre l'application des décrets de 1853 et de 1859 sur la police de la pêche côtière, et de toutes parts on demande la révision de quelques-unes de leurs dispositions.

Votre Majesté, dans sa bienveillance pour cette classe si intéressante de nos marins qui se livrent à la pêche, m'a prescrit d'examiner de nouveau les règlements que l'expérience permet aujourd'hui d'apprécier plus sûrement, et de les dégager de toutes les mesures qui ne seraient pas indispensables pour sauvegarder la reproduction du poisson et des coquillages et pour maintenir l'ordre parmi les pêcheurs.

Enfin, Sire, vous avez désiré que l'administration recherchât tout ce qu'il était possible de faire pour améliorer la situation de notre personnel maritime.

Pour répondre aux intentions de Votre Majesté, il m'a paru indispensable de m'éclairer des lumières de quelques hommes que leur position avait mis à même de connaître les besoins et d'étudier les intérêts qu'il s'agit de concilier.

Je crois donc utile de proposer à Votre Majesté la formation d'une commission qui serait chargée,

1° De donner son avis sur toutes les demandes qui peuvent être présentées dans le but de former les établissements qu'il est possible d'autoriser sur le domaine maritime;

2° D'indiquer les modifications à apporter aux divers règlements relatifs à la pêche et à la navigation, ainsi que les mesures propres à placer la population maritime dans de meilleures conditions.

Cette commission, qui, dans ma pensée, devrait *nécessairement* être consultée sur toutes les concessions ou autorisations qui concernent le domaine maritime, aurait ainsi, en quelque sorte, un caractère permanent. Elle servirait à établir une véritable jurisprudence pour les questions qui intéressent à un si haut degré les habitants de notre littoral et notre navigation.

Si Votre Majesté veut bien accueillir cette proposition, je lui demanderai de désigner pour faire partie de cette commission (1).....

Il me semble en outre, opportun de réserver au ministre la faculté d'adjoindre, suivant le cas, à la commission ceux des chefs de service ou employés du ministère dans les attributions spéciales desquels pourront se trouver les questions à résoudre.

Je suis, avec un profond respect, Sire, de Votre Majesté, le très-humble, très-obéissant serviteur et fidèle sujet,

Le Ministre secrétaire d'État de la marine et des colonies,

Signé Cᵗᵉ P. DE CHASSELOUP-LAUBAT.

Approuvé :

Signé NAPOLÉON.

---

(1) Suit la composition de la commission.

RÉGLEMENTATION

De la pêche côtière dans les cinq arrondissements maritimes.

Paris, le 10 mai 1862.

Sire.

Dans sa constante sollicitude pour nos marins, Votre Majesté m'avait prescrit d'étudier les moyens de dégager notre pêche côtière des entraves qui peuvent gêner son essor, de l'encourager dans ses entreprises, enfin de donner aux populations du littoral toutes facilités pour le développement d'une industrie qui est appelée à fournir à l'alimentation publique de si précieuses ressources.

Depuis près d'une année, Sire, je me suis efforcé, par des mesures successives (1), de me conformer à vos bienveillantes intentions; mais il n'appartient qu'à un décret de l'Empereur de changer les règles posées par des actes émanés de votre autorité, et, avant de modifier les règlements en vigueur, il était nécessaire d'en étudier les prescriptions en présence des faits auxquels elles s'appliquent.

Une commission composée d'hommes compétents et dévoués aux intérêts des marins a donc reçu mission de visiter tout le littoral de l'Empire, de convoquer les pêcheurs de chaque quartier, de les interroger, d'écouter leurs observations, d'examiner les engins, les méthodes dont ils font usage, enfin de rechercher toutes les améliorations qu'il serait possible d'introduire dans le régime auquel ils sont soumis.

C'est après ces minutieuses investigations que j'ai préparé le décret sur la pêche côtière. Examiné par la commission supérieure créée par la décision impériale du 20 mars 1861, il a été soumis aux délibérations du conseil d'amirauté, dont il a obtenu l'entière approbation; et, aujourd'hui, je le présente avec d'autant plus de confiance à Votre Majesté, qu'il rentre complètement, j'en ai l'espérance, dans les vues qu'elle avait bien voulu m'indiquer.

(1) Décisions ministérielles des 17 avril, 4 juin, 18 juillet et 7 octobre 1861, 8 février et 10 mars 1862.

Ce décret, Sire, laisse une entière liberté à nos pêcheurs.

Au delà de certaines limites (1) que dans l'intérêt de la conservation des espèces il a paru nécessaire d'assigner, il leur sera permis désormais de se livrer à leur industrie comme bon leur semblera, et, si certaines restrictions peuvent y être apportées temporairement, c'est sur leur demande même, dans leur propre intérêt, et parce qu'ils en auront reconnu la nécessité, soit pour se conserver la pêche de poissons de passage, soit pour ménager la production de certains fonds. Enfin les limites elles-mêmes que le décret détermine d'une manière générale disparaîtront partout où, pour une cause quelconque, il n'y aura pas de motifs sérieux pour les maintenir.

En dedans de ces limites, toutes facilités sont encore données à différents genres de pêche; des règles uniformes sont établies pour les engins à employer; enfin on n'a prescrit pour la maille des filets que des dimensions au-dessous desquelles, sans avantages sérieux pour ceux qui en feraient usage, la pêche détruirait bien des richesses de l'avenir.

Mais, par cela même qu'une grande latitude est ainsi laissée, il pourra être nécessaire d'interdire parfois l'exercice de la pêche dans quelques parties du littoral, afin de sauvegarder la reproduction ou de veiller à la conservation du fretin. Les recherches auxquelles l'administration de la marine et la science se livrent depuis quelque temps nous amèneront peut-être un jour à déterminer avec quelque certitude les portions de rivage que chaque année, et successivement, il importerait de ne point exploiter; il était donc indispensable de conserver la faculté, proclamée d'ailleurs par la loi de 1852, d'établir pour ainsi dire des *cantonnements*, et, dès lors, de prononcer des interdictions temporaires que réclamerait l'intérêt bien compris des populations maritimes elles-mêmes.

Au surplus, si les observations faites jusqu'à ce jour ont pu nous

(1) Trois milles calculés de la laisse de basse-mer.

C'est, au surplus, la distance fixée par la convention du 2 août 1839, entre la France et la Grande-Bretagne.

faire apercevoir la nécessité, pour l'avenir, de certaines restrictions, déjà elles nous ont conduits à distinguer, pour les établissements qu'on doit former sur nos côtes, ceux qui sont réellement
nuisibles et qu'on peut proscrire, et ceux, au contraire, qui, sans
inconvénients sérieux, peuvent fournir des produits chaque jour plus
recherchés.

C'est ainsi que, d'un côté, tout en maintenant la législation en
vigueur sur les pêcheries, le décret proclame en principe que les
réservoirs à poissons pourront être établis dans les propriétés privées accessibles à l'eau de la mer, laissant, d'ailleurs, aux arrêtés
d'autorisation, à déterminer, dans un intérêt de police et de surveillance, les conditions d'exploitation.

En effet, tandis que les pêcheries détruisent souvent en une seule
marée d'innombrables quantités de petits poissons, les réservoirs
les conservent et leur offrent pour ainsi dire un refuge où ils gran-
dissent; et, comme les espèces qui se rendent naturellement dans
ces réservoirs sont peu variées, les propriétaires, pour obtenir et
garder celles qui ont le plus de valeur, devront les demander à la
pêche, de sorte que, sans nuire à cette industrie, ils pourront livrer de nouvelles et abondantes ressources à une consommation
qui, chaque jour, augmente et se développe à mesure que s'étend le
réseau de nos chemins de fer.

Enfin, Sire, dans l'impossibilité de régler les diverses pêches
soumises à des usages si variés, dans des localités qui sont placées
dans des conditions si différentes, le décret remet aux préfets maritimes le soin de prescrire par des arrêtés spéciaux les mesures
de police et d'ordre propres à empêcher les accidents et les collisions, et à garantir aux marins le libre exercice de leur industrie.
Ces arrêtés, au surplus, ne font guère que sanctionner d'anciens
règlements existant de temps immémorial, et que souvent les pêcheurs ont fait eux-mêmes dans leur propre intérêrêt, mais auxquels
l'expérience peut apporter d'utiles modifications.

Telles sont les principales dispositions du projet que j'ai l'honneur de soumettre à Votre Majesté. Tout en respectant les prescriptions des conventions de 1839 et de 1843, auxquelles il ne

pouvait rien changer, il affranchit nos pêcheurs de réglementations minutieuses, qui ont pu, autrefois, avoir leur raison d'être, mais qui, aujourd'hui, en présence des progrès accomplis et de nos rapports avec d'autres peuples, ne sauraient subsister sans un grave préjudice pour une industrie à laquelle s'attachent de si grands et si puissants intérêts.

Inspiré par cet esprit libéral que l'Empereur répand sur tout ce qui touche à la propérité du pays, ce décret sera reçu par les populations du littoral comme un nouveau bienfait de votre Gouvernement.

Je suis, avec le plus profond respect, Sire, de Votre Majesté, le très-humble, très-obéissant, très-fidèle serviteur et fidèle sujet.

Le Ministre secrétaire d'État de la marine et des colonies,

Signé Cᵗᵉ P. DE CHASSELOUP-LAUBAT.

NAPOLÉON, par la grâce de Dieu et la volonté nationale, Empereur des Français,

A tous présents et à venir, salut,

Vu la loi du 9 janvier 1852, sur la pêche côtière;

Vu les décrets des 4 juillet 1853 et 19 novembre 1859;

Vu l'avis de la commission permanente des pêches et de la domanialité maritimes;

Sur le rapport de notre ministre secrétaire d'État au département de la marine et des colonies,

Le conseil d'amirauté entendu,

Avons décrété et décrétons ce qui suit :

Art. 1ᵉʳ. La pêche de tous poissons, crustacés et coquillages, autres que les huîtres, est libre pendant toute l'année à une distance de trois milles au large de la laisse de basse mer.

La pêche des huîtres est libre du 1ᵉʳ septembre au 30 avril, sur

les bancs hors baies ou situés à trois milles des côtes, avec tous bateaux pontés ou non pontés sans tonnage déterminé.

Les pêcheurs sont tenus d'observer, dans les mers situées entre
les côtes de France et celles du Royaume-Uni de la Grande-Bretagne
et d'Irlande, les prescriptions de la convention du 2 août 1839 et
du règlement international du 23 juin 1843.

ART. 2. Sur la demande des prud'hommes des pêcheurs, de leurs
délégués, et, à défaut, des syndics des gens de mer, certaines pêches
peuvent être temporairement interdites sur une étendue de mer au
delà de trois milles du littoral, si cette mesure est commandée par
l'intérêt de la conservation des fonds ou de la pêche de poissons de
passage.

L'arrêté d'interdiction est pris par le préfet maritime.

ART. 3. En dedans de trois milles des côtes, la pêche des poissons, crustacés et coquillages autres que les huîtres, est permise
toute l'année, de jour et de nuit, sous les conditions ci-après :

1° Les *filets fixes*, à simple, double ou triple nappe (1), et les filets
à poche, auront des mailles d'au moins vingt-cinq millimètres en
carré.

Les marins peuvent en faire usage en bateau ou autrement.

2° Les *filets flottants* (2) ne sont assujettis à aucune dimension de
maille.

Sont assimilés aux filets flottants les filets fixes dont la ralingue
inférieure est élevée de manière à laisser toujours un intervalle de
vingt centimètres au moins entièrement libre au-dessous de ladite
ralingue.

3° La grande seine à jet aura des mailles de vingt-cinq millimètres en carré.

Les dimensions des mailles des filets employés dans la Méditerranée restent fixées telles qu'elles l'ont été par le décret du 19 no-

(1) Les filets fixes sont ceux qui, tenus au fond au moyen de piquets ou de
poids, ne changent pas de position une fois calés.

(2) Les filets flottants sont ceux qui vont au gré du vent, du courant, de la
lame, ou à la remorque d'un bateau, sans jamais s'arrêter au fond.

vembre 1859, lorsque ces dimensions sont inférieures à celles prescrites par le présent décret.

Art. 4. Tous les filets, engins et instruments destinés à des pêches spéciales, telles que celles des anguilles, du nonnat, des soclets, chevrettes, lançons et poissons de petites espèces, ne sont assujettis à aucune condition de forme, de dimension, de poids, de distance ou d'époque.

L'emploi en est déclaré aux agents maritimes.

Ils ne peuvent servir qu'aux genres de pêches auxquels ils sont destinés et pour lesquels ils ont été déclarés.

S'ils sont employés autrement, ils seront considérés comme prohibés.

L'usage des foënes, hameçons et dragues à coquillages n'est assujetti qu'aux mesures d'ordre et de police.

Les seines et filets destinés à la pêche des éperlans et des mulets sont, s'il y a lieu, réglementés par les préfets maritimes.

Art. 5. Continuent à être prohibés, les guideaux, gords et autres filets fixes à poche, dans les fleuves, rivières et canaux et à leurs embouchures.

Art. 6. L'usage des *filets traînants* (1) pour la pêche de toutes espèces de poissons peut être, sur la proposition des préfets maritimes, autorisé, par des arrêtés de notre ministre de la marine et des colonies, à moins de trois milles de la côte, dans les localités où, soit à raison de la profondeur des eaux, soit pour toute autre cause, il ne présente aucun inconvénient.

Ces filets doivent avoir des mailles d'au moins 25 millimètres en carré.

Dans aucun cas il n'est fait usage de filets traînants à moins de 500 mètres des huîtrières.

Art. 7. Toute espèce de pêche, par quelque procédé que ce soit, à moins de trois milles de la côte, peut, sur une étendue déterminée du littoral, être temporairement interdite, lorsque l'interdiction

(1) Les filets traînants sont ceux qui, coulés au fond au moyen de poids placés à la partie inférieure, y sont promenés sous l'action d'une force quelconque.

est reconnue nécessaire pour sauvegarder soit la reproduction des espèces, soit la conservation du frai et du fretin.

L'interdiction est prononcée par un décret impérial rendu sur la proposition de notre ministre de la marine et des colonies.

ART. 8. Les préfets maritimes fixent par des arrêtés les époques d'ouverture et de clôture de la pêche des huîtres sur les bancs dans l'intérieur des baies et sur ceux situés à moins de trois milles de la côte.

Ils déterminent les huîtrières qui seront mises en exploitation.

Cette pêche est interdite avant le lever et après le coucher du soleil.

A moins d'exception ordonnée par le préfet maritime, dans l'intérêt du nettoyage des bancs d'huîtres, les pêcheurs doivent immédiatement rejeter à la mer les poussiers, sables, graviers et fragments d'écailles, ainsi que les petites huîtres au-dessous des dimensions réglementaires.

Toutefois, dans les localités où il existe des étalages ou autres établissements propres à recevoir les petites huîtres, ces dernières peuvent y être déposées au lieu d'être rejetées sur les fonds.

ART. 9. Des fossés et réservoirs à poissons peuvent, après autorisation, être établis sur les propriétés privées recevant l'eau de la mer.

Les arrêtés d'autorisation rendus par notre ministre de la marine et des colonies déterminent, suivant la disposition et l'étendue des lieux, les conditions d'exploitation de ces réservoirs.

Sont permis, en se conformant aux règlements, les dépôts d'huîtres, de moules et de coquillages dans les propriétés privées.

ART. 10. A l'avenir il ne sera établi aucune pêcherie à poissons, soit sur le domaine maritime, soit sur une propriété privée.

Les détenteurs de pêcheries actuellement existantes seront tenus, lorsqu'ils en seront requis, et dans les délais ultérieurement déterminés, de justifier de leurs titres de propriété ou des actes d'autorisation.

ART. 11. Il est défendu de pêcher, de faire pêcher, de saler, d'acheter, de vendre, de transporter et d'employer à un usage quelconque :

1° Les poissons qui ne sont pas encore parvenus à la longueur de 10 centimètres, mesurée de l'œil à la naissance de la queue, à moins qu'ils ne soient réputés poissons de passage ou qu'ils n'appartiennent à une espèce qui, à l'âge adulte, reste au-dessous de cette dimension ;

2° Les homards et les langoustes au-dessous de 20 centimètres de l'œil à la naissance de la queue ;

3° Les huîtres au-dessous de 5 centimètres.

Art. 12. Les préfets maritimes déterminent par des arrêtés toutes les mesures de police, d'ordre et de précaution propres à empêcher tous accidents, dommages, avaries, collisions, etc. et à garantir aux marins le libre exercice de la pêche.

Art. 13. Tous les arrêtés rendus par les préfets maritimes en matière de pêche côtière sont soumis à l'approbation de notre ministre de la marine et des colonies.

Art. 14. Sont et demeurent rapportées les dispositions des décrets et règlements antérieurs qui sont contraires au présent décret.

Fait au palais des Tuileries, le 10 mai 1862.

Signé NAPOLÉON.

Par l'Empereur :

Le Ministre secrétaire d'État de la marine et des colonies,

Signé Cᵗᵉ P. DE CHASSELOUP-LAUBAT.

Le Ministre de la marine et des colonies aux Préfets maritimes ; Chefs de service de la marine ; Commandant de la station des pêcheries de la Manche et de la mer du Nord, et commissaires de l'inscription maritime.

Paris, le 12 mai 1862.

Pêche côtière. — Notification d'un décret en date du 10 mai 1862.

Messieurs, un décret de l'Empereur, en date du 10 de ce mois, introduit d'importantes modifications au régime de la pêche côtière. Je dois appeler toute votre attention sur les principales dispositions d'un acte qui a pour but de donner à nos pêcheurs, ainsi qu'aux populations du littoral, de nouvelles facilités pour l'exercice d'une industrie à laquelle se rattachent tant d'intérêts.

ART. 1ᵉʳ. L'article 1ᵉʳ établit en principe que toute pêche, sauf celle des huîtres, à laquelle il n'impose qu'une interruption temporaire, prescrite presque dans tous les pays, est libre toute l'année à trois milles au large de la laisse de basse mer.

Ce n'est pas comme limite de la mer territoriale qu'on a cru devoir adopter cette distance; la mer territoriale n'a jamais été bien définie, et le droit international ne contient à cet égard rien de précis; mais, la convention du 2 août 1839 ayant considéré la distance de trois milles comme suffisante pour protéger l'industrie des pêcheurs de chaque pays, il a semblé bon de ne pas adopter d'autre base. Enfin, loin de renoncer à un droit plus étendu, le décret maintient, au contraire, le principe qu'au delà de trois milles la pêche pourra être prohibée dans certaines circonstances.

ART. 1ᵉʳ, § 2. La disposition qui, dans divers quartiers, imposait des conditions de tonnage ou de forme pour les bateaux employés à la pêche, s'opposait à tout progrès : je n'ai pas hésité à en proposer l'abrogation.

ART. 2. L'article 2 est une exception au principe en vertu duquel toute pêche, autre que celle des huîtres, est libre en dehors de la zone de trois milles, sans distinction d'époque ou d'engin; il prévoit, en effet, le cas où, *dans l'intérêt de la conservation des fonds ou de la pêche de poissons de passage*, certaines pêches peuvent être temporairement interdites.

Mais, pour que ces restrictions soient de nature à ne soulever aucune réclamation fondée, il faut que la nécessité en soit évidente aux yeux de tous ou au moins d'une grande partie des intéressés : c'est pour cela que la demande doit émaner de ceux-ci.

Vous remarquerez, toutefois, que l'article ne détermine pas d'une manière rigoureuse comment cette demande devra être produite. En effet, les usages locaux, l'organisation des prud'homies ou des associations, présentent des conditions si diverses suivant les localités, qu'il était utile de se borner à poser le principe de l'intervention des pêcheurs ou de leurs représentants, et de laisser la plus complète latitude au mode d'exercice de cette intervention.

Art. 3 et 4. Quelles que soient les dénominations qu'ils portent dans chaque localité, tous les filets ou engins de pêche peuvent se grouper, ainsi que l'a indiqué ma circulaire du 25 mars 1861, en quatre catégories distinctes :

Les filets fixes,

Les filets flottants,

Les filets traînants,

Et les filets et engins ne rentrant pas dans les espèces spécifiées ci-dessous.

§ 1er. — FILETS FIXES.

Dans les filets fixes autres que les filets à poche tendus dans les courants (voir l'article 5), la maille reconnue suffisante pour permettre la libre circulation du fretin est le point essentiel à réglementer. Une fois que la grandeur de la maille en est bien déterminée, il n'y a plus que quelques exceptions à prévoir pour certaines pêches spéciales, telles que celle de l'anguille. Quant aux dimensions des filets, à leur forme ou disposition, aux heures pendant lesquelles ils peuvent être calés ou tendus, cette partie de la réglementation doit faire l'objet de mesures d'ordre et de police variant suivant les localités, les temps ou les circonstances, et qui peuvent être laissées à l'appréciation des autorités locales.

§ 2. — FILETS FLOTTANTS.

Les filets flottants sont ceux qui vont au gré du vent, du courant, de la lame, ou à la remorque d'un bateau, sans jamais s'arrêter au fond. Dans ces conditions, ces filets ne prennent guère que des poissons de passage, tels que harengs, sardines, maquereaux, etc. Ils n'exercent donc pas d'influence sur la destruction du frai ou du fretin, et ne doivent, par suite, être assujettis à aucune dimension de mailles.

§ 3. — FILETS TRAÎNANTS.

Quelle que soit la dénomination que portent les filets traînants, qu'ils s'appellent dreige, chalut, gangui, etc. il est généralement reconnu qu'il est difficile de prescrire pour les mailles et le poids de ces filets des dispositions qui protégent efficacement le fretin; les pêcheurs tendent continuellement, d'ailleurs, à *renforcer* le fond du filet, opération qui rend à peu près illusoire toute limitation de la maille; enfin l'expérience prouve que les ravages exercés par ce filet sont d'autant plus graves qu'il est employé moins loin de terre.

La seule réglementation rationnelle d'un tel instrument ne pouvait donc se trouver que dans la détermination de la distance à laquelle il est traîné, et c'est à quoi il a été pourvu par l'article 1er.

Il ne pouvait être question dans l'article 3 que de la grande seine à jet, filet traînant spécial, pour lequel il est utile de fixer la maille, en raison des lieux où il s'exerce et de la lenteur avec laquelle il est manœuvré.

§ 4. — DIVERS FILETS ET ENGINS.

La classification qui précède n'est pas seulement avantageuse en ce qu'elle retranche de la réglementation des détails inutiles, en ce qu'elle simplifie la police de la pêche, mais encore en ce que, réunissant dans un seul cadre tous les modes de pêche usuellement pratiqués en France, elle ne comporte que quelques exceptions dans l'application des règles communes à chaque catégorie.

Ces exceptions sont, par exemple, pour les filets fixes, ceux qui sont affectés à la pêche des anguilles, des soclets, etc.; pour les filets traînants, ceux qui servent à prendre les chevrettes, les lançons, le nonnat, etc. Quand il s'agit de ces pêches particulières, ce qui importe, ce n'est pas de fixer les dimensions ou les mailles, car il faut bien que ces engins atteignent leur but, mais bien d'en surveiller l'emploi, de manière à empêcher qu'un pêcheur ne change la destination spéciale de son filet pour le faire servir à une pêche autre que celle en vue de laquelle cette engin est permis.

ART 5. L'article 5 est la consécration d'une prescription des plus nécessaires à maintenir et qui se justifie d'elle-même, car, par l'effet du courant, les filets dont il s'agit, tendus dans les fleuves ou les canaux, deviennent les plus destructeurs, sur les points où le fretin a le plus besoin de protection.

Art. 5. La disposition de l'article 1er qui prohibe les filets traînants à moins de trois milles au large de la laisse de basse mer est susceptible de tempérament dans les parages où la nature des fonds, la profondeur des eaux ou toute autre cause permettraient de s'en écarter; c'est ce que prévoit l'article 6, mais il est bien entendu que les préfets maritimes, en autorisant ces exceptions, devront toujours assurer la conservation des huîtrières.

Art. 7. En raison même des facilités que le nouveau décret accorde aux pêcheurs, il était nécessaire de réserver le cas où l'intérêt de la reproduction exigerait le *cantonnement* de certaines parties de la côte. Cette mesure ne peut d'ailleurs être prescrite que par un décret impérial; l'accomplissement des formalités préparatoires donne dès lors aux riverains toutes les garanties que l'interdiction temporaire de telle ou telle espèce de pêche sur un point déterminé du littoral ne sera prononcée qu'après un très-sérieux examen.

Art. 8. L'article 8 est, au fond, la reproduction de l'article 4 de la loi du 9 janvier 1852; toutefois, vous remarquerez que les préfets maritimes sont désormais seuls investis du droit de prendre des arrêtés pour l'ouverture et la fermeture des huîtrières.

Il résulte encore de cet article que le préfet peut adopter des mesures extraordinaires en vue du nettoyage des bancs, et que, dans les localités où il existe des établissements propres à recevoir les petites huîtres, il n'y a pas d'inconvénient à permettre aux pêcheurs de les y déposer.

Art. 9. On a longtemps confondu les réservoirs à poissons avec les pêcheries proprement dites. Il existe, cependant, entre ces deux sortes d'établissements des différences essentielles : la *pêcherie* fonctionne de manière à retenir le poisson surpris par la marée descendante, tandis qu'en général, dans les *réservoirs*, il n'y a que des espèces bien peu nombreuses, telles que les mulets et les anguilles qui, à l'état de fretin, s'introduisent librement par les ouvertures assez étroites formées par les mailles de l'appareil destiné à empêcher la sortie du poisson qui a atteint une certaine grosseur.

Sans porter de graves préjudices à la pêche, les *réservoirs* peuvent donc offrir de précieuses ressources à l'alimentation publique, à la condition que les autorisations données prescriront un mode d'exploitation qui ne permettra pas d'en faire de véritable *pêcheries*. L'établissement de ces réservoirs ne sera, d'ailleurs, permis que sur des propriétés privées. Le domaine maritime est un domaine public qui ne saurait être aliéné, et dont la jouissance doit être réservée exclusivement aux populations du littoral, soit qu'elles s'y livrent à différents genres de pêche, soit qu'elles y aillent recueillir ce que la mer leur apporte.

Art. 10. Aussi l'article 10 proclame-t-il de nouveau ce principe que, désormais, il ne sera établi sur le domaine public maritime aucune pêcherie, et, en appliquant aux propriétés privées cette prohibition, cet article n'a fait que maintenir une prescription indispensable pour sauvegarder des intérêts que la législation doit protéger.

Art. 11. Sauf les exceptions mentionnées dans l'article 4, il n'y a pas de pêche spéciale à telle ou telle espèce de poisson : on trouve à la fois dans le fond d'un chalut, par exemple, des crustacés, des huîtres, des poissons ronds, longs, plats, etc. Or, s'il faut intéresser autant que possible le pêcheur à ne pas se servir de filets et engins prohibés, en lui défendant de prendre des poissons, huîtres et crustacés qui ne sont pas parvenus à une certaine croissance, il est, d'un autre côté, bien difficile d'établir, pour arriver à ce but, autant de dimensions qu'il y a d'espèces, lorsqu'on n'a pu fixer qu'un minimum de mailles, précisément parce que la généralité des instruments de pêche, notamment les filets traînants et les filets fixes, est destinée à capturer toute espèce de poisson.

Dans cette situation, il a paru plus sage de n'adopter qu'une dimension unique pour tous les poissons qu'il est défendu de prendre ou d'employer à un usage quelconque. On dégage ainsi la réglementation de complications qui ne sont pas commandées par une absolue nécessité.

ART. 12. Les conditions de la pêche qui se pratique en réunion
de bateaux ou d'individus varient suivant les localités. On s'exposerait, en les généralisant, à contrarier sans nécessité des habitudes
locales qui peuvent être parfaitement motivées; on pourrait même
occasionner aux pêcheurs des dépenses qui ne seraient pas justifiées
par l'intérêt public. L'article 12 permet donc désormais aux préfets
maritimes de prendre dans chaque arrondissement, suivant les
usages des lieux, des mesures qui sont pleinement autorisées par
l'article 3, paragraphe 11, de la loi du 9 janvier 1852.

Telles sont, Messieurs, les principales dispositions du décret du
10 mai. Elles ont pour objet, vous le voyez, d'affranchir nos pêcheurs d'une réglementation qui n'avait véritablement plus sa raison
d'être. Je désire que vous vous pénétriez complétement de la pensée
libérale qui a inspiré cet acte, et je ne doute pas qu'avec votre concours le nouveau régime dans lequel nous sommes entrés n'exerce
une influence favorable sur la condition de nos pêcheurs et sur le
développement de la pêche côtière. C'est un résultat si important à
atteindre, que chacun de vous, j'en suis convaincu à l'avance, le
poursuivra sans relâche, avec autant de dévouement que de persévé-
rance.

Recevez, etc.

Signé Cᵗᵉ P. DE CHASSELOUP-LAUBAT.

LE MINISTRE DE LA MARINE ET DES COLONIES AUX PRÉFETS MARITIMES,
CHEFS DU SERVICE DE LA MARINE ET COMMISSAIRES DE L'INSCRIPTION
MARITIME.

Paris, le 18 juin 1862.

*Mesures à prendre pour accélérer le payement des sommes versées à la
caisse des gens de mer et de celles qui, après le délai de deux ans,
passent dans la caisse des Invalides.*

MESSIEURS, par une circulaire du 4 juillet de l'année dernière,
j'ai appelé l'attention des administrations locales sur la nécessité de
prendre des mesures efficaces dans le but de réduire le chiffre tou-

jours croissant des sommes qui, à défaut de réclamations pendant la durée légale du dépôt à la caisse des gens de mer, sont versées à la caisse des invalides.

Un système d'*avertissement individuel* et de *publicité périodique* m'a paru être la combinaison la plus favorable pour ramener à l'état d'exception le passage des produits divers versés à la caisse des gens de mer dans la caisse des invalides, et pour rapprocher ainsi l'époque du payement des salaires de celle à laquelle ont été rendus les services dont ils sont la rémunération.

C'est sous l'inspiration de cette pensée qui, j'en ai la conviction, rencontrera un accueil sympathique chez tous les fonctionnaires appelés à concourir à sa réalisation, que j'ai arrêté les mesures suivantes :

1° Dans les premiers mois de chaque année, il sera imprimé, par les soins de l'administration centrale de mon département, un état récapitulatif, par arrondissement maritime, des articles les plus importants compris dans les états de versement à la caisse des invalides envoyés par les ports.

Ainsi, je viens de faire faire ce relevé pour le versement de 1861, en n'y comprenant que les sommes au-dessus de 50 francs; il est à l'impression et sera prochainement envoyé en quadruple expédition à tous les commissaires de l'inscription maritime. Ces fonctionnaires en garderont deux exemplaires qu'ils feront afficher dans leur bureau. Quant aux deux autres exemplaires, ils devront les renvoyer successivement au ministère, sous le présent timbre, savoir : le premier, le 30 septembre, le deuxième, le 31 décembre de chaque année, avec indication, dans la colonne d'observations, des sommes payées et des mesures prises pour arriver à faire effectuer le payement de celles qui restent disponibles.

Un exemplaire dudit état sera aussi adressé par mes soins à tous les bâtiments armés.

2° Un bulletin individuel d'avertissement, déjà en usage dans plusieurs localités maritimes où il a produit d'excellents résultats, et dont vous trouverez ci-joint le modèle, sera désormais compris dans la nomenclature des imprimés et envoyé en nombre suffisant aux commissaires de l'inscription maritime, afin que ceux-ci préviennent immédiatement, et, si cela est nécessaire, à plusieurs reprises, les ayants droit de l'arrivée au quartier des sommes versées à leur profit.

J'espère que la mise à exécution de ces dispositions, sur lesquelles j'appelle toute votre sollicitude, facilitera la remise aux intéressés des diverses sommes déposées à la caisse des gens de mer.

Néanmoins, tout en rendant justice au zèle qui anime en général l'administration, je crois cependant utile de faire ici de nouvelles recommandations pour qu'il y ait redoublement d'efforts :

1° De la part des ports expéditeurs des remises, à consigner sur lesdites remises tous les renseignements de nature à mettre les quartiers en mesure de reconnaître les véritables titulaires des versements effectués ;

2° De la part des ports recevant les remises, à prendre, soit au moyen des syndics des gens de mer et du concours des maires des communes rurales, toutes les dispositions qui pourront hâter les payements des sommes non encore remboursées après l'envoi du premier avertissement.

En un mot, il faut que chaque administrateur recherche les marins créanciers de la marine avec la même vigilance qu'il met à retrouver les débiteurs de l'État.

Veuillez, je vous prie, donner des ordres pour que les dispositions contenues dans la présente circulaire soient scrupuleusement exécutées.

Recevez, etc.

Signé P. DE CHASSELOUP-LAUBAT.

DÉCRET

Relatif aux demandes de concessions de parcs et dépôts à coquillages et à crustacés.

Sire,

Depuis quelque temps, de nombreuses demandes en concession de parcs à huîtres et autres dépôts à coquillages sur le littoral ont été adressées au département de la marine.

Bien que toujours révocables, les autorisations de créer des établissements particuliers sur le domaine public maritime pourraient avoir, en certains cas, pour conséquence, si elles se multipliaient, d'interdire en quelque sorte l'accès du littoral à des populations qui trouvent des moyens de subsistance en recueillant ce que la mer dépose sur la plage; enfin elles pourraient gêner, paralyser même la pêche sur des étendues importantes et productives.

Les populations du littoral ont donc un grand intérêt à connaître les demandes de concessions qui sont présentées à l'administration supérieure, et celle-ci, de son côté, doit vouloir avant tout être éclairée sur les intérêts qu'il s'agit de concilier; et, dès lors, elle a le devoir de les appeler, de les entendre.

C'est pour atteindre ce but que, après avoir pris l'avis de la commission permanente des pêches et de la domanialité maritimes, je viens proposer à l'approbation de l'Empereur un projet de décret qui a pour but de soumettre toutes les demandes à une instruction prompte sans doute, mais régulière, dans laquelle tous les intérêts pourront se présenter.

D'après ce décret, les demandes en autorisation de création de parcs et claires à huîtres, etc. seront soumises à une enquête ouverte pendant quinze jours dans la commune du territoire.

Les observations auxquelles ces demandes donneront lieu seront reçues par les autorités maritimes, et, pour prévenir toute influence locale, non-seulement les autorités maritimes, mais les maires des communes, ainsi que tous ceux qui se croiront intéressés, pourront adresser directement leurs observations aux préfets maritimes, qui transmettront le dossier de l'enquête au ministre avec leurs propositions. Les préfets maritimes pourront d'ailleurs se faire renseigner sur la situation réelle des choses, soit par les agents placés sur les lieux, soit par le chef de la division du littoral.

Enfin, comme cela a lieu depuis le décret du 20 mars 1861, ces demandes seront soumises à la commission des pêches et de la domanialité, qui remplit avec tant de zèle la double mission d'aider au développement des moyens de production mis dans les mains de l'industrie privée, et de sauvegarder pour les populations du littoral et pour les pêcheurs la jouissance du domaine public maritime.

J'ai l'espoir, Sire, que le décret que j'ai l'honneur de soumettre à Votre Majesté donnera ainsi toutes les garanties désirables aux intérêts divers qu'il s'agit de protéger.

Je suis, avec le plus profond respect, Sire, de Votre Majesté le très-humble, très-obéissant serviteur et fidèle sujet,

Le Ministre secrétaire d'État de la marine et des colonies,
Signé P. DE CHASSELOUP-LAUBAT.

NAPOLÉON, par la grâce de Dieu et la volonté nationale, Empereur des Français,

A tous présents et à venir, salut.

Sur le rapport de notre ministre de la marine et des colonies,
Vu l'avis de la commission permanente des pêches et de la domanialité maritimes,

Avons décrété et décrétons ce qui suit :

Art. 1er. Toute demande en autorisation de création de parcs et claires à huîtres, ainsi que de dépôts permanents de coquillages ou de crustacés, sur une partie du domaine maritime, doit être accompagnée d'un plan détaillé des ouvrages à construire et d'un plan d'ensemble du rivage, rapporté sur la carte marine de la localité, de manière à faire connaître la situation du parc ou dépôt.

Art. 2. Toute demande de création de réservoirs à poissons sur une propriété privée devant avoir une prise d'eau de mer est accompagnée des mêmes documents.

Art. 3. Les demandes sont adressées au ministre de la marine et des colonies qui en ordonne l'instruction.

Art. 4. Ces demandes sont toujours soumises à une enquête dans la commune du territoire, pendant quinze jours, à partir de l'apposition des affiches destinées à faire connaître ces demandes.

Aᴿᴛ. 5. L'apposition des affiches, après visa du commissaire du quartier, est faite aux frais et à la diligence du demandeur.

Cette apposition est constatée, et les adhésions ou oppositions sont reçues par le commissaire ou l'administrateur de l'inscription maritime dans les chefs-lieux de quartier ou de sous-quartier, et dans les autres localités par les syndics des gens de mer.

Les maires des communes peuvent, dans les délais de l'article 4, transmettre à l'autorité maritime leurs observations et les réclamations qui leur auraient été adressées.

Aᴿᴛ. 6. Le procès-verbal d'enquête contenant les différents dires, auquel sont joints les documents indiqués en l'article 1ᵉʳ, ainsi que toutes les pièces de l'enquête, est transmis par la voie hiérarchique au préfet maritime, qui le fait parvenir au ministre avec ses propositions.

Le préfet maritime transmet également au ministre toutes les observations ou réclamations qu'il aurait pu recevoir directement au sujet des demandes soumises à l'enquête.

Aᴿᴛ. 7. Sont dispensées des formalités ci-dessus les demandes en transmission ou en substitution d'autorisations de parcs ou claires qui auraient été concédés conformément aux dispositions qui précèdent.

Aᴿᴛ. 8. Notre ministre de la marine et des colonies est chargé de l'exécution du présent décret.

Fait au palais de Compiègne, le 10 novembre 1862.

Signé NAPOLÉON.

Par l'Empereur :

Le Ministre secrétaire d'État de la marine et des colonies,
Signé P. DE CHASSELOUP-LAUBAT.

RAPPORT A L'EMPEREUR,

Suivi d'un décret (1) *portant création au port de Brest d'un établissement dit des* Pupilles de la marine.

Paris, le 15 novembre 1862.

SIRE,

L'Empereur s'est plus d'une fois ému au récit de ces accidents de mer qui laissent sans appui de pauvres enfants de matelots, et sa générosité est bien souvent venue en aide à des familles auxquelles la caisse des invalides de la marine accorde, de son côté, quelques secours.

Mais, dans sa sympathie pour nos populations maritimes, Votre Majesté ne s'est pas bornée à ces bienfaits qu'elle aime à répandre. Elle m'a prescrit d'examiner si les orphelins de ces hommes qui se vouent au rude métier de la mer ne pourraient pas être remis aux soins et placés sous la tutelle de la marine, qui les élèverait pour leur faire suivre la carrière de leurs pères, — comme les fils de nos soldats, — *ces enfants de troupe,* — ainsi que dans son glorieux langage les appelle l'armée qui les adopte, — sont élevés par les régiments et y retrouvent une nouvelle famille.

Votre généreuse pensée, Sire, je viens vous proposer de la réaliser par l'approbation d'un projet de décret posant les bases d'un établissement qui, sous le nom de *Pupilles de la marine,* sera appelé à recevoir un certain nombre d'orphelins des officiers-mariniers et des matelots.

Aujourd'hui, l'école des mousses, qui donne des résultats dont la flotte s'applaudit de plus en plus, ne s'ouvre que pour les enfants âgés de treize ans, et les salles d'asile, que quelques-uns de nos ports militaires ont encouragées avec tant de dévouement, se ferment pour les enfants de plus de sept ans. Des secours, il est vrai, sont alloués aux orphelins des marins morts au service de l'État, ou en jouissance d'une pension de retraite, ou même des matelots victimes d'événements de mer, lorsqu'ils naviguent au

(1) Le décret est reproduit *in extenso* à l'article 59 du règlement.

commerce; mais on ne peut méconnaître que, pour beaucoup de ces enfants, les premières années seraient mieux protégées, mieux employées, mieux préparées aux devoirs de la profession qu'ils doivent embrasser, si l'institution qui les assiste allait un peu plus loin dans sa charitable prévoyance, et prenant, en quelque sorte, l'orphelin sous son égide, employait l'argent qu'elle lui consacre à lui offrir un asile où il trouverait des enseignements utiles à la carrière qu'il doit parcourir et où on lui montrerait les nobles exemples qu'il a à suivre.

C'est à Brest, au milieu d'une population pour ainsi dire toute militaire et maritime, à Brest où déjà l'École des mousses a dû être établie, et où la marine possède des locaux suffisants, que seraient réunis les *Pupilles de la marine*. Ils seraient placés sous la surveillance immédiate du préfet maritime, qui aurait la haute direction de tout ce qui concerne l'ordre, la discipline, l'instruction.

Les enfants désignés par les préfets des cinq arrondissements maritimes seraient admis par une commission. Les orphelins de père et de mère auraient la priorité, et seraient reçus dès l'âge de sept ans; les autres enfants entreraient à neuf ans, tous y resteraient jusqu'à treize ans et passeraient alors à l'École des mousses.

Deux ou trois officiers de vaisseau, quelques officiers-mariniers, quelques quartiers-maîtres et fourriers, suffiraient pour l'organisation nécessaire, et en centralisant, avec une faible augmentation, les secours que la caisse des invalides de la marine accorderait à chaque enfant qui serait admis, les dépenses pourraient être couvertes. D'ailleurs, Sire, il n'est pas douteux que, reçu comme un bienfait par les populations maritimes, comme un complément des institutions de bienfaisance que la France vous doit, l'établissement des *Pupilles de la marine*, en présence des sympathies qui s'y attacheront, ne soit bientôt élevé au rang des établissements qui ont une existence civile; et, de même qu'on voit chaque jour grandir la prospérité de l'Orphelinat du Prince-Impérial, de même des dons, des legs, permettraient sans doute promptement d'élargir les bases de l'institution destinée aux orphelins des matelots.

Mais aujourd'hui, Sire, il ne s'agit encore que de jeter le germe de tout le bien dont vous avez conçu la pensée ; les gens de mer accueilleront avec une profonde reconnaissance une création dans laquelle ils reconnaîtront l'incessante sollicitude que vous avez pour eux, et c'est avec bonheur qu'ils verront la main paternelle de l'Empereur s'étendre sur la tête de leurs enfants.

C'est donc avec confiance que je soumets à Votre Majesté le projet de décret sur les *Pupilles de la marine*, qui a recueilli les suffrages unanimes du conseil d'amirauté.

Je suis avec un profond respect, Sire, de Votre Majesté, le très-humble serviteur et fidèle sujet,

Le Ministre secrétaire d'État de la marine et des colonies,
Signé P. DE CHASSELOUP-LAUBAT.

DÉCRET

Portant abrogation de l'ordonnance du 16 janvier 1840, défendant aux navires de partir pour la pêche de la morue en Islande, avant le 1ᵉʳ avril.

Du 9 octobre 1863.

NAPOLÉON, par la grâce de Dieu et la volonté nationale, EMPEREUR DES FRANÇAIS,

A tous présents et à venir, SALUT.

Sur le rapport de notre Ministre secrétaire d'État au département de la marine et des colonies,

AVONS DÉCRÉTÉ et DÉCRÉTONS ce qui suit :

ART. 1ᵉʳ. L'ordonnance du 16 janvier 1840, portant défense à tout capitaine de navire expédié pour la pêche de la morue en Islande d'appareiller et de faire route annuellement avant le 1ᵉʳ avril, est abrogée.

ART. 2. Notre ministre secrétaire d'État au département de la marine et des colonies est chargé de l'exécution du présent décret, qui sera inséré au *Bulletin des lois* et au *Bulletin officiel de la marine*.

Fait au Palais des Tuileries, le 9 octobre 1863.

Signé NAPOLÉON.

Par l'Empereur :

Le Ministre secrétaire d'État de la marine et des colonies,

Signé P. DE CHASSELOUP-LAUBAT.

RAPPORT A L'EMPEREUR,

Suivi d'un décret relatif aux mécaniciens employés à bord des paquebots du commerce.

Paris, le 21 septembre 1864.

Sire,

A bord des bâtiments à vapeur du commerce, et particulièrement sur les paquebots des grandes lignes postales desservies par la compagnie des services maritimes des messageries impériales et par la compagnie générale transatlantique, les mécaniciens sont dès aujourd'hui considérés et traités comme officiers ; leur instruction, que garantissent des certificats spéciaux de capacité, l'importance de leurs fonctions à bord, l'autorité qu'ils exercent sur le personnel de la machine confiée à leurs soins, justifient pleinement cette assimilation, qui, jusqu'à ce jour pourtant, ne leur a été reconnue par aucun acte officiel.

En effet, les lois et décrets sur la marine marchande n'ont pas défini leur situation d'une manière précise. L'article 57 du Code disciplinaire et pénal du 24 mars 1852, qui énumère les fonctions donnant droit au titre d'officier à bord des navires du commerce, ne fait pas mention des mécaniciens.

Cependant le département de la marine, reconnaissant la nécessité de placer les mécaniciens en chef au-dessus des simples matelots, admit, dès l'année 1853, leur assimilation avec les maîtres d'équipage. Plus tard, le décret du 7 avril 1860, sur le rapatriement des gens de mer, parut modifier encore leur situation en les rangeant parmi les officiers compris au tarif de l'article 9 ; mais cet article ne mentionne encore que les mécaniciens en chef, et d'ailleurs l'assimilation qu'il établit, énoncée, en quelque sorte, d'une manière incidente dans un acte qui ne se rapporte qu'à des frais de route et de rapatriement, ne pouvait leur conférer les pouvoirs et les priviléges dévolus aux officiers.

La position hiérarchique mal définie des mécaniciens peut créer de dangereux conflits pour le maintien de la discipline. A bord, chacun doit avoir une position déterminée. Il est donc nécessaire de faire cesser toute incertitude à l'égard d'hommes qui jouent un rôle important dans la conduite du navire, et il m'a semblé qu'il était juste de les ranger parmi les officiers des bâtiments du commerce.

C'est ce que fait le projet de décret que j'ai l'honneur de présenter à Votre Majesté. Ce décret confère le rang d'officier à tout mécanicien chargé en chef ou en sous-ordre de la direction d'une machine, et le rang de maître d'équipage aux aides-mécaniciens et aux premiers chauffeurs lorsqu'ils ont autorité sur le personnel inférieur de la machine.

Toutefois il déclare expressément que, en cas d'absence, de maladie ou de décès du capitaine, les chefs de la machine ne peuvent jamais exercer le commandement du navire; leurs connaissances toutes spéciales déterminent les seules fonctions qu'il convient de leur confier; enfin toutes les dispositions concernant les officiers de la marine marchande en matière de législation et de rapatriement leur sont rendues applicables. Ces dispositions, favorablement accueillies par le conseil d'amirauté, donneront, je n'en doute pas, une véritable satisfaction aux légitimes désirs d'un personnel digne de toute la bienveillance de Votre Majesté.

Je viens, en conséquence, demander à l'Empereur de vouloir bien approuver le projet de décret que j'ai l'honneur de lui soumettre.

Je suis, avec un profond respect, Sire, de Votre Majesté, le très-humble, très-obéissant et fidèle sujet,

Le Ministre secrétaire d'État de la marine et des colonies,

Signé P. DE CHASSELOUP-LAUBAT.

DÉCRET

Relatif aux mécaniciens employés à bord des bâtiments du commerce.

Du 21 septembre 1864.

NAPOLÉON, par la grâce de Dieu et la volonté nationale, EMPEREUR DES FRANÇAIS,

A tous présents et avenir, SALUT.

Sur la proposition de notre ministre de la marine et des colonies ;

Vu les articles 38, 40 et 41 de l'ordonnance du 17 janvier 1846, concernant les bâtiments à vapeur destinés à la navigation maritime ;

Vu le Code disciplinaire et pénal pour la marine marchande, en date du 24 mars 1852 ;

Vu le décret du 28 janvier 1857, relatif à l'inscription des mécaniciens et chauffeurs embarqués sur les bâtiments à vapeur faisant la navigation maritime ;

Vu le décret du 7 avril 1860, sur le rapatriement ;

Le conseil d'amirauté entendu,

AVONS DÉCRÉTÉ et DÉCRÉTONS ce qui suit :

ART. 1er. Ont rang d'officier à bord des bâtiments à vapeur du commerce :

1° Le mécanicien en chef ;

2° Les mécaniciens chargés en sous-ordre de la direction de la machine.

ART. 2. Les chefs de la machine ne peuvent, en aucun cas, exercer le commandement du navire. Ils doivent obéissance à toute personne qui, remplaçant régulièrement le capitaine, en a les pouvoirs et la responsabilité.

ART. 3. Les aides-mécaniciens et les premiers chauffeurs ayant autorité sur les chauffeurs et autres agents inférieurs de la machine, ont rang de maître d'équipage.

ART. 4. Toutes les dispositions du Code disciplinaire et pénal du

16

24 mars 1852 relatives aux officiers et aux maîtres d'équipage des navires du commerce sont applicables aux mécaniciens, aides-mécaniciens et premiers chauffeurs exerçant à bord de ces navires les fonctions déterminées par les articles précédents.

Art. 5. La disposition de l'article 9 du décret du 7 avril 1860 qui assimile les mécaniciens en chef aux officiers, en ce qui concerne le rapatriement, est étendue aux mécaniciens chargés en sous-ordre de la direction de la machine.

Art. 6. Notre ministre de la marine et des colonies est chargé de l'exécution du présent décret, qui sera inséré au *Bulletin des lois* et au *Bulletin officiel de la marine.*

Signé NAPOLÉON.

Par l'Empereur : *

Le Ministre secrétaire d'État de la marine et des colonies,

Signé P. DE CHASSELOUP-LAUBAT.

RAPPORT A L'EMPEREUR,

Suivi d'un décret prescrivant des simplifications dans les écritures relatives à l'établissement des rôles de désarmement des navires du commerce.

Paris, le 4 novembre 1865.

Sire,

Tout bâtiment de commerce doit, au moment où il quitte le port, être muni *d'un rôle d'équipage* sur lequel sont portés tous les hommes, et ce rôle doit être *désarmé* au retour de chaque voyage pour les navires expédiés au long cours ou aux grandes pêches, et après une période d'une année, pour les navires qui font le cabotage ou la pêche côtière.

Dans l'état actuel des choses, cette opération s'effectue au moyen de ce qu'on appelle un *rôle de désarmement,* qui n'est que la copie abrégée et décomptée du rôle d'équipage lui-même, et qui établit les droits acquis tant par les hommes embarqués que par la caisse des invalides. Aux termes des règlements en vigueur, le rôle de désarmement est dressé en deux expéditions, dont l'une est remise au trésorier des invalides, pour appuyer son compte de gestion, et l'autre reste déposée au bureau de l'inscription maritime, afin de servir à la constatation ultérieure des services des gens de mer embarqués. Toutefois, une troisième expédition est encore nécessaire et doit être adressée au commissaire de l'inscription maritime du port d'armement, lorsque le navire désarme dans un port autre que celui d'où il avait été primitivement expédié.

Ces formalités m'ont paru pouvoir être simplifiées. Il n'y aurait, selon moi, aucun inconvénient à ce que le désarmement des navires s'opérât au moyen de décomptes faits sur les rôles d'équipage eux-mêmes, que les capitaines sont tenus de remettre aux bureaux de l'inscription maritime dès qu'ils cessent d'être valables. Une copie de ces décomptes, établie sur un imprimé semblable à celui des rôles, servirait aux versements à faire à la caisse des invalides et à la caisse des gens de mer, et contiendrait tous les renseignements nécessaires pour que la Cour des comptes pût exercer sa surveillance sur la gestion des trésoriers. Enfin, un simple avis sommaire du désarmement serait adressé, lorsqu'il y aurait lieu, au port d'armement du navire.

De cette manière, le travail serait abrégé, les opérations du désarmement seraient plus rapides; enfin le commerce serait dégrevé de la dépense occasionnée par l'achat des feuilles de désarmement.

C'est donc avec confiance que je viens prier l'Empereur de vouloir bien approuver le projet de décret qui a pour but de réaliser ces simplifications.

Je suis avec le plus profond respect, Sire, de Votre Majesté, le très-humble, très-obéissant et fidèle sujet,

Le Ministre secrétaire d'État de la marine et des colonies,
Signé P. DE CHASSELOUP-LAUBAT.

DÉCRET

Prescrivant des simplifications dans les écritures relatives à l'établissement des rôles de désarmement des navires du commerce.

NAPOLÉON, par la grâce de Dieu et la volonté nationale, Empereur des Français,

A tous présents et à venir, salut.

Sur le rapport de notre ministre secrétaire d'État de la marine et des colonies;

Vu le règlement royal du 17 juillet 1816, portant instruction sur l'administration et la comptabilité de l'établissement des invalides de la marine,

Avons décrété et décrétons ce qui suit :

Art. 1er. Le désarmement des rôles d'équipage des navires du commerce s'opérera au moyen de décomptes établis sur les rôles d'armement mêmes.

Art. 2. Le dépôt à la caisse des gens de mer des salaires et produits dus aux marins absents ou à leurs familles, ainsi que le versement à la caisse des invalides des sommes dévolues à l'établissement, seront effectués au moyen d'une copie de ces décomptes, qui sera remise au trésorier des invalides pour appuyer son compte de gestion.

Art. 3. Lorsque le désarmement ne se fera pas dans le port où le bâtiment aura été armé, un avis sommaire de l'opération sera transmis au commissaire de l'inscription maritime du port d'armement.

Art. 4. Notre ministre secrétaire d'État au département de la marine et des colonies est chargé de l'exécution du présent décret.

Fait au palais de Saint-Cloud, le 4 novembre 1865.

Signé NAPOLÉON.

Par l'Empereur :

Le Ministre secrétaire d'État de la marine et des colonies.

Signé P. DE CHASSELOUP-LAUBAT.

Le Ministre de la marine et des colonies aux Consuls généraux, Consuls et Vice-Consuls de France.

Paris, le 6 septembre 1865.

Débarquement des capitaines de navires du commerce, par mesure disciplinaire, en cours de voyage.

Messieurs, certains faits qui se sont passés récemment me donnent lieu de craindre que quelques-uns d'entre vous ne se rendent pas bien compte des limites imposées au droit de déposséder de leurs commandements ou de débarquer d'office les capitaines des navires du commerce en cours de voyage.

Ce droit résulte de l'article 42 de l'ordonnance du 29 octobre 1833 ; mais il ne peut être exercé que dans les circonstances déterminées par ledit article, c'est-à-dire lorsque le débarquement du capitaine est demandé par le consignataire ou par l'équipage du navire, pour des motifs dont l'autorité consulaire reste d'ailleurs le seul juge.

Le Code disciplinaire et pénal pour la marine marchande, du 24 mars 1852, est loin d'autoriser une semblable mesure, si ce n'est, cependant, dans le cas spécial de prévention de crime, prévu par l'article 51 ; mais comme règle générale il dispose, à l'article 42, que les capitaines ne seront pas débarqués, même pour subir des condamnations prononcées contre eux en cours de voyage par des tribunaux maritimes commerciaux, et que ces condamnations ne recevront leur exécution qu'au retour en France. A plus forte raison ne doivent-ils pas être suspendus de leurs commandements par une simple application du pouvoir disciplinaire. Je vous ferai du reste observer, à cette occasion, que le droit de discipline, attribué aux consuls comme aux autorités maritimes, ne saurait atteindre les capitaines, attendu qu'aucune des infractions à la police de bord prévues par l'article 58 du décret-loi du 24 mars 1852 n'est de nature à être commise par eux, et que, d'après l'article 6, c'est sur leur plainte seulement que ces infractions peuvent être punies.

Ainsi, chaque fois que vous avez à réprimer chez un capitaine un acte de désobéissance, un manque de respect ou toute autre faute commise soit envers vous-mêmes, soit contre la police de la navigation, vous n'avez le choix qu'entre deux partis : ou réunir un tribunal maritime commercial, si vous avez qualité pour le faire et si les circonstances s'y prêtent, ou m'adresser une plainte contre le délinquant. Les plaintes de ce genre sont toujours le point de départ d'une enquête sévère, et vous pouvez être assurés que mon appui ne vous fera pas défaut pour suppléer, en cas de besoin, aux moyens de répression qui vous auront manqué.

Je vous recommande donc de n'user qu'avec beaucoup de réserve, et seulement dans les cas prévus par la loi, de la faculté de débarquer d'office les capitaines du commerce. C'est une mesure très-grave, parce que le remplacement de celui qui dirige une opération commerciale en cours d'exécution et qui possède la confiance de ses commettants peut souvent porter un préjudice irréparable aux nombreux intérêts engagés dans cette opération.

Je dois, en terminant, vous faire observer que l'autorité consulaire qui prendrait une telle mesure, en dehors des cas où les règlements l'y autorisent expressément, s'exposerait, si les parties lésées voulaient en poursuivre judiciairement la réparation, à une responsabilité pécuniaire dont le département des affaires étrangères et le mien ne sauraient ni détourner les conséquences ni accepter le fardeau.

Recevez, etc.

Signé P. DE CHASSELOUP-LAUBAT.

LE MINISTRE DE LA MARINE ET DES COLONIES AUX PRÉFETS MARITIMES, CHEFS DU SERVICE DE LA MARINE ET COMMISSAIRES DE L'INSCRIPTION MARITIME; AUX GOUVERNEURS ET COMMANDANTS DES COLONIES; AUX OFFICIERS GÉNÉRAUX, SUPÉRIEURS ET AUTRES, COMMANDANT À LA MER; AUX CONSULS GÉNÉRAUX ET CONSULS DE FRANCE.

Paris, le 20 novembre 1865.

Nourriture des équipages à bord des navires du commerce. — Liberté des conventions à cet égard entre les armateurs et les marins.

MESSIEURS, on me signale quelquefois de la part du commerce, comme nuisant à notre navigation maritime, l'application de règlements qui n'existent pas, ou dont on a fait de fausses interprétations.

Il importe d'éclairer l'opinion publique à cet égard, et surtout les intéressés.

Ainsi, on m'a indiqué comme une des causes de la cherté relative de notre navigation maritime la fixation réglementaire de la ration à délivrer aux équipages des navires, et surtout l'obligation de leur fournir du vin.

Or notre législation ne renferme rien de semblable; la seule prescription qui se rapporte à la nourriture des marins du commerce est celle de l'article 76 du Code disciplinaire et pénal pour la marine marchande, du 24 mars 1852, lequel est ainsi conçu :
«§ 1ᵉʳ. Tout capitaine, maître ou patron, qui, hors le cas de force
«majeure, prive l'équipage de l'intégralité de la ration stipulée
«avant le départ, ou, à défaut de convention, de la ration équiva-
«lente à celle que reçoivent les marins de la flotte, est tenu de
«payer, à titre de dommages-intérêts, 50 centimes par jour pen-
«dant la durée du retranchement à chaque personne composant
«l'équipage, et peut, en outre, être puni de 50 à 500 francs d'a-
«mende. »

La plus entière liberté est donc laissée aux armateurs pour passer avec leurs équipages toutes les conventions possibles relativement à la nourriture. L'administration de la marine n'a pas à intervenir, et, j'aime à le croire, n'est jamais intervenue entre les parties à ce sujet. Seulement, à défaut de tout contrat, la loi a pris soin de déterminer qu'une ration équivalente à celle des marins de la flotte serait donnée aux marins du commerce, établissant ainsi une base d'appréciation, pour le cas où des équipages se plaindraient d'avoir été mal nourris, sans être en mesure d'invoquer les termes précis d'un contrat. Cette base était sans doute la plus équitablement choisie, puisqu'elle était prise dans le traitement même que l'Etat donne aux marins placés sur ses bâtiments. L'article 76 ne va pas au delà; il mentionne la ration des matelots de la flotte comme un point de comparaison, et non pas comme une exigence absolue, puisqu'il permet seulement aux marins du commerce, dans l'absence de toute stipulation, de réclamer une ration *équivalente,* ce qui ne veut pas dire *semblable.* Enfin, et sans doute personne n'y peut faire objection, il punit l'inexécution du contrat qui assure la subsistance de l'équipage.

Par suite, il appartient aux tribunaux maritimes commerciaux, chargés de l'application de cet article, d'apprécier d'une manière souveraine, d'après la base donnée, toutes les questions de vivres que peuvent soulever les réclamations d'un équipage. Bien que quelques objets, tels que le vin, par exemple, fassent partie de la ration à bord des bâtiments de l'État, ces tribunaux seraient fondés à tenir compte, soit des usages du pays, soit des nécessités de la navigation, qui justifieraient le remplacement de ces denrées par tout ce qui pourrait être légitimement considéré comme équivalent dans les circonstances où s'est trouvé le navire.

En résumé, il dépend des armateurs de stipuler la nature et la quantité des vivres qu'ils fourniront à leurs équipages; leur liberté n'a d'autres limites, sous ce rapport, que la liberté également laissée aux marins de poser et de débattre leurs conditions d'engagement. Au surplus, je recommande aux autorités maritimes et consulaires de ne s'immiscer dans ces questions que le moins possible, et jamais sans y être contraintes par une réclamation positive des équipages. Alors même elles ne devront pas prendre sur elles de trancher les difficultés qui leur seront soumises; elles se borneront à en saisir les tribunaux maritimes commerciaux, seuls compétents pour les résoudre, et dont la composition offre toutes les garanties possibles aux parties intéressées.

Recevez, etc.

Signé P. DE CHASSELOUP-LAUBAT.

LE MINISTRE DE LA MARINE ET DES COLONIES À MESSIEURS LES PRÉFETS MARITIMES; CHEFS DU SERVICE DE LA MARINE ET COMMISSAIRES DE L'INSCRIPTION MARITIME; CONSULS GÉNÉRAUX, CONSULS ET VICE-CONSULS DE FRANCE; MEMBRES DES CHAMBRES DE COMMERCE DU LITTORAL.

Paris, le 5 mai 1866.

Réarmement à l'étranger. Transformation d'une expédition au cabotage en expédition de long cours.

MESSIEURS, par mon arrêté du 22 mars 1862 et, par la circulaire du 29 du même mois, j'ai autorisé les consuls français en résidence dans les ports étrangers les plus voisins de la France à réexpédier pour une destination quelconque, avec un simple visa au rôle, les navires de commerce qui arrivent dans ces ports à la suite d'un voyage de *long cours*.

La pensée qui a dicté mon arrêté du 22 mars ne s'était pas sans doute portée sur l'hypothèse du capitaine d'un navire *primitivement armé au cabotage*, et qui, voulant profiter d'une occasion favorable, entreprendrait un voyage de long cours sans rentrer en France. Mais, dans ce cas, non plus que dans celui prévu par l'arrêté de 1862, je ne vois pas d'inconvénient à ce que les consuls réexpédient le navire au moyen d'un visa qui transformerait le rôle de cabotage en rôle de long cours, et je les autorise à procéder ainsi pour l'avenir, sans tenir compte du *nota* placé en tête de l'imprimé qui sert à l'établissement des rôles d'équipage (ce nota sera d'ailleurs supprimé sur toutes les feuilles de rôle que l'administration fera désormais imprimer).

Toutefois, il est bien entendu que de pareils changements de destination ne pourront avoir lieu que lorsque les capitaines seront en mesure de justifier du consentement de leurs armateurs ; car il importe qu'on ne dispose pas d'un navire sans la volonté de son propriétaire ; et, dans les armements au cabotage, l'intitulé primitif du rôle interdit, jusqu'à preuve contraire, toute réexpédition lointaine. Lorsque les armateurs voudront qu'un navire armé au cabotage puisse relever pour une destination de long cours, ils devront donc donner à leur capitaine un pouvoir spécial ou lui accorder, par une apostille au rôle, l'autorisation nécessaire.

Avant d'apposer leur visa, les consuls auront au surplus à veiller à l'accomplissement de toutes les formalités nécessitées par le changement de destination, telles que le remplacement du capitaine si celui-ci n'a que le brevet de maître au cabotage ; le débarquement, le payement et le rapatriement des hommes qui refuseraient d'entreprendre le nouveau voyage, si d'ailleurs ils ne s'étaient pas engagés d'avance à suivre le navire à toute destination ; enfin la visite du bâtiment, conformément à la loi du 13 août 1791 et à l'article 225 du Code de commerce, et l'embarquement d'un coffre de médicaments, dans les cas prévus par l'ordonnance du 4 août 1819.

Ces facilités pour la transformation en pays étranger des armements au cabotage en armements de long cours, qui me semblent avantageuses au commerce maritime, doivent également être données en France. Cette tranformation pourra donc être désormais opérée par un simple visa des commissaires de l'inscription maritime, apposé sur le rôle d'équipage. Il n'y aurait lieu de changer le rôle que s'il était expiré ou sur le point d'expirer.

Recevez, etc.

Signé P. DE CHASSELOUP-LAUBAT.

LE MINISTRE DE LA MARINE À MM. LES CHEFS DU SERVICE DE LA MARINE À DUNKERQUE ET AU HAVRE.

Paris, le 19 décembre 1866.

Les pêcheurs de la Manche sont autorisés à réexporter en Angleterre les produits de leur pêche.

MONSIEUR, le commandant de la division navale des côtes nord de France vient de m'entretenir des difficultés que nos pêcheurs de la Manche éprouvent quelquefois pour écouler les produits de leur industrie. Lorsque la pêche a été très-abondante et que les marchés sont encombrés, ils se trouvent réduits à vendre leur poisson à vil prix. Souvent alors des navires anglais le leur achètent et vont le revendre en Angleterre avec un bénéfice considérable. Les pêcheurs profiteraient de ce bénéfice, s'ils pouvaient se rendre eux-mêmes dans les ports anglais, après avoir déposé en France leurs engins de pêche, que les stipulations des traités les empêchent de conserver à bord dans les eaux de la Grande-Bretagne. Mais les opérations de ce genre leur ont été interdites jusqu'ici, comme constituant des transports de marchandises, réservés aux navires caboteurs en vertu de l'article 6 du décret-loi du 20 mars 1852 sur le bornage.

Il convient de se départir d'une interprétation aussi rigoureuse des règlements maritimes, qui nuit aux pêcheurs, sans servir les intérêts du cabotage, puisqu'il serait le plus souvent impossible de trouver dans nos ports, au moment voulu, des navires caboteurs prêts à transporter immédiatement en Angleterre les produits de la pêche. J'autorise donc les pêcheurs à réexporter eux-mêmes leur poisson, après débarquement de leurs filets, toutes les fois qu'ils le jugeront utile. Il n'y aura pas lieu de changer leurs rôles d'équipage pour ces expéditions. Les commissaires et administrateurs de l'inscription maritime se borneront à leur délivrer des certificats conçus à peu près dans les termes suivants :

«Le bateau le. . . . . , de. . . . . .tonneaux, attaché au

« port de . . . ., commandé par le patron . . . .
« et monté de . . . . hommes d'équipage, a été autorisé, après avoir
« déposé ses engins de pêche au port de . . . ., à se rendre
« sur la côte anglaise pour y vendre le produit de sa pêche. »

Il est bien entendu que ces permis pourront être délivrés par
les commissaires, même aux bateaux qui n'appartiendraient pas à
leurs quartiers et qui s'y trouveraient momentanément en relâche.

Je vous prie, Monsieur, d'adresser des instructions dans ce sens
à tous les administrateurs des quartiers et sous-quartiers de votre
sous-arrondissement.

Recevez, etc.

Signé P. DE CHASSELOUP-LAUBAT.

RÉSUMÉ

DE LA LÉGISLATION SUR LES GRANDES PÊCHES.

§ 1er. — PÊCHE DE LA BALEINE.

Les primes accordées à la pêche de la baleine et du cachalot
sont fixées comme suit :

1° Primes au départ :

70 francs par tonneau de jauge, pour les armements entièrement composés de Français, et 48 francs pour les armements composés en partie d'étrangers.

Pour avoir droit à cette prime, l'équipage mixte ne peut être
composé, en étrangers, que du tiers des officiers, harponneurs et
patrons, sans que le nombre puisse excéder deux pour la pêche du
Sud et cinq pour la pêche du Nord ;

2° Primes au retour :

50 francs par tonneau de jauge, pour les armements composés
entièrement de Français, et 24 francs pour les armements composés
d'équipages mixtes, lorsque le navire a fait la pêche soit dans l'océan
Pacifique, en doublant le cap Horn ou en franchissant le détroit de
Magellan, soit au sud du cap Horn, à 62° de latitude au moins,

soit à l'est du cap de Bonne-Espérance, à 45° de longitude du méridien de Paris, et à 48° et 50° de latitude méridionale, si le produit de la pêche est de la moitié au moins du chargement, ou si le navire justifie d'une navigation de seize mois au moins (1).

§ 2. — PÊCHE DE LA MORUE.

La pêche de la morue, dite *avec salaison à bord*, c'est-à-dire avec obligation de rapporter en France la totalité des produits de la pêche, n'est assujettie à aucun minimum d'équipage.

Le minimum d'équipage des bâtiments armés avec pêche et sécherie, c'est-à-dire avec faculté d'exporter les produits de la pêche soit dans les colonies françaises, soit à l'étranger, est fixé comme suit :

1° 20 hommes d'équipage pour les navires au-dessous de 100 tonneaux de jauge, armés avec pêche et sécherie, soit aux côtes de Terre-Neuve, soit aux îles Saint-Pierre et Miquelon;

30 hommes d'équipage pour les mêmes navires, jaugeant de 100 à 158 tonneaux;

50 hommes d'équipage pour les mêmes navires, jaugeant au-dessus de 158 tonneaux;

2° 30 hommes d'équipage pour les navires au-dessous de 158 tonneaux, armés avec pêche sur les bancs de Terre-Neuve et sécherie aux îles Saint-Pierre et Miquelon;

50 hommes d'équipage pour les mêmes navires, au-dessus de 158 tonneaux;

3° Un homme pour 4 tonneaux de jauge, pour les goëlettes au-dessous de 100 tonneaux armées aux îles Saint-Pierre et Miquelon (2).

Des primes dites *d'armement*, fixées comme suit, sont accordées aux expéditions pour la pêche de la morue :

1° 50 francs par homme d'équipage, pour la pêche, avec sécherie, soit à la côte de Terre-Neuve, soit à Saint-Pierre et Miquelon, soit sur le grand banc de Terre-Neuve;

(1) Loi du 22 juillet 1851, prorogée pour dix ans par celle du 28 juillet 1860.

(2) Décrets des 29 décembre 1851 et 24 octobre 1860.

2° 5o francs par homme d'équipage, pour la pêche, sans sécherie, dans les mers d'Islande;

3° 3o francs par homme d'équipage, pour la pêche, sans sécherie,
sur le grand banc de Terre-Neuve;

4° 15 francs par homme d'équipage, pour la pêche au *dogger-
bank*.

Ces primes ne sont accordées que pour les hommes inscrits définitivement et pour ceux qui, n'étant que provisoirement inscrits,
n'auraient pas atteint l'âge de vingt-deux ans à l'époque du départ (1).

Indépendamment des primes dites *d'armement*, des primes sur les
produits de la pêche sont aussi accordées :

1° 2o francs par quintal métrique, pour les morues sèches de
pêche française expédiées, soit directement des lieux de pêche,
soit des entrepôts de France, à destination des colonies françaises
de l'Amérique, de l'Inde, ainsi qu'aux établissements français de
la côte occidentale d'Afrique et des autres pays transatlantiques,
pourvu qu'elles soient importées dans les ports où il existe un
consul français;

2° 16 francs par quintal métrique pour les morues sèches de pêche
française expédiées, soit directement des lieux de pêche, soit des
ports de France, à destination des pays européens et des États étrangers, sur les côtes de la Méditerranée, moins la Sardaigne et l'Algérie;

3° 16 francs par quintal métrique, pour l'importation aux colonies françaises de l'Amérique, de l'Inde et autres pays transatlantiques, des morues sèches de pêche française, lorsque ces morues
sont exportées des ports de France, sans y avoir été entreposées;

4° 12 francs par quintal métrique, pour les morues sèches de
pêche française expédiées, soit directement des lieux de pêche, soit
des ports de France, à destination de la Sardaigne et de l'Algérie.

Est en outre accordée une prime de 2o francs par quintal métrique de rogues que les navires pêcheurs rapportent en France du
produit de leur pêche (2).

(1) Loi du 28 juillet 1800.
(2) *Ibid.*

Le service médical à bord des navires qui exercent la pêche de la morue à la côte occidentale et à la côte orientale de Terre-Neuve est exclusivement confié à des chirurgiens munis du diplôme de docteur en médecine, ou de celui d'officier de santé.

Vingt-quatre chirurgiens desservent, sur les côtes de Terre-Neuve, un nombre égal de stations se composant, soit de un, soit de plusieurs havres de pêche agglomérés, conformément au tableau joint à l'arrêté ministériel du 24 mai 1862.

Il est permis aux armateurs des bâtiments assujettis au minimum d'équipage de transporter une partie de leurs hommes sur d'autres bâtiments appartenant au même armement. (1).

(1) Décision du 17 janvier 1862.

TABLE CHRONOLOGIQUE

DES ANNEXES.

TABLE ALPHABÉTIQUE

DES MATIÈRES.

———

Nota. Les chiffres indiquent les numéros des articles.

———

A

17.

G

H

I

J

L

M

N

S

FIN DE LA TABLE ALPHABÉTIQUE DES MATIÈRES.